Araceli Iravedra (ed.)

POLÍTICAS POÉTICAS
De canon y compromiso
en la poesía española del siglo xx

Araceli Iravedra (ed.)

POLÍTICAS POÉTICAS
DE CANON Y COMPROMISO
EN LA POESÍA ESPAÑOLA DEL SIGLO XX

Iberoamericana - Vervuert - 2013

Este libro es un resultado del Proyecto de Investigación de referencia FFI2011-26412, financiado por el Ministerio de Ciencia e Innovación.

Derechos reservados

© De los textos, sus autores

De esta edición:

© Iberoamericana, 2013
Amor de Dios, 1 – E-28014 Madrid
Tel.: +34 91 429 35 22
Fax: +34 91 429 53 97

© Vervuert, 2013
Elisabethenstr. 3-9 – D-60594 Frankfurt am Main
Tel.: +49 69 597 46 17
Fax: +49 69 597 87 43

info@iberoamericanalibros.com
www.ibero-americana.net

ISBN 978-84-8489-784-2 (Iberoamericana)
ISBN 978-3-86527-329-6 (Vervuert)

Depósito Legal: M-32515-2013

Impreso en España

Diseño de cubierta: Ruth Vervuert

Ilustración de cubierta:
Eva Vázquez, gentileza de la autora (<www.evavazquezdibujos.com>)

Este libro está impreso íntegramente en papel ecológico sin cloro.

Índice

INTRODUCCIÓN
ARACELI IRAVEDRA 11

JUAN CARLOS RODRÍGUEZ
El compromiso y el Modernismo
(La «conciencia absoluta» y el imaginario poético
de Juan Ramón Jiménez) 23

MIGUEL ÁNGEL GARCÍA
Vanguardia, avanzada, revolución (1927-1936).
La querella del canon poético y del compromiso 67

LUIS BAGUÉ QUÍLEZ
«Las cosas como son»: escritura autobiográfica y compromiso
histórico en Miguel Hernández, Max Aub y León Felipe 113

LAURA SCARANO
Autopoéticas del compromiso en el canon social
de la posguerra española 153

ARACELI IRAVEDRA
«Después de este desorden impuesto» o las voces del posfranquismo
(El canon del compromiso y el compromiso con el canon) 203

SOBRE LOS AUTORES 257

Porque la verdadera poesía lleva siempre en sí la justicia
Juan Ramón Jiménez, *Política poética* (1936)

Introducción

Canon y compromiso son dos instancias que casan mal, y no ignoramos por ello el carácter en cierto modo provocador con el que, desde su mismo título, se presenta este libro a la comunidad lectora. Pues, en efecto, si las nociones convocadas resultan problemáticas en sí, no lo es menos la articulación que entre ambas proponemos. Sobre todo porque, como ya se ha dicho tantas veces, el uso del concepto de canon tiene, mal que nos pese, un antes y un después de 1994, fecha en la que Harold Bloom publica su polémico ensayo *El canon occidental*. El teórico norteamericano se erigía allí en defensor de un canon cuya única puerta de entrada es la originalidad y el poder intemporal de la estética, un canon depositario de los valores literarios de una cultura humanista al que había hecho tambalearse, en el ámbito de la universidad norteamericana, la que Bloom llamaba no sin acritud «Escuela del Resentimiento» –una quimérica agrupación de feministas, marxistas, neohistoricistas, deconstructivistas... y todos cuantos ejercen la crítica cultural–. Contra esta, y temiendo la conversión de las obras literarias en meros documentos sociales, históricos o ideológicos, Harold Bloom defendía con beligerancia la lectura estética de la literatura y exaltaba la relación íntima del lector con la obra, en virtud de una concepción de la estética como asunto individual más que social. Con lo que, si la reivindicación de criterios cerradamente estéticos suponía cuestionar la pertinencia de atender a los sentidos del texto en su contexto o a los significados históricos del poema (como si tal cosa implicara postergar su condición de *poema*), circunscribir al acto solitario de la lectura cualquier posible efecto de la literatura equivalía a «sustraerla a la esfera de lo colectivo» y «de los valores públicos»[1].

---

1. Enric Sullà, «El debate sobre el canon literario», en Enric Sullà (ed.), *El canon literario*, Madrid, Arco/Libros, 1998, p. 28.

Subyace bajo todo ello, así como bajo la postulación de Bloom de la absoluta inutilidad del arte, el divorcio taxativo entre estética y sociedad o ideología, lo que cierra, de entrada, toda posibilidad a un canon del compromiso; pues la «fuerza estética», sostiene Bloom, es el único fundamento de un canon occidental que en ningún caso puede atender a un «objetivo social»[2]. Pareciera, así, que el componente ideológico o las *buenas intenciones* sociales o políticas estuvieran por fuerza reñidos con la excelencia estética e impidieran por tanto a un texto o autor convertirse en canónicos; o, dicho de otro modo, no cabe pensar en autores canónicos que amalgamen ambos componentes o valores.

No es que las premisas de Bloom y su defensa de un canon cerrado a partir de criterios puramente estéticos, con los consiguientes ataques al «dios de los procesos históricos», no hayan sido harto discutidas; tanto para postular la apertura de esa lista cerrada a una pluralidad sociocultural, como para proponer la destrucción de ese canon y su sustitución por cánones parciales, o para poner «bajo sospecha» los valores supuestamente universales de un conjunto de textos cuya significación depende más bien de los contextos de lectura y la condición de sus lectores. En el ámbito de la teoría literaria española, varias son las voces que coinciden en subrayar el carácter históricamente movedizo y dinámico del canon, «una lectura intencional del pasado»[3] que no cabe pensar ingenuamente como no ideológica ni como una verdad esencial e inmutable, sino como un proceso colectivo e histórico. Sin embargo, y pese a que, como recientemente ha mostrado Terry Eagleton en *La estética como ideología* (2006), ambas categorías a duras penas pueden disociarse, los planteamientos de Bloom y la falsa división que pone en juego (entre la *forma* estética y el *fondo* ideológico) no han venido sino a afianzar el viejo y todavía arraigado prejuicio que se cierne sobre el arte «de compromiso»: ese que lo convierte en sospechoso de subordinación estética a los imperativos de la Historia, mucho más cuando tratamos de un discurso «lírico» tradicionalmente ligado por la ideología dominante (operativa también en Sartre) a la subjetividad expresiva, al ámbito de lo privado o de lo íntimo. En este caso, los recelos sobre el componente de *renuncia* que acarrea el ges-

---

2. Harold Bloom, «Elegía al canon», en Enric Sullà (ed.), *El canon literario*, p. 205.
3. José-Carlos Mainer, «Sobre el canon de la literatura española del siglo xx», en Enric Sullà (ed.), *El canon literario*, p. 274.

to de «bajar a la calle» y a la Historia desde otro lugar superior y puro –la «verdad esencial» de la Poesía, la «intimidad esencial» del poeta al margen de la vida cotidiana– se arraciman para cuestionar el derecho estético de su ingreso en el canon. En definitiva, si aún es necesario superar las prevenciones que sostienen la ecuación igualadora entre compromiso poético y pobreza estilística (como si pocos quisiesen darse cuenta de que el compromiso, aparte de una ética, encierra una estética y afecta a los modos de pensar el lenguaje literario), la «elegía al canon» de Bloom no viene sino a alentar o a sancionar el desencuentro del canon de la poesía española del siglo XX con el canon selectivo de su poesía comprometida. Como si el «patrón de medida» para el ingreso en dicho canon no fuese todavía el estético tanto como el «político o moral» que rechaza Bloom; como si no siguiésemos aún, en suma, hablando de literatura antes que de ninguna otra cosa.

Mucho más cuando nos ampara, a todos cuantos firmamos este libro, nuestro singular modo de entender una noción tan conflictiva como la del compromiso del escritor. Una noción, por cierto, que ha atravesado la historia de la literatura española del siglo XX –con independencia de que su formulación explícita se realizase tardíamente, en el célebre *¿Qué es la literatura?* (1948) de Jean-Paul Sartre–, lo que basta para poner en entredicho la validez de las consignas sobre la inutilidad del arte. Con todo, este equipo de investigación viene poniendo en juego desde hace un tiempo un significado más amplio de la instancia del compromiso, distinto del teorizado por Sartre, que promueve la superación de la visión más asentada de la literatura comprometida como creación «al servicio de» una causa extraliteraria a cuyos requerimientos urgentes subordina su poeticidad. A la zaga del pensamiento de Juan Carlos Rodríguez, maestro español de las teorías sobre la «producción» literaria, atendemos a la comprensión de la literatura como un discurso ideológico (entendiendo por ideología la representación de la relación imaginaria entre los individuos y sus condiciones de existencia) y radicalmente histórico; y bajo esta perspectiva nos esforzamos en la destitución de la vieja dicotomía entre «pureza artística» (o «evasión») y «compromiso» que ha venido manejando la historia literaria tradicional, y que resulta subsidiaria de las dicotomías «estética/ideología», «forma/contenido», «intimidad/historia» o «literatura/sociedad». (Baste recordar la conocida polémica, hoy superada por fortuna, entre un Modernismo evasivo y un Noventayocho comprometido.) Como ha subrayado incansablemente nuestro colega, el compromiso rebasa la voluntad ética y responsable del poeta, las relaciones entre literatura y sociedad se imponen por encima de las decisiones individuales, ya que vienen determinadas por la Historia y por los pliegues ideológicos que activa; de tal modo que –para decirlo con el profesor Rodríguez– comprometido se está siempre de antemano y siempre se escribe desde un «lleno ideológico». Desde este punto de vista, nuestros estudios sobre el compromiso han de permanecer más atentos a las relaciones entre literatura e ideología que a las relaciones entre literatura y política, y tan atentos a los contenidos latentes como a los contenidos manifiestos del compromiso. Y en este sentido, y ya que no es posible leer ni escribir fuera de la Historia y de las representaciones ideológicas que pone en curso, incluso la literatura (supuestamente) pura es analizable a la luz de un compromiso ideológico –no en vano, tal como ha señalado Luis García Montero, Juan Ramón Jiménez es un poeta «puro por compromiso»[4]–; por lo que conviene estudiar lo que de compromiso histórico y social hay en la «pureza», así como también, a la inversa, lo que de compromiso estético hay en la poesía que suele identificarse como «comprometida».

La noción de compromiso aparece, a esta luz, como una instancia indispensable para conocer las relaciones entre literatura, sociedad e historia, esto es, la correlación entre la serie literaria y las otras series culturales y sociales que ya consideraron incluso los formalistas rusos, obligados en un punto concreto de sus investigaciones a abandonar la concepción puramente inmanentista del hecho literario. Si, en tanto que un hecho de lenguaje, la poesía es un hecho social, y en tanto que social, es también un hecho histórico, nada hay más oportuno que «pensar/leer históricamente» (otra vez Rodríguez) el canon literario, lo que naturalmente incluye leer sus valores estéticos. A partir de aquí, plantear la posibilidad de un canon del compromiso poético – como bien afirma Miguel Ángel García en un arranque de capítulo que podría funcionar como introducción a este libro– supone, en primera instancia, reconocer la evidencia negada por Bloom de que «siempre hay una ideología en la formación del canon, y que construir un ca-

---

4. Luis García Montero, «Poetas políticos y ejecutivos bohemios», en José María Mariscal y Carlos Pardo (eds.), *Hace falta estar ciego. Poéticas del compromiso para el siglo XXI*, Madrid, Visor, 2003, pp. 11-23.

non es un acto ideológico en sí mismo»; y, en segundo término, supone contemplar como tesis la pluralidad de cánones, para proponer una selección que, sin necesidad de abrir o derruir el canon occidental (y sobre todo sin necesidad de prescindir del criterio estético), «venga a completar en ciertos espacios y momentos de la enseñanza de la literatura, o en la práctica de la teoría, la historia y la crítica literarias a ese canon tradicional y cerrado que defiende Bloom». En este libro hemos querido investigar los acercamientos y tensiones entre ética y estética a que se ha visto sometido el lenguaje poético en la España del siglo XX, atendiendo a una serie de coyunturas decisivas, desde el fin de siglo a la normalización democrática, pasando por las vanguardias, la Guerra Civil y la posguerra. Ello nos ha conducido, unas veces, a incardinar en el canon del compromiso a autores que, aun ocupando hoy un lugar nuclear e indiscutible en el canon general de la poesía española, desde los planteamientos más convencionales y arraigados no podrían integrar este canon «selectivo» –en el sentido que Harris otorga al término[5]–. Otras veces se ha tratado de llamar la atención sobre poetas situados en la «sombra» del canon de la literatura española contemporánea; o bien de revisitar a otra luz ciertas zonas (la anteguerra) o autores (la «terna» social) ya canónicos de la poesía comprometida, para matizar verdades supuestamente inamovibles o revisar fosilizados tópicos críticos. Y, por fin, nos hemos propuesto perseguir los avatares del compromiso, tanto como los factores que intervienen en los incipientes procesos de formación del canon, en la más reciente poesía española.

Así, en un primer capítulo sobre el compromiso y el modernismo, Juan Carlos Rodríguez elige provocadoramente para compendiar «todos los meandros del inconsciente ideológico/poético desde el Modernismo hasta hoy» el estudio de las sucesiones en la *ética estética* de Juan Ramón Jiménez. Claro que tal elección, con el fin de delinear algunos contornos de un posible mapa del «compromiso» modernista, solo puede entenderse a la luz de la idea de compromiso que se alza a partir del siguiente argumento previo: nunca se escribe desde un yo anterior a la Historia, sino desde un «yo soy» histórico, construido en la sucesión de cada día por la mezcla del inconsciente ideológico y la pulsión libidinal. Así pues, Rodríguez analiza las sucesivas etapas éti-

---

5. Wendell V. Harris, «La canonicidad», en Enric Sullà (ed.), *El canon literario*, p. 54.

co-estéticas que «llenan» el inconsciente de Juan Ramón y, por tanto, iluminan el recorrido de un «yo soy» histórico que desemboca en su supuesta *conciencia absoluta* como gran logro poético. Partiendo de lo que late por debajo del tapiz poético del autor (la forma pura kantiana y el contenido absoluto hegeliano), Juan Carlos Rodríguez lee a Juan Ramón como «poeta roussoniano», y explica la poesía del moguereño como un intento de superar la «Historia real» mediante la conquista de un mundo trascendental o «yo absoluto» a través de la fusión con la Naturaleza. En este trayecto, se examina asimismo la incidencia del inconsciente fenomenológico en las diferentes fases de escritura y sobre todo en su etapa intelectual; la «pulsión de muerte» (o de fracaso de vida y poesía) que las atraviesa a todas; y se propone una triple clave de lectura –kantiana, hegeliana y fenomenológica– para el libro final y «absoluto» *Dios deseado y deseante*, culminación de una obra que no ha de considerarse evasionista de la vida porque no hay separación entre vida y poesía en Juan Ramón Jiménez, sino identificación plena de una y otra.

Miguel Ángel García se ocupa de perseguir «la querella» entre el canon poético y el compromiso en la coyuntura histórico-literaria flanqueada por los años 1927 y 1936. Tras poner al descubierto la raíz conservadora que alimenta la elegía al canon de Bloom, y defender la radicación histórica de los textos literarios, el autor analiza la formación del canon de este segmento de la poesía española aceptando la utilidad de la teoría de los polisistemas, pero sobre todo el planteamiento de la literatura como discurso ideológico. Por ello cuestiona en primera instancia las tesis de la «evasión» a que supuestamente responden la poesía pura y la vanguardia constructiva, poniendo de relieve la «actitud civil» que implícitamente las anima, al servicio del proyecto ideológico de la burguesía liberal y modernizadora encabezado por Ortega. Aunque todavía en 1927, fecha del tricentenario gongorino y de la canonización de la pureza, impera en la poesía española un divorcio al menos *aparente* entre estética y política, ilustrado precisamente por la estética purista que ocupa el centro del campo literario. En cambio, en el año 30, segunda encrucijada decisiva que analiza García, el autor ya aprecia un reajuste de las fuerzas que pugnan en el polisistema, ya que la literatura de acento social ha desplazado a la vanguardia constructiva y a la ideología de la pureza, en un verdadero «asalto al centro» tomado ahora por la vanguardia política o la «avanzada». Las fechas de

1933 y 1934 ofrecen al autor nuevos balances del lugar que ocupa el compromiso en la poesía española, y muestran cómo la asunción radical de un compromiso político y el término «revolución» van dejando atrás el término más neutro de «rehumanización»: es entonces cuando se evidencia la crisis definitiva del canon poético puro de 1927 y la institución del «compromiso» como ideología poética cada vez más canónica.

La debilidad de la lógica maniquea que sostiene la separación entre lírica sentimental y poesía social (o intimidad e historia), en la base de la ideología poética dominante y de la aludida querella entre el canon y el compromiso, queda subrayada en el trabajo de Luis Bagué Quílez. Este examina el compromiso histórico inscrito en la escritura autobiográfica de Miguel Hernández, Max Aub y León Felipe alrededor de la coyuntura de nuestra Guerra Civil, que provocó una germinación de la semilla social en territorios que hasta entonces le habían sido poco propicios. La configuración del «*yo* social» en un singular «diario íntimo» –el *Cancionero y romancero de ausencias*, de Miguel Hernández–, un «diario testimonial» –el *Diario de Djelfa*, de Max Aub– y la autobiografía poemática *Ganarás la luz*, de León Felipe, desvela en efecto, antes que nada, la falacia de las mencionadas dualidades o escisiones, al tender puentes explícitos entre la intimidad y el testimonio y mostrar que no hay poesía, incluso la más intimista, que no esté traspasada de ideología. Bagué reflexiona además sobre el problemático estatuto genérico de estos tres libros de frontera –diario, autobiografía, autoficción, narración…–, anudados por el denominador común de un sujeto enunciador que relata su historia propia sobre el trasfondo de una derrota compartida, y construye la propia vida como un espacio de confluencia social. Demostrando, en fin, que el compromiso ideológico no comparece en menoscabo del compromiso artístico, el autor revisa cuando es preciso –como es el caso del *Diario* de Aub– los dictámenes críticos que han venido inercialmente relegando a algunas de estas obras a la orilla del canon; un «canon del exilio» ya de por sí condenado a figurar en las historias de la literatura española como una recta marginal y paralela sin posibilidad de intersección con la del canon del interior.

Los poetas mayores del «canon social» de la posguerra –Gabriel Celaya, Blas de Otero, José Hierro– son revisitados por Laura Scarano a la luz de lo que la estudiosa denomina «autopoéticas» o estrategias de autorrepresentación: una constelación discursiva construida en el espacio de cruce entre metaescritura lírica y metatextos programáticos, que le permite iluminar el proyecto creador de los sociales desde una matriz decisiva de la ideología del autor. Partiendo, así pues, del examen de una serie de enunciados programáticos comunes (que inciden en la desmitificación de la Poesía con mayúscula, en la consecuente figuración humanizada de su sujeto, en la colectivización de la voz lírica y de la categoría de autor, en la idea del género como un «trabajo» y modo de intervención...), Laura Scarano pone de relieve la extraordinaria radicalidad y coherencia de una «autopoética del compromiso» que conecta el proyecto de los tres autores en una compartida voluntad: la de formular una poética de corte materialista y rearticular la herencia del paradigma moderno. La hispanista argentina evidencia de camino la continuidad esencial del impulso lírico de los referidos autores (que, lejos de encerrarse en una supuesta fase «social», atraviesa y organiza su producción madura); y derriba tópicos tan asentados como el de la oposición excluyente entre el «conocer» y el «comunicar», supuestamente manejada por los sociales, o el de la desatención a la forma por parte de estos poetas. Así, subraya la aguda conciencia estética, por ejemplo, de un Gabriel Celaya para quien la revolución poética tenía que darse en el terreno del discurso («romper el idioma» para «romper el sistema»); y de ahí una incansable búsqueda retórica, extensible a los mejores poetas sociales, que permite hablar con todo rigor de una «política poética del compromiso».

A la pregunta con que Laura Scarano cierra su trabajo –¿cabe aún hablar de «compromiso» *stricto sensu*?– acaba de dar respuesta afirmativa el último capítulo del libro. Este se pregunta, por su parte, qué clase de compromiso cabe a unos autores que, superado el «desorden impuesto» por la dictadura de Franco, edifican su obra en una sociedad democrática que ya no parece reclamar de los poetas alineamientos explícitos e intervención inmediata. Esta circunstancia, sumada a la decretada muerte de las ideologías y a la declinación de los grandes relatos, provocaba en efecto una retracción de la literatura a los ámbitos privados y un generalizado descrédito de las utopías, que afectaba, pero no cancelaba, la voluntad ético-estética del compromiso. El capítulo pasa revista a los principales gestos en que cristalizan los modos de encarar las relaciones entre poesía e historia en la escena posfranquista –la «voz común», la «voz conflictiva», la «voz periférica»–, atendiendo a sus posiciones ideológicas y estéticas y a los enfrentamientos que dirimen su pugna por la centralidad en el campo literario. Ello tiene no poco que ver con los procesos de formación de un canon del compromiso en la era democrática, más que nunca abierto y provisorio, y examinado en este capítulo principalmente a la luz de las antologías en tanto que *libros de propuesta canónica*. La revisión de estas propuestas nos sitúa en condiciones de evaluar hasta qué punto continúa operando hoy la primacía del «principio de realidad», que sin duda ha presidido la formación del canon del compromiso del siglo xx; y permite concluir que, a la vez que el paradigma realista dominante pierde su hegemonía, las sucesivas propuestas canonizadoras superan las tradicionales inercias reductoras e integran con naturalidad los proyectos de cuño vanguardista. El último trayecto del capítulo se consagra, en cambio, a constatar las severas resistencias de las actuales voces críticas a aceptar su «compromiso» con el canon asentado –el social-*realismo* como piedra angular–, y ello con independencia de la deuda contraída.

Las lecturas ensayadas en los cinco capítulos de este libro confirman sin duda que el canon, como ha escrito Jenaro Talens, «es algo más que una forma de catalogar y clasificar la Historia; fundamentalmente consiste en un modo de enfrentarse a la realidad y, por ende, de escribir (esto es, de rehacer) la Historia». En este caso hemos partido, por un lado, de la necesidad de una Historia literaria atenta al diálogo de textos y contextos, de una lectura sociológica de la literatura y asimismo consciente de su *radical historicidad*. Pero partimos también, claro está, de los planteamientos que han subrayado el carácter cambiante del canon, sin aceptar su existencia indiscutida «como algo cuya consistencia viene avalada por la fuerza de la tradición»[6]. Y partimos, por último, de la idea de que el canon no solo contiene valores estéticos sino también éticos, políticos y sociales, por más que Bloom estipule que «la gran literatura insiste en su autosuficiencia ante las causas más nobles»[7]. Por esto mismo, entendemos con Pozuelo Yvancos que los enfoques que abogan por una noción más abierta y flexible del canon (construido a cada paso de acuerdo con unos intereses sociocultura-

---

6. Jenaro Talens, «Escritura como simulacro. El lugar de la Literatura en la era electrónica», en *El sujeto vacío. Cultura y poesía en territorio Babel*, Madrid/Valencia, Cátedra/Universitat de València, 2000, p. 362.
7. Harold Bloom, cit., p. 204.

les) ofrecen la posibilidad de reflexionar sobre el papel de los estudios literarios en las sociedades del capitalismo avanzado, así como sobre los problemas de la docencia de la literatura[8]. Y ello aparece como particularmente oportuno en medio de la compleja coyuntura de reforma que atraviesa nuestro sistema educativo, y en la que quizá pudiera hallarse una salida a la persistente «crisis de las Humanidades» con la que se enfrentan los estudios literarios. Ya se sabe que todo canon tiene una finalidad pedagógica, que, al fin y al cabo, es una lista o serie de listas propuesta por las instituciones de la enseñanza de cara a la *paideia* o a la instrucción de la literatura. No se trata entonces de imponer un canon arbitrario, ni de incurrir en los apresurados asaltos a que han sometido los estudios culturales al canon tradicional; sino más bien de no eludir, por aceptar la universal existencia de este, cuestiones tan necesarias como qué autores estudiar y en torno a qué principios explicativos. Pues si el problema del canon se convierte –según se ha dicho– en un «problema pedagógico (¿qué enseñar, por qué y para qué?), y en última instancia, en un problema cultural, social, y por qué no, político»[9], es hora de aprovechar la oportunidad perdida, tal y como ya sugirió Pozuelo, de plantearnos desafíos tan decisivos como intentar que la literatura permanezca viva en nuestras sociedades postindustriales, de interrogarnos sobre el modo de integrar ideología y estética y sobre lo que debemos enseñar para proporcionar a nuestros jóvenes una formación a la altura de las circunstancias. Contribuir a la construcción de un canon selectivo de la poesía española del siglo xx desde el ángulo del compromiso es nuestro modo de participar en la respuesta a estas cuestiones. Todo ello suponiendo –otra vez con Sullà– «que se acepte que la literatura todavía tiene algo que ver con la sociedad y que esta le conceda una cierta medida de utilidad»[10].

En un momento en que asistimos al llamado fin de la Historia y de las ideologías (Fukuyama), proclamado por el discurso más conservador del paradigma posmoderno; y la «modernidad líquida» (Bauman) o la «era del epílogo» (Steiner) ponen cuidado en predicar el desalojo de los grandes relatos explicativos (Lyotard); y, en fin, cuando política e ideología tienden a desustancializarse a cambio de la sustanciali-

---

8. Cfr. José María Pozuelo Yvancos, «Canon: ¿estética o pedagogía?», *Ínsula*, 600 (1996), pp. 3-4.
9. Enric Sullà, cit., p. 34.
10. Ibíd.

zación de la poesía –la ideología de un lenguaje poético supuestamente «en sí»– (Rodríguez), los autores de este libro defendemos la oportunidad de reservar un lugar de importancia a la poesía que asume su contingencia histórica y se hace eco de las vicisitudes de su tiempo, a la poesía que, sin aspirar a otra cosa que a ser literatura, revela su vocación o su valor de «utilidad» social y pública. Armonizar las nociones de canon y compromiso contribuye sin duda a corregir los excesos de las concepciones de la literatura basadas en la «pura» estética y las categorías –netamente románticas– de «originalidad» y «creatividad»; y puede ser un buen modo de mostrar que la poesía cuenta con implicaciones civiles y éticas aparte de con unos valores y fines estéticos. «La verdadera poesía –dejó escrito Juan Ramón Jiménez– lleva siempre en sí la justicia». Al fin y al cabo, y como bien sabía el de Moguer, el compromiso con el arte y la belleza encierra toda una *política poética*.

Araceli Iravedra
Oviedo, octubre de 2013

El compromiso y el Modernismo

(La «conciencia absoluta» y el imaginario poético de Juan Ramón Jiménez)

Juan Carlos Rodríguez
Universidad de Granada

Nota previa: *waning dusk*

1. Un mapa del Modernismo hispánico desde Unamuno y Maragall a Delmira Agustini o el mexicano López Velarde resultaría imposible. Hay demasiados planteamientos sobre el Modernismo y las perspectivas de la Modernidad (incluidos el horizonte anglosajón y el europeo continental) y a la vez demasiada ambigüedad en torno al término *compromiso*: desde Zola o los teólogos «modernistas» hasta los poetas comprometidos con «su» verdad más íntima –que casi siempre suelen hacer coincidir con la verdad del universo o de la vida–. Las implicaciones del término *compromiso* parecerían tan infinitas como el «corazón de las tinieblas» de Conrad o tan falsamente «sencillas» como los versos de Martí.

Pero también resulta indudable que las fronteras entre premodernistas, modernistas y vanguardistas resultan ampliamente difusas. T. S. Eliot señalaba sus problemas con la palabra *dusk*, que (como *crepúsculo* en castellano o *crépuscule* en francés) suele sonar a *anochecer*. Pero también señalan (los tres términos) el momento previo al alba. Solo que como nadie iba a entenderlo así, Eliot se resignó a un artilugio compuesto: *waning dusk*. ¿Eso es el caer de una tarde o la noche evaporándose al comienzo de un alba? Obviamente Eliot quería indicar esto último, pero también nosotros podríamos aproximarnos así a lo que los modernistas creían que era el Modernismo: la caída de la noche *justo* en el comienzo de un alba. Por eso Darío es un absoluto revolucionario de lo «nuevo» a la vez que un arqueólogo o rehacedor de lo «viejo».

2. Puesto que trazar un mapa completo sobre *Modernismo y compromiso* resultaba imposible, me he decidido por Juan Ramón Jiménez en tanto que concentrado asombroso de todos los meandros del inconsciente ideológico/poético desde el Modernismo hasta hoy –y desde antes–. No quiero olvidar sin embargo el autosarcasmo en el horizonte poético modernista. Como decía el ya citado «provinciano» Ramón López Velarde, cuando se estaba *anegando* en la fragancia de seda del rebozo de una chica:

> En abono de mi sinceridad
> séame permitido un alegato.
> Entonces era yo seminarista
> sin Baudelaire, sin rima y sin olfato.

Claro que luego nos precisará que se dormía sobre la seda del rebozo como si fuera la espalda de la chica, algo que obviamente no exige ningún «alegato», salvo un pequeño toque de melancolía (vid. «Tenías un rebozo de seda», del libro *Sangre devota*, 1916). Sobre Juan Ramón se ha escrito todo. Aquí me he limitado a delinear algunos contornos de los interiores de ese posible mapa al que vengo aludiendo.

Introducción. Sucesiones en la ética estética de Juan Ramón Jiménez

Partiré de tres premisas básicas:

1ª premisa. Nunca se escribe desde un vacío sino desde un lleno. Este lleno está constituido por lo que vengo llamando la mezcla de los dos inconscientes. Esto es, el inconsciente libidinal o pulsional de cada uno y el inconsciente ideológico que configura las pulsiones de cada uno. Evidentemente este es el argumento central de la obra y por eso necesito replantearlo, matizándolo a lo largo de cada análisis. El *ritornello* o la recurrencia es una repetición diferenciada, pues solo pretende singularizar cada caso dentro de la problemática general. Hemos dicho así que las pulsiones libidinales son solo una parte de lo que se acostumbra a llamar *yo*, esto es, un manojo de deseos y frustraciones que apenas puede alzar la cabeza a través del pronombre personal. El yo es por supuesto un fantasma transhistórico, mientras que su configuración es el *yo soy* que resulta ser siempre histórico. Hemos señalado, por ejemplo, que el «Yo soy Rui Díaz» del Cid no tiene nada que ver con el «yo soy sujeto libre» del siglo xx. Confundir el fantasma del yo con el *yo soy* histórico ha sido uno de los grandes lastres del pensamiento crítico habitual. Así se ignora por ejemplo el sentido auténtico de la tradición y de la lengua poética en que cada uno se inscribe. Por eso Juan Ramón estará siempre reescribiendo la tradición de la que surge (aparte de reescribir continuamente su obra).

2ª premisa. Jamás se escribe, pues, desde un *yo previo a la historia*, desde un supuesto sujeto exterior a la propia coyuntura vital, sino que se escribe siempre desde un *yo soy* histórico que es precisamente lo que se busca al escribir. El *yo soy* histórico tampoco está dado de antemano, sino que se va construyendo en la sucesión de cada día. Desde este punto de vista radicalmente histórico no puede hablarse pues de que el poeta sea un creador desde la nada, sino de que el poeta produce algo nuevo –sobre todo su propio *yo soy* dentro de los límites del lenguaje que lo rodea, ese lenguaje en el que estamos atrapados como moscas en una telaraña, según señaló Wittgenstein–. Por eso he indicado que el poeta debe ser *bilingüe* en su propia lengua. Y resulta sintomático en este sentido que las sucesivas fases de Juan Ramón –que también habla de ideología poética con jota– desemboquen en una disolución o fusión del yo con lo absoluto. Es su gran logro poético y es sin duda una manifestación explícita de ese *yo soy* histórico construido por la pulsión libidinal y la pulsión ideológica.

3ª premisa. Analizaré en consecuencia las diversas etapas ético/estéticas que llenaron el inconsciente de Juan Ramón hasta encontrar su supuesta *conciencia absoluta*, y por consiguiente, las diversas etapas de nuestro poeta.

I. El largo camino hacia la Poética: lo que hay debajo

1. Está claro que Juan Ramón surge como escritor en el ámbito del Modernismo y la Modernidad que enmarcaban la bisagra entre el xix

y el xx en España. El marco del Modernismo parece solamente poético mientras que el de la Modernidad parece más bien un símbolo de incorporación a los nuevos tiempos, a raíz o a partir del Regeneracionismo del 98. Un enmarcamiento muy parecido al de Ramón y Cajal, aunque evidentemente posterior (Juan Ramón nació en 1881 y murió en 1958, dos años después de que le concedieran el Nobel). Para Juan Ramón, sin embargo, igual que para Ramón y Cajal, esa modernidad implicaba una serie de cuestiones básicas. Un nuevo cultivo elevado del espíritu del país y del suyo propio, una ética/estética, en suma, que encontró dos normas de referencia: primero el modernismo literario y posteriormente la ética de la Institución Libre de Enseñanza y de la Residencia de Estudiantes, a la que luego le dedicará su *Colina de los chopos*. Aunque de hecho los verdaderos fundamentos de la vida y la escritura de Juan Ramón fueron su noviazgo y su boda con Zenobia Camprubí. Zenobia nació en Cataluña, hija de un ingeniero que luego se trasladaría a Huelva, a Moguer (aunque Juan Ramón no la conoció en Moguer sino en Madrid) y la madre portorriqueña de Zenobia la educó plenamente en el mundo de la cultura norteamericana. El amor de Zenobia hacia Juan Ramón soportó todas las neurosis maniaco-depresivas del poeta, su necesidad de médicos y hospitales, su terror a una muerte súbita, como la acaecida a su padre, etc. Los diarios de Zenobia dejan atisbar problemas muy serios, desde el sexo a la economía doméstica, que ella siempre trató de solucionar en su relación, dejando constantemente el espacio libre para que Juan Ramón escribiera, aunque ella era también una buena escritora oculta.

Pero vayamos al núcleo de este engranaje poético. Obviamente para Juan Ramón, como para toda la poesía escrita en castellano en las dos orillas, resultaron decisivos el ímpetu y el oleaje, el revulsivo que supuso la aparición de Rubén Darío y todo el marco de la poética del Modernismo. ¿Qué vio J. R. J. en Darío, en lo que luego llamaría el Modernismo mayor? Creo que un proyecto que Juan Ramón iría buscando sucesivamente (y la cuestión *sucesiva* es un término fundamental). Y en tal caso ¿qué búsqueda sucesiva fue esa? Podríamos decir que lo que Juan Ramón vio en Darío fue el intento prodigioso por conseguir un lenguaje poético que se sostuviera en sí mismo, donde cada poema fuera a la vez un mundo y la explicación del mundo, fundiéndose el poeta con el poema y el poema con el mundo. Una ética/estética sostenida en su propia escritura y nada más. Claro que esta ética/estética, esta escritura autónoma y autosostenida, al modo de las proposiciones de Nietzsche, era algo demasiado pleno, demasiado fuerte o absoluto para ser mantenido trascendentalmente siempre. Un lenguaje no puede sostener el mundo: el propio Nietzsche acabó loco en Turín, pero su escritura ya estaba derruida en su último libro, el *Ecce Homo*, donde de nuevo vemos cómo el propio yo se deshace en las manos de Nietzsche cuando escribe aquello de por qué soy tan inteligente, por qué escribo tan buenos libros, etc. Son evidentemente proposiciones a la inversa, signos de destrucción. Y también Rubén tuvo que aceptar finalmente, pero incluso ya desde *Prosas profanas*, que siempre había un límite para el lenguaje absoluto: una escritura, por muy trascendental que se pretenda, acaba tropezándose de un modo u otro con lo contingente, con la finitud existencial y por supuesto con la muerte.

2. Por otra parte, decir que Juan Ramón llegó tarde al Modernismo porque llegó tarde al verso alejandrino, típicamente modernista, me parece una explicación meramente técnica y pobre. Incluso seguir al pie de la letra la afirmación de Juan Ramón de que su modernismo se acabó cuando acabó su amistad con Villaespesa en 1902, supone precisamente ignorar el pie de la letra. Esto es, que su ruptura con Villaespesa solo implicó una ruptura con lo que él iba a llamar «Modernismo menor». De ahí la obsesión de Jiménez por destruir sus dos primeros libros, *Ninfeas* y *Almas de violeta*, que efectivamente no aparecen en la *Segunda Antolojía*[1]. Solo una breve relación de poemas anteriores o, como él los llama, de «Primeros poemas», y luego de «Rimas», tituladas ahora *Rimas de sombra*. En estricto es *Arias tristes* el primer libro que aparece en esta antología. Pero hay más: esta ruptura con el Modernismo menor supone sin embargo inmediatamente su anverso: reconocer que el aludido Modernismo mayor –que se puede identificar con la Modernidad– representa nada menos para él que algo así como un nuevo Renacimiento, semejante al del siglo XVI, algo que habría abarcado no solo una época sino todo el siglo (o el medio siglo al menos en que él vivió). Pero, con todo, y pese a la inevitable pervivencia de Darío y de que incluso Juan Ramón se encargara de la edición de *Cantos de vida y esperanza*, hay una serie de cuestiones básicas que lo

---

1. Aunque muchos de esos poemas los recuperó en otros libros, como es sabido.

diferencian de Rubén. En primer lugar, que el lenguaje de Rubén era demasiada presencia, era demasiado fuerte y espeso para las perspectivas de Jiménez, que anhelaba una poesía más transparente, un lenguaje más oculto, más íntimo. En suma, un lenguaje de *dentro* (o en todo caso de dentro hacia fuera) y no un lenguaje desde fuera hacia dentro, tal como él cree percibir no solo en Rubén sino incluso en *Campos de Castilla* de Machado (aunque Juan Ramón dijera que su imagen de la poesía consistía en una mezcla de *la forma* de Rubén y *la idea* de Unamuno, tal como lo habría logrado Machado). Pero su búsqueda poética auténtica suponía la transparencia. De ahí su pasión por Bécquer, por la claridad del *Romancero*, la diferencia entre el Garcilaso de los sonetos y el de las églogas, entre la poesía cerrada y abierta. *Cerrada* significa barroquismo y retórica; *abierta* significa San Juan de la Cruz, su ideal más secreto. En suma, un lenguaje más becqueriano que el de Rubén, más de sugerencias que de presencia afirmativa, como el sugerir de los romances y las coplas populares, la difícil elaboración de lo sencillo o aparentemente espontáneo que sabe surgir de un alma cultivada y su trabajo –no de la pereza o de la espontaneidad burda–, como le indica al filósofo García Morente en el envío para la editorial Calpe de su *Segunda Antolojía* (digamos que las primeras poesías «escojidas» de Juan Ramón se editaron en Nueva York en 1917, ya con su peculiar ortografía fonética conocida).

Esta *Segunda Antolojía* (1898-1918), comenzada a preparar en 1919 y publicada en el 22, constituyó de hecho la consagración definitiva de Juan Ramón en la cumbre y el verdadero sonido de la nueva voz poética de la Modernidad (junto a Antonio Machado y Unamuno, como él mismo había señalado). Ahí, en esa segunda antología, aparecen los libros de su primera etapa (la que él denominó *sensitiva*, incluidos poemas de los *Libros de amor*, el libro que él había retirado por respeto a Zenobia) y también poemas de lo que Juan Ramón iba a llamar luego su segunda etapa, la que denominaría *intelectual*, es decir, desde los *Sonetos espirituales* (de los que también finalmente abominaría) hasta *Piedra y cielo*.

Las notas finales de esta segunda antología corroboran lo ya dicho en el envío a García Morente, con mayor amplitud: el arte popular, lo difícil de lo sencillo y lo espontáneo, la perfección. Y así nos vuelve a hablar de la relación entre el arte y la ciencia (esto es, la necesidad de exactitud en la palabra) o de la relación entre la poesía y la vida y entre la arquitectura y la forma del poema: la forma es la clave, pero debe desparecer para convertirse en el *ser* del poema. Esta ideología de la forma, esta obsesión por el ser del poema, se explica sin duda por la dialéctica dentro/fuera: si la poesía se construye desde dentro, su forma no puede ser algo externo, algo que se vea como adherido al poema, debe ser también su interior. Quizá este planteamiento es el que se nos ofrezca en esa segunda fase llamada *intelectual*, es decir, *la forma más la idea* o *la intuición más la inteligencia*. El poema debe ser perfecto como una rosa: «No le toquéis ya más / que así es la rosa»[2]. Y la rosa es un símbolo por excelencia en Juan Ramón (aunque no por ejemplo en Pedro Salinas). Pero este planteamiento nos ofrece tres problemas: 1º) ¿Por qué la Forma? 2º) ¿Por qué entonces elegir la jaula del soneto? 3º) ¿Qué significa entonces el «Vino primero pura», del libro *Eternidades*?

3. La respuesta a la primera pregunta, el por qué la Forma, resulta relativamente fácil (aunque aquí entre la difícil cuestión de la ética/estética). Si nos remontamos a los padres de la estética, a Kant y a Hegel por un lado y a los empiristas británicos por otro, las líneas teóricas se nos presentan sin embargo claras como el agua. Es obvio que Kant escribe la *Crítica de la razón pura* (es decir, el *qué puedo saber*, la pulsión del conocimiento) y escribe la *Crítica de la razón práctica* (es decir, el *qué debo hacer*, la cuestión de la ética y de la moralidad subjetiva y civil) para sustituir a la vieja escolástica feudal y para legitimar a la nueva razón burguesa que por ello aparece autocriticándose (esto es, autolegitimándose) en ambos títulos. Resulta sintomático que Juan Ramón escriba al final: «lo que puedo, debo y quiero hacer», casi una paráfrasis kantiana. Lo que nos importa: las claves en Kant son siempre la dicotomía entre lo trascendental y lo empírico, por un lado, y por otro lado la dicotomía entre lo puro y lo impuro. En todos los casos Kant establece una razón trascendental y (como su anverso) una sensibilidad trascendental, ambas teniendo como objetivo la relación con *la cosa en sí*, con el ser del mundo. Pero como eso es demasiado abstracto, demasiado abstruso, Kant establece a la vez una escalera intermedia para que lo trascendental se relacione con lo empírico. Los peldaños de esa escalera serían las *categorías del entendimiento* y las *formas de*

---

[2]. Aunque luego nos aclarará: tras haberla retocado antes.

la sensibilidad. Estos dos escalones intermedios (que en general Kant parece confundir con el lenguaje) tienen a su vez dos objetivos precisos. Las categorías ponen orden en el intelecto humano y en las ideas sobre la naturaleza; mientras que las formas de la sensibilidad ponen orden en la relación con los sentimientos humanos y en los contactos con la naturaleza. Las categorías y las formas, al poner orden, ordenan respectivamente las reglas del saber y las reglas de la moral, moralizando los instintos y moralizando nuestra parte más natural o sensible. Así se resuelve en cierto modo la relación entre lo trascendental y lo empírico: las categorías y las formas reciben una intuición de las cosas, y luego ordenan y reglamentan esas intuiciones hasta convertirlas en *legalmente* verdaderas o válidas. Claro que aquí hay un problema, la relación entre lo puro y lo impuro. Por ejemplo, la relación entre *quid ius* y *quid iuris*. No podemos olvidarnos de que la moralidad debe ser siempre pura, el deber ser moral puro e implacable (el famoso *imperativo categórico* que lo determina todo); pero tampoco podemos olvidarnos de que, a la vez, junto a esa moral del *quid ius*, tiene que existir la redacción de códigos jurídicos concretos, para que la sociedad y el propio sujeto puedan funcionar. Y la redacción de los códigos jurídicos es siempre empírica, está manchada inevitablemente por lo concreto contingente, eso es el *quid iuris*: lo inevitablemente marcado por la impureza cotidiana. Y lo mismo que con el saber o la ética, ocurre con el lenguaje: el lenguaje no es estrictamente trascendental, tiende a convertirse en puro pero se mezcla inevitablemente con lo impuro. Así, el lenguaje se puede convertir en traidor: lenguaje traidor bien porque no expresa la verdad del alma (como dirán después los románticos) o bien lenguaje traidor porque se embadurna tanto en la comunicación humana que no es luego capaz de configurar la moral o el saber (lo señalarán los neopositivistas lógicos y los formalistas rusos: el *giro lingüístico* proviene también de aquí, pero mezclando esto con la proposición de que todo es lenguaje o de que «el mundo es texto», que deriva más bien del empirismo angloamericano). Claro que junto a la moralidad pura o impura y el saber puro o impuro (y obviamente de ahí se deducirán también los debates sobre la poesía puro o impura), queda abierto un tercer problema que Kant tratará de resolver en su etapa final, en la *Crítica del juicio*.

Suele recordarse que Kant jamás pensó inicialmente en escribir esta tercera crítica, pero que de alguna manera, diríamos nosotros, su encuentro con *el cuerpo* le obligó a ello. Y en efecto hay que fijarse en una cuestión crucial: Kant se da cuenta de que las *formas de la sensibilidad* no solo ordenan las cosas en dirección al saber o la moral, sino que además las formas de la sensibilidad actúan por su cuenta, es decir, expresan las cosas *a su* manera. Y a esta manera de expresión es a la que Kant denominará estética. La obra de arte sería así la *expresión subjetiva de las formas sensibles*. Expresión subjetiva es una fórmula muy fuerte: porque si bien reconoce la singularidad de cada artista, le quita al arte cualquier valor objetivo y cualquier valor por tanto de generalidad de conocimiento. Como además la sensibilidad no puede pensarse a sí misma (solo provoca placer o dolor), la cuestión se agudiza aún más y llegamos a la conclusión de que la poesía es *tonta*, no hay racionalidad alguna en ella. A veces ciertos románticos y románticas cayeron en esta trampa de la poesía sensible y tonta, e incluso Rubén se llamó a sí mismo «sentimental, sensible y sensitivo» (es decir, igual que los chimpancés o los perros), pero resulta obvio que este verso rubeniano es solo una fórmula de alarde. A Rubén le gustó la aliteración interna de las eses y las tes, el juego de los acentos en las íes, y quizá por eso escribió ese verso, obviamente tan bien pensado. Kant era tan sistémico que sabía de sobra que con su lógica resultaba imposible que la sensibilidad se pensara a sí misma y resultaba imposible que tuviera otra finalidad que ella misma en su propia expresión (por eso el arte sería finalidad sin fin: la sensibilidad desviada hacia otros objetivos como la moral, el saber o la política ya no sería estética). De modo que Kant, digo, comprende sin embargo que el arte es muchísimo más complejo y *sí* le da una espiritualidad al arte, una cierta generalidad eidética y una indudable moralidad –siempre presente en Juan Ramón–. Así, Kant nos matiza que hay obras de arte técnicamente perfectas pero sin espíritu (*Geistlos*) y que al carecer de espíritu no nos dicen nada. De esa forma establece también la dicotomía general entre lo sublime y lo bello (lo sublime sería lo trascendental inefable, como la *cosa en sí*; digamos, el impacto que nos produce la naturaleza en su explosión, una visión de las montañas de la selva negra o un gigantesco oleaje marino: los románticos buscarán mucho esto y veremos que Juan Ramón lo buscará de otra manera). Esto es, la dicotomía entre lo trascendental inefable o lo sublime por un lado, y por otro, lo simplemente bello que es lo decible, lo expresable por el lenguaje. Claro, y no lo olvidemos, que el lenguaje siempre puede ser traidor por su ropa manchada. Y finalmente, como en Kant todo se resuelve en torno a la moralidad práctica pura (si no, repito, no habría sociedad ni subjetividad posible), Kant tiene que darle también un sentido moral al arte. Y lo encuentra en el símbolo de la *hoja de parra* (un simbolismo que puede trasladarse hasta Mallarmé y por supuesto hasta Juan Ramón). ¿Qué es la hoja de parra? Según Kant, con ese símbolo, el instinto de sexualidad queda idealizado, queda socializado. El símbolo de la hoja de parra no solo fundamenta a la familia sino que, en tanto que símbolo estético moral, une al arte con la finalidad moral interna a la naturaleza humana y a la naturaleza natural: es decir, la finalidad de ponerse al servicio del hombre, etc. Un simbolismo que es exactamente el que se trasluce en la ética/estética de Juan Ramón[3].

4. Los románticos pesimistas como Kierkegaard, Shopenhauer e incluso Nietzsche aceptarán la voluntad de vida de Kant, pero negarán que el mundo sea habitable y ordenado, afirmarán que la moral no es en realidad más que una máscara y establecerán –como Nietzsche, que es decisivo– un giro básico respecto al arte. Esto es, bien la idea de la vida artística o bien la idea del arte como vida. De cualquier modo la vida es la generalidad del arte y el arte debe configurar la vida. Así el músico Zaratustra, más allá del bien y del mal establecidos. Si Kant decía que una obra de arte es imperfecta incluso cuando tiene la finalidad de ser perfecta, Nietzsche –como Juan Ramón– mandará al garete todo esto: para Nietzsche la voluntad es la voluntad de poder o de deseo y esa liberación de deseos debe ser cada vez más plena y más perfecta en tanto que vida y en tanto que arte. Incluso los impresionistas o los malditos o los simbolistas franceses, convertirán al símbolo en el núcleo poético de todo. Y Juan Ramón se verá obsesionado por el simbolismo impresionista y por la perfección del poema, como venimos rastreando.

Pero dejando de lado el empirismo anglosajón, aunque Zenobia siempre trató de introducirlo ahí y Juan Ramón fuera –creo– el primer traductor de Emily Dickinson y comparara a Bécquer con Allan Poe, lo importante ahora para nosotros radica en la progresiva inva-

---

3. Obviamente el kantismo larvado de Freud se hace aquí transparente: aunque quizás Freud no conociera la imagen de la *hoja de parra*, resultan evidentes –desde aquí– todas las nociones freudianas sobre la sublimación artística y/o simbólica de las pulsiones sexuales, etc. Claro que Freud es más complejo.

sión europea del cientifismo positivista, a través de París y Viena (en Inglaterra, «la más burguesa de las naciones», ese cientifismo existió siempre, aunque de otra manera). El cientifismo positivista de la bisagra del xix-xx tiene una base clara: es inútil buscar la *cosa en sí*, porque la verdad humana, la verdad natural y social, son cosas palpables y concretas. De ahí que aparezcan la psicología, la sociología y el redescubrimiento de la fisiología como eje de la medicina. El positivismo es la ciencia mezclada con el arte, y como diría Zola, si Claude Bernard había convertido la medicina en arte, la novela debería convertirse en algo científico/naturalista. No era pues aquella abstrusa *cosa en sí* lo que había que buscar, sino el *en sí de las cosas* lo que habría que analizar como se analiza un virus a través del microscopio. Es el problema de la relación entre el individuo y el sistema, el problema que obsesionaría a la etapa final de Juan Ramón y que crearía (por ejemplo) todas las críticas contra Ramón y Cajal: ¿cómo podía compaginar Cajal la individualidad de las células con la textura global del sistema nervioso? Vemos así cómo las cuestiones se van deslizando ante nosotros sin que casi nos demos cuenta. La cuestión que ahora se plantea es que si todo es ciencia, la ciencia resolverá los problemas sociales y médicos, incluida el alma humana convertida ya en cerebro: a través de la psicología (como hará Charcot y luego Freud) o a través de la complejidad de la aludida textura del sistema nervioso como hará Cajal. Pues evidentemente para Juan Ramón Jiménez hay una relación íntima entre la ciencia y la poesía a través –como es lógico– de la imagen de *invención* o *creación*. Y en este sentido pondré un ejemplo extraído de un texto suyo, una cita que se halla en la página 93 de *La corriente infinita* (edición de Pedro Garfias, en Aguilar, Madrid, 1961). La frase de Juan Ramón dice así:

> Si un científico inventa, y a todo el mundo le parece natural el invento, sea práctico o no, ¿por qué no ha de inventar un poeta, que puede hacerlo, un mundo o parte de él? [...] ¿Nombrar las cosas no es crearlas? En realidad el poeta es un nombrador a la manera de Dios: *Hágase y hágase porque yo lo digo*.

Por supuesto hay que ir muy despacio al leer esta frase, puesto que todo un horizonte ideológico está bullendo ahí. Fijémonos solo en su inicio: «Si un científico inventa...». Es evidente su falsabilidad inmediata: un científico no *inventa* nada. Un científico (y hoy habría que hablar de la «comunidad científica» aunque el sintagma tenga múltiples ambigüedades), un científico o un equipo, insisto, investiga, explora, descubre algo a través de una serie compleja de teorías, métodos y experimentaciones, etc. Y resulta obvio: ni Copérnico ni Galileo se inventaron que el sol estaba quieto y que era el centro de nuestro universo; ni Newton se inventó la gravedad, ni Einstein la relatividad ni Ramón y Cajal la relación entre las células neuronales. Peor aún: si Newton se hubiera *inventado* la gravitación de los cuerpos hubiera dejado de ser un científico. Entonces ¿por qué dijo Juan Ramón esa aparente banalidad acerca de que el científico era un «inventor»? Y, más todavía, que el poeta era un creador desde el vacío, sabiendo de sobra que a escribir se aprende leyendo y a partir de un inconsciente –o de un *subconsciente* como escribía Juan Ramón–.

Resulta claro que Juan Ramón está aquí confundiendo la cientificidad auténtica con la imagen del «científico loco» o del «inventor» más o menos desquiciado que atraviesa todo el XIX y que se expresa claramente en los textos de Julio Verne o de H. G. Wells[4].

Claro que en el cientifismo de la época subyacía un problema básico: si todo estaba determinado por leyes fisiológicas o hereditarias, si todo dependía del medio ambiental o social, ¿dónde quedaba la libertad o la ideación humana? Cajal también se planteó esto, y rechazó los artículos en que había hablado de que la ideación provenía directamente de las neuronas, pero es que Juan Ramón se lo plantea continuamente a través de la relación entre *necesidad* y *libertad* en las formas poéticas. La pregunta sobre la libertad humana provoca el surgimiento de la *fenomenología*, a través de Husserl y su tesis doctoral sobre los orígenes de la geometría (muy bien estudiada por Derrida), y aparecerán enseguida todas las ciencias humanas o simbólicas: todos somos científicos, por supuesto, dirán los fenomenólogos, pero hay ciencias del cuerpo o de la naturaleza y ciencias del espíritu. En las ciencias naturales actuarían las causas como leyes determinantes; en cambio en

---

[4]. En todo caso habría descubrimientos «azarosos», como la penicilina o en cierto modo el ADN, o aplicaciones técnicas como las de la electricidad, las del láser o los microchips, que a veces siguen denominándose «inventos». Sin duda Juan Ramón lo hace sobre todo porque el término *invención* le permitía remitirse a la imagen de *creación poética*: una imagen no menos romántica y que, como hemos visto, le lleva a la noción del *poeta-Dios*, que será clave (aunque en otro sentido) en su etapa final.

las ciencias del espíritu actuarían las formas como formas libres. Este horizonte fenomenológico del análisis del *en sí de las cosas* a través de las formas libres se extenderá como una mancha de aceite por toda Europa. Y fijémonos: si el lema de Husserl era *A las cosas mismas*, el artículo más importante que Ortega y Gasset publicó en Buenos Aires se titulaba precisamente «Argentinos, a las cosas mismas». Y así, repito, surgieron las ciencias humanas en todos los ámbitos: desde la filosofía al arte (con la invención del Barroco, del Manierismo, etc.), desde la lingüística a la ciencia literaria, desde el simbolismo de Cassirer al culturalismo de Dilthey. Y por supuesto en España, con Ortega como eje y su *Revista de Occidente* que Juan Ramón llamó –tras enfadarse con Ortega– *Revista de desoriente*.

5. Claro está que ya alguien había establecido una –muy distinta– *Fenomenología del espíritu*. Me refiero, obviamente, a Hegel al que, como a Kant, apenas le interesaba la estética para nada, salvo para que el espíritu se autorrealizara quitándose de en medio a la materia. Como Hegel calca en su historia evolutiva la imagen de la encarnación de Cristo (por supuesto de una manera totalmente laica), su historia es una curiosa evolución circular desde el origen al fin, un fin que supone un pleno retorno (ya autoconsciente) al origen. Digamos así que en el origen ya existe el espíritu absoluto (la unión del *en sí* y el *para sí*, pero sin autorreconocerse). Para lograr esa autorrealización o esa conciencia, el espíritu tiene que salir de sí y enfrentarse al mundo de manera objetiva (son los momentos del espíritu objetivo) para luego retornar a sí mismo convertido ya en espíritu absoluto plenamente autoconsciente. Algo así, diríamos, como el Cristo que, tras enfrentarse al mundo y muerto por el mundo, resucita plenamente consciente y absoluto en sí y para sí. Pero entonces ocurre lo inesperado: los dos medios que ese espíritu objetivo ha utilizado para enfrentarse al mundo se disuelven de diversa manera. Por un lado la filosofía hegeliana se disuelve porque en el fondo ella es el propio espíritu absoluto, puesto a andar por y en el mundo, encarnándose a su vez bien en Napoleón o bien, finalmente y sobre todo, en el Estado prusiano. Por otra parte, la estética en Hegel se disuelve de otra manera. La estética o el arte han sido necesarios para el espíritu en su lucha con la materia. Y así las diversas épocas estéticas hegelianas: primero el *arte simbólico*, es decir, el oriental y en especial el egipcio, en el que *la materia pesa aún más*

que el espíritu. La imagen de la cabeza de la Esfinge saliendo como con desesperación de la pirámide egipcia que la tiene atrapada en la tierra, sería una buena imagen de esa situación primaria. Pero como el arte o la estética dependen del equilibrio entre espíritu y materia, dependen, en suma, del cuerpo, el arte por excelencia sería el del equilibrio de la escultura clásica grecorromana. Y a partir de ahí la decadencia del arte: en la época moderna o romántica, como señala Hegel, el progresivo paso hacia el espíritu absoluto supone también el progresivo triunfo del espíritu sobre la materia. La progresiva desaparición de lo estético/material y el triunfo de la palabra poética, la menos material, la que Hegel percibe en el genio de Shakespeare. A fin de cuentas eso supone también el fin del arte, que ya no es necesario pues la materia ha sido vencida (aunque la materia aún perdure en la arquitectura, e incluso en la música). Es curioso que Hegel diga esto de la música, que va a ser considerada por los románticos, por Verlaine o Mallarmé, por Juan Ramón o Lorca, como el arte más puro, la expresión de lo inefable frente al lenguaje traidor. Pero es que para Hegel no hay lenguaje traidor. Su historia es, como decimos, la historia del espíritu encarnándose hasta desencarnarse, hasta resucitar. Y eso no significa que lo real/material desaparezca, sino que el espíritu absorbe a lo real, lo recrea animando lo inanimado, y así ese real creado o vivificado deja su mera forma material inerte para convertirse en algo vivo. Gracias a la vida que le sopla el espíritu absoluto. De manera que si hay alguna estética hegeliana posterior –y la ha habido–, en ella lo importante no sería la forma inerte exterior, sino el contenido espiritual interno. O de otro modo, la estética kantiana sería siempre *formalista*, mientras que la estética hegeliana sería siempre *contenidista*, eso es obvio.

Solo que también hay otra manera de plantearse las cosas. Digamos: el kantismo siempre se estructura a través de la relación sujeto/objeto; el hegelianismo siempre se plantea a través de la relación conciencia absoluta/revivir el mundo (o revivirse a uno mismo). Y estos dos planteamientos serán decisivos a la hora de aproximarnos a la obra culmen de Juan Ramón: *Dios deseado y deseante*.

6. Pues, en efecto, sin duda toda esta serie de cuestiones carecerían de interés para nosotros si no estuvieran latiendo por debajo del tapiz poético de Juan Ramón. Porque sobre todo desde su etapa americana hay en Juan Ramón –y quizá ya desde *La estación total*– una plausi-

ble lectura hegeliana. Incluso se podrían añadir varios matices más: no es que Hegel despreciara lo contingente o lo orgánico (mientras que Kant pedía que apareciera un Newton de la botánica para completar su mundo), es que Hegel no ve la necesidad o la fundamentación de la contingencia dentro de su esquema hacia el espíritu absoluto. Y si el espíritu absoluto lo resuelve todo, ¿para qué contar con lo contingente? Solo que entonces volvemos a lo mismo: el lenguaje autosustancial, autosostenedor del mundo, es algo casi imposible, algo solo legitimado en su propia sustancia. Y ese es el problema de la conciencia absoluta también en Juan Ramón, en la búsqueda de su fusión con la esencia de la Naturaleza.

II. Juan Ramón ¿cómo heredero de Rousseau?

1. Sin duda, pues fijémonos en que tanto la forma pura kantiana como el contenido absoluto hegeliano son categorizaciones que se superponen, son legitimaciones de algo que está implícito en el inconsciente ideológico juanramoniano en cada una de sus coyunturas. Y lo que es más, que las prácticas poéticas de aquel momento también estaban impregnadas por esa misma ideología implícita, solo que sin legitimarse teóricamente. Fue después cuando esos debates teóricos se establecieron y así el siglo xx se vio atravesado por la disputa entre formalistas puros y contenidistas sociales –que podían llamarse impuros porque se aferraban a una realidad social absoluta y por tanto impura también–. Hoy la forma pura, por influencia del empirismo angloamericano (el lenguaje es el orden mental, su expresión y configuración del mundo) se llama lingüisticidad referida a «lo real» («la realidad no existe, solo existe el lenguaje», dijo ya Foucault y todo el llamado «giro lingüístico» hasta la posmodernidad). Mientras que los contenidistas han dejado de ser sociales en bloque para reivindicar las perspectivas parciales feministas, gays, ecologistas, afroamericanas o étnicas en cualquier sentido, etc.

Lo que por lo demás nos indica que las realidades ideológicas y las prácticas poéticas, aunque se sostengan siempre en un inconsciente ideológico implícito, segregan continuamente contradicciones, flujos y reflujos, puesto que la realidad vital e ideológica (en nuestro tiempo, la del capitalismo) siempre es contradictoria, pese a su indudable hegemonía global.

Por eso hemos dicho que nadie es formalista o contenidista estrictamente hablando, sino más bien que sus poéticas intentan seguir las directrices inscritas bajo esos marbetes. Y por consiguiente es ahora cuando debemos aclarar nuestro planteamiento básico: ¿en qué sentido podemos hablar de que Juan Ramón Jiménez es un poeta roussoniano? Obviamente porque Rousseau le devuelve a los signos de la Naturaleza ese «murmullo vivo» –incluso esa *magia* que se transparenta en los *cuentos de hadas* y en los *cuentos góticos*–, esa «viveza», digo, que tales signos parecían haber perdido tras las lecturas matemáticas de Galileo y Newton. Pero veámoslo más despacio.

2. Digamos de entrada que todos somos hijos de la Ilustración, pero que Rousseau disfunciona en cierto modo dentro de la Ilustración. Y ello porque el pensamiento ilustrado, desde Kant a Hegel, desde Locke a Hume o el propio Rousseau, se ve obligado a resolver los dos problemas verdaderamente claves que agobiaban a la ideología burguesa triunfante. Estas dos cuestiones claves: *primero*, ¿qué es la naturaleza humana tras la muerte de Dios, tras el derrumbe –nunca pleno– de la sacralización feudal? Y *segundo*: ¿cómo legitimar, pues, una sociedad civil sin la monarquía absoluta y sin su fundamento sacralizado? Las diversas respuestas (que corresponden a diversas facciones burguesas) se unifican en dos soluciones básicas. En primer lugar: la naturaleza humana debe ser una transparencia de la naturaleza natural. Y en segundo lugar: el contrato social debe legitimar sobre todo la propiedad privada. Pero a partir de ahí los problemas surgen de inmediato, y no voy a plantear más que la doble postura de Rousseau al respecto. Pues en Rousseau hay una curiosa oscilación, que se refleja en el doble juego de sus escritos: los más literarios como *Las confesiones* o *La nueva Heloísa* o los más teóricos como *El contrato social* o el *Segundo discurso sobre los orígenes de la desigualdad*. Pero esta oscilación de géneros solo indica una oscilación mucho más de fondo. Por un lado Rousseau nos dice que la sociedad civil (y la naturaleza humana) no son transparentes con respecto al estado de naturaleza. Al contrario, la sociedad civil supone la corrupción de la inocencia del estado de naturaleza. Pero lo asombroso es que también se halla en Rousseau la proposición inversa: el estado de naturaleza está sometido al instinto y al esclavismo de las pasiones. Por tanto para conseguir una libertad esencial hay que someterlo a la razón y a la moralidad que solo

se halla en la sociedad civil. Esta paradoja no tiene solución respecto a la desigualdad social (es lógica la desigualdad natural, como entre hombres altos y bajos, etc.), pero la desigualdad social no tiene solución porque está establecida por la propiedad privada y sus instituciones. En este sentido Rousseau no sabe qué hacer y se calla. Salvo que esta paradoja sí tiene salida respecto al otro eje clave: solo la naturaleza proporciona un fundamento visible para legitimar la moral y el conocimiento. La razón y la moral solo se pueden legitimar a partir de la verdad sensible, de la verdad de los sentimientos innatos o naturales, a partir en suma de la verdad del corazón.

Una verdad, una razón, una moral basadas en el sentimiento natural, en la verdad del corazón, he ahí la única legitimación posible. El *estado de naturaleza* (del que Rousseau se escapará luego, sin embargo) sigue siendo la última verdad válida. Digamos así que Rousseau es el gran ideólogo de las amplias fracciones pequeñoburguesas y artesanales que no dependen tanto de la propiedad privada de los medios de producción maquínicos o del poder monetario como dependen las grandes burguesías industriales, mercantiles o financieras. Rousseau es, en gran medida, el ideólogo de una sociedad considerada hasta entonces como natural: las comunidades artesanales o campesinas que están asustadas ante el predominio de lo artificial. Desde las maquinarias de las grandes industrias a las maquinarias de la gran ciudad o de los grandes espectáculos teatrales o de la artificialidad de las costumbres: desde los vestidos pomposos a los rituales de sociedad. Para esas comunidades pequeñoburguesas, artesanales o campesinas, provincianas o subalternas (lo que empezará a llamarse positivamente «el pueblo») no valen los grandes ritos del artificio del mundo nuevo, sino las verdades del corazón, del sentimiento, que se consideran como la verdad innata de la naturaleza, de un mundo natural que parecía ir a la destrucción.

3. Esta atmósfera de la verdad natural fue la que asumió y tematizó Rousseau como nadie y sus planteamientos se fueron filtrando por todas partes: desde Emerson y Thoreau en Estados Unidos hasta los beatniks y los hippies e incluso ciertos ecologistas. Por supuesto los efectos roussonianos se ven en gran parte del Romanticismo europeo (no en todo) y, desde luego, el impacto iba a ser decisivo en una cultura como la española, provinciana, retrógrada y atrasada, que intentaba

salir del atolladero desde 1868 y la I República hasta el 98 y la Guerra Civil franquista (puesto que existía –y existe– un naturalismo o populismo fascista, sin duda).

En esta perspectiva de la modernización española hay dos posiciones claves: la de los que buscan la industrialización capitalista a toda costa, por un lado, y por otro, y sin renegar de ello, la de los que buscan la modernización del país sin olvidar sus raíces y sus valores autóctonos: o el espíritu de Castilla o los nacionalismos periféricos con el espíritu de Euskadi, Galicia o Cataluña (e incluso la Andalucía de Blas Infante). Pero en nuestro caso las cosas son claras: el modernismo de Rubén (cosmopolita/autóctono) es depurado por Juan Ramón Jiménez fundándose en la naturaleza y finalmente en lo absoluto natural (hasta en el burro Platero, como planteó Giner de los Ríos en su libro *El espíritu de los animales*); Antonio Machado entenderá su propia bondad personal y poética a partir de la verdad natural del corazón y de la lengua; y no sería difícil analizar el carlismo y los esperpentos de Valle desde esta perspectiva de «exaltación» de la artificialidad perversa dominante al igual que hará César Vallejo con su peruanismo parisino.

Ahora bien: ¿y si tras la frase «Dios ha muerto» la naturaleza se volviera *opaca* para Juan Ramón?

III. La frase de Nietzsche «Dios ha muerto»

El primero que empezó a cambiar el planteamiento «tradicional» sobre la subjetividad y sobre Dios en el mundo occidental (tanto europeo como latinoamericano) fue Nietzsche, indudablemente.

Casi siempre que se habla de Nietzsche se piensa en el superhombre, pero Nietzsche es un pobre hombre lleno de problemas mentales y que se va quedando prácticamente ciego, con un único amor (¿?) femenino: Lou Andrea Salomé (que se zafó de cualquier compromiso con él) y cuyos problemas de salud no le permitieron ni de lejos acercarse al concepto de *superhombre*, tal como suele entenderse: fue solo un signo de la «creatividad» de su escritura.

Pero obviamente planteó cuestiones decisivas, como la de la muerte de Dios, cambiando el sentido que hereda este pensamiento de los preceptos de la Revolución inglesa y francesa: esta instancia solo significa que el Dios del feudalismo ha muerto, aunque en Alemania perviviera (y hemos de tener en cuenta que Alemania no existe como Estado más que a partir de 1871, tras la batalla de Sedán contra los franceses y tras la Comuna de París).

Nietzsche se vuelve loco en Turín (en Italia pasará la mitad de su vida) y muere habiendo perdido el juicio. En sus comienzos, escribe (como era propio de la Alemania que intentaba unirse) basándose en el mundo griego (es la época en que realmente se cree descubrir a Homero). Comienza de profesor de griego (como filólogo) y recupera a un nórdico muerto hacía muchos años: Schopenhauer, un pastor protestante que escribe *El mundo como voluntad y representación*, donde dice (parafraseándolo) que ha descubierto la vida y le tiene miedo a su voluntad, por lo que prefiere contemplar el mundo y negar la voluntad por incontrolable (al estilo de Freud, que no niega los «instintos-pulsiones», aunque sí observa el mundo como un teatro: el análisis como un escenario «otro» en el inconsciente del yo).

Curiosamente, pues, Nietzsche recupera a Schopenhauer pero para todo lo contrario, es decir, él piensa que es necesario hacerle caso a la voluntad dionisíaca, y escribe su primer libro (*El nacimiento de la tragedia*) en el que da cuenta de que la gran tragedia europea y mundial estriba en el rechazo del descubrimiento de Dionisios, que no es otra cosa que hacer caso a los dictados del interior de uno mismo (en esto se asemeja a Freud); un trabajo que ya había presentado en la Universidad como tesis doctoral.

Posteriormente padeció una depresión, no sabía qué hacer con Dionisios y eligió un segundo camino intermedio, más racionalista. Es el denominado camino ilustrado de Nietzsche, que corresponde a la época de *Humano, demasiado humano*, un libro decisivo que no le gustará luego a su autor por considerarlo precisamente demasiado «cientifista» (después vendrá la etapa de *Aurora*, de *La gaya ciencia*, etc.), tras la depresión; hasta que, lógicamente, vuelve al principio de Schopenhauer. Solo que si el mundo como voluntad era representación, ahora, para Nietzsche aparece el mundo como voluntad de saber, querer, poder... Para que esa voluntad actúe como tal, y para legitimarla, hay que partir de un hecho clave: esa voluntad solo sirve si se da la fusión entre vida y arte y dicha fusión tiene un nombre, Zaratustra, el bailarín vivo, sin miedo a los animales porque posee a dos de los más peligrosos, el águila y la serpiente (como en la bandera de México); que su hermana lo convirtiera en precursor del nazismo no tiene que ver con que él lo sintiera así. Intentó que el arte dejara de lado el pesimismo para conseguir ser algo vivo, aunque ese fundirse con la vida pudiera significar la desaparición del arte.

Ahora bien: encontramos en la frase de Nietzsche la nostalgia por la muerte de Dios, y a la vez un intento de superarla, como de superar el racionalismo ilustrado de Kant, Descartes, Hume, Locke... y por eso podíamos establecer cinco etapas en Nietzsche (que, repito, es fundamental para el Modernismo y la Modernidad europea y española).

Partiendo siempre del hecho de que para Schopenhauer la voluntad del hombre, decíamos, es irracional, la oscuridad («El sueño de la razón produce monstruos» de Goya). El sujeto es pues –o debe ser– el espectador que asiste a una representación falsa sin dejar aparecer la voluntad oscura de dentro. Admitiendo esa misma *voluntad oscura*, Nietzsche, como hemos avanzado, pasa por esas cinco etapas ya esbozadas:

Primera etapa: la visión de Dionisios consistente en *invertir* a Schopenhauer. Lo acabamos de decir: hay que aceptar la voluntad de lo oscuro, lo terrible, lo dionisíaco (en la música de Wagner, en el nacionalismo... eso es fundamental). Por distintas cuestiones (la pelea con Wagner, entre otras) Nietzsche pasa a su *Segunda etapa*: racionalismo; vuelta a la Ilustración, química entre ideas y sentimientos (época de *Humano, demasiado humano*). *Tercera etapa*: filosofía de la mañana o de *Aurora*, y *El gay saber* (saber alegre). *Cuarta etapa*, de fusión de arte y vida: Zaratustra es músico, bailarín, algo que implica la muerte del arte por esa integración en la vida (luego esta imagen la recogerá Foucault, al igual que la *Genealogía de la moral*, etc.). *Quinta etapa*: voluntad de... (Dionisios, Zaratustra... todo se mezcla en el desolado libro final *Ecce Homo*).

Indicábamos que su hermana, con los textos que le quedaban tras la muerte de Nietzsche, construyó *La voluntad de poder*, básico en los años treinta para los nazis. Pero es necesario partir de la base de que Nietzsche tenía horror al nacionalismo alemán, a los prusianos... y por ello se inventa que no es alemán y se fabrica una genealogía polaca, como se sabe.

Ahora bien: aunque invierte directamente a Shopenhauer, en el fondo a quien invierte Nietzsche es al maestro legitimador de la ideología burguesa, a Kant; porque si nos damos cuenta, la «voluntad de» no es más que una voluntad de moral, de acción, de legalidad de las prácticas creyendo en la ley más que en nada.

La inversión que Nietzsche realiza sobre Kant nos remite así primero a la *Razón práctica pura*, la razón de la acción, allí donde se le presentó a Kant el primer problema. Y lo sabemos: una cosa es la razón práctica pura, la moral, y otra la razón impura, es decir, los códigos jurídicos.

Nietzsche lo invierte todo y lo resuelve planteando que no hay pureza ni impureza, sino que (en la voluntad plena) todo está *más allá del bien y del mal* (la libertad también). Y a la par, la otra inversión de Nietzsche respecto a Kant es la que se ocupa de lo corporal, de la sensibilidad trascendental. Kant había planteado que, junto a la razón trascendental, está el reverso de la moneda: la sensibilidad trascendental (el sujeto trascendental es clave por encima de todo): el hombre no solo es razón, sino que también es sensibilidad.

Pero la sensibilidad en Nietzsche deja de ser trascendental y se convierte en corporal (cuerpo de Zaratustra o cuerpo de Dionisios), porque también se da cuenta de que en Kant (como en toda la ideología burguesa) hay miedo a la corporalidad, miedo a la animalidad. Por eso recordábamos que Zaratustra se acompaña de los dos animales aludidos, el águila y la serpiente.

El «no-miedo» a la animalidad (o a la irracionalidad de Dionisios, aunque luego la atempere con lo «apolíneo») supone la asunción, la aceptación de la «animalidad» en Nietzsche, pero no solo en él: también provocará el intento de explicar (por parte de Freud y Lacan) la diferencia entre ser humano y animal.

Para entendernos sencillamente (aunque desde luego de Freud a Lacan hay un paso de diferencia) el planteamiento es siempre el mismo y deriva de la misma ideología burguesa: ¿en qué nos diferenciamos los hombres de los animales? Es la clave del psicoanálisis. Para Lacan, en realidad nos diferenciamos de los animales en tres aspectos: somos

—*sexuados*: no se producen las relaciones sexuales de un modo regulado, como en los animales con el celo;

—*parlantes*: condición de hablar (momento clave en Juan Ramón Jiménez, pues para él la posibilidad de hablar no es nada, se trata de alcanzar un lenguaje que «se diga» como efectivo y absoluto);

—*mortales*: pulsión de muerte de Freud y Lacan, y algo no menos decisivo en Juan Ramón.

Pero no sin problemas: a Freud y a Lacan se les olvida una pequeña cosa; esto es: que los animales tampoco tienen *Historia*, mientras que en la individualidad humana la Historia se nos impone, la Historia nos hace. Todo el planteamiento del psicoanálisis se basa en los «significantes», pero se trata de significantes vacíos. El inconsciente psicoanalítico es fundamental, pero no tiene significación porque la especie humana, como tal, no tiene significación. La única significación que tenemos es la histórica: somos productos de la Historia porque hoy nacemos capitalistas[5] y los hombres y las mujeres se ven imbuidos en el inconsciente ideológico/histórico de su propia coyuntura, en el lenguaje del inconsciente ideológico que configura a las pulsiones libidinales.

Pero tales pulsiones –o «instintos naturales», como aún las llama Nietzsche– al ser indomeñables solo nos indican una cosa: la *crueldad* de la vida y la naturaleza. Para Nietzsche solo la música (en principio la de Wagner) «amansa a las fieras».

De modo que si en Rousseau el problema radicaba en que la naturaleza se pudiera volver «opaca», para Nietzsche resulta indudable que la naturaleza y la vida son «crueles» (obviamente Freud utilizará contra estas cuestiones el «principio de realidad», el del placer y/o goce, etc.: no lo vamos a analizar aquí).

De un modo u otro, pues, es lógico que Juan Ramón Jiménez, como todos, se mueva entre los dos inconscientes que lo configuran: los registros pulsionales e ideológicos. Y en realidad podríamos decir que en toda la ideología burguesa de Kant a Hegel o Nietzsche, se tratará de elaborar una estética que se les vuelve imposible finalmente, bien por la «opacidad» de la naturaleza, bien por su «crueldad». Pero de cualquier manera lo que Juan Ramón hace es tratar de «superar» las dos cuestiones y de «superar» la Historia real: toda la poesía de Juan Ramón Jiménez se basa en la idea de encontrar un mundo trascendental llamado también «yo absoluto» –frente a la mediocridad del mundo cotidiano– por medio de la naturaleza, etc.

Así, Juan Ramón empieza obsesivamente (como los demás poetas de la época) con el intento de fundirse con la Naturaleza. Ya que Dios

---

5. Como en el esclavismo grecorromano se nacía esclavista y como en la servidumbre feudal se nacía pecador y siervo de un señor (de la tierra y/o del cielo: los señores de la tierra eran reflejos del Señor del cielo).

ha muerto, la Naturaleza se convierte en el único fundamento (lo humano y lo natural, ambos fusionados). ¿Pero cómo?

IV. Poemas desde la fenomenología

Y digo esto porque si Juan Ramón estaba buscando continuamente la Poesía con mayúscula (se trate del mundo trascendental kantiano o se trate del espíritu absoluto hegeliano) no cabe duda tampoco de que Juan Ramón siempre cuenta *con las cosas*. Y el problema para nosotros consistiría así en averiguar de qué manera cuenta con las cosas en cada una de sus fases o etapas de escritura.

Pues en efecto: en la exhaustiva edición de la obra poética de Juan Ramón Jiménez preparada por Javier Blasco y Teresa Gómez Trueba[6] (sin duda la mejor edición que hoy existe en el mercado), en el volumen correspondiente a las poesías escritas en verso –hay otro donde se recogen los poemas y textos en prosa–, en ese volumen, digo, se establece una división directa entre poesía digamos de juventud y poesía digamos de madurez. Pienso sin embargo que pese a la comodidad editorial que esto supone y pese a que los *Sonetos espirituales* se coloquen dentro de las flores de juventud (aparte de otros problemas críticos como la ausencia de determinados textos del exilio), a nosotros nos interesa señalar los diversos matices que hay dentro de cada una de esas fases de la poesía juanramoniana. Al menos dentro de lo que él denominó su etapa *intelectual*[7] o de *forma más idea* (o *intuición más inteligencia*). En este sentido podríamos hablar de un primer giro en Juan Ramón que supondría la búsqueda de la construcción del yo *enformándolo* –es una palabra suya– en esa aludida relación con las cosas. Y en este aspecto, cuando busca la esencia de las cosas tiene que recurrir a la forma que construye al poema y que extrae la esencia y el sentido de esas cosas. Y podríamos comenzar nada menos que leyendo un soneto, la más cerrada de todas las formas. Obviamente el soneto, como se ha dicho tantas veces, implica la dialéctica entre lo finito y lo infinito, entre lo limitado y lo ilimitado, pero quizá haya que llevar las

---

6. Juan Ramón Jiménez, *Obra poética*, eds. Javier Blasco y Teresa Gómez Trueba, pról. Víctor García de la Concha, Madrid, Espasa-Calpe (Col. «BLU»), 2005.
7. Hay, decimos, una poética *sensitiva* previa, la que J. R. J. considera propia de su primera época de juventud o de «Modernismo menor».

cuestiones más allá. La forma del soneto (aunque luego, como decíamos, Juan Ramón abomine de los *Sonetos espirituales*) es aquí una especie de desafío entre esencias: Juan Ramón se encierra en el soneto no como en una jaula exterior sino como en algo que se abre hacia lo *otro* para constituirlo, para fundirse con lo *otro*, para darle sentido o esencia a todo, incluido el propio soneto y la propia alma. Podemos leer desde esta perspectiva el poema «Al soneto con mi alma», el prólogo del libro *Sonetos espirituales*, un prólogo que Juan Ramón no incluye, sin embargo, en la *Segunda antolojía*. A mí, no obstante, me parece decisivo y dice así:

AL SONETO CON MI ALMA

Como en el ala el infinito vuelo,
cual en la flor está la esencia errante,
lo mismo que en la llama el caminante
fulgor, y en el azul el solo cielo;

como en la melodía está el consuelo,
y el frescor en el chorro, penetrante,
y la riqueza noble en el diamante,
así en mi carne está el total anhelo.

En ti, soneto, forma, esta ansia pura
copia, como en un agua remansada,
todas sus inmortales maravillas.

La claridad sin fin de su hermosura
es, cual cielo de fuente, ilimitada
en la limitación de tus orillas.

Fijémonos: en el primer cuarteto nos hallamos ante una descripción objetiva, donde se nos habla de la esencia de las cosas. Pero ante esta situación surge una pregunta: ¿qué es lo que el poeta intenta atrapar? ¿La esencia? ¿Lo imposible? Estas preguntas no son baladíes, desde el momento en que nos damos cuenta de que todas las cosas (que no son sino formas esenciales) se le escapan.

Así, en «Como en el ala el infinito vuelo», observamos que no se hace hincapié en el vuelo, sino que nos remite a *ala*; teniendo en cuenta que *el ala* es aquello que se escapa, lo que se va; no tiene más esencia que volar, su esencia no es la de lo quieto. Es por eso por lo que elige *el ala* en lugar de referirse directamente al pájaro. Y el azul la única esencia del cielo, un color que también puede cambiarse (no hay otro cielo más allá).

He aquí la primera contradicción: Juan Ramón quiere ordenar el mundo y las formas se le escapan. El orden quiere establecerlo mediante formas que vuelan, que se van, porque su esencia es la de aquello que *no permanece*.

La esencia que elige para la flor es *errante* («cual en la flor está la esencia errante»), es decir, que también se refiere a aquello que se pierde. De nuevo quiere ordenar el mundo eligiendo precisamente las cosas que se van. Al igual que lo hacen *la llama, el caminante fulgor* y como cielo –decimos– *el azul* de «lo mismo que en la llama el caminante / fulgor, y en el azul el solo cielo».

Continuamente nos encontramos con anáforas, comparaciones (*como, cual*) salvo en «caminante fulgor». Ha elegido para describir el mundo fijo todo lo que se escapa. Hasta aquí, en la composición, observamos la realidad objetiva de las cosas, que es precisamente irse en esencia (no es extraño que en los últimos años hablara de un libro que iba a titular *Formas del huir*).

El segundo cuarteto, sin embargo, es subjetivo. Si en el mundo objetivo del primer cuarteto hemos observado que no hay nada que permanezca quieto o que pueda *atraparse*, en este cuarteto subjetivo tampoco: no hay más que pérdida o pura arbitrariedad en el *sentirse vivo*.

«Como en la melodía está el consuelo» depende, puede haber otra cosa en la música, esto es una arbitrariedad subjetiva al igual que en «y el frescor en el chorro, penetrante» es agua que quizá no te gusta en invierno, aunque sí en verano, etc. Pero la mayor arbitrariedad está en el siguiente verso: «y la riqueza noble en el diamante», pues la tal *riqueza* depende de la existencia del mercado de diamantes, si no, el diamante es carbón. Pura arbitrariedad subjetiva. «Así en mi carne está el total anhelo», que implica la subjetividad al expresar un deseo, pero es que también el deseo aparece flotante, es el mero *anhelo*, el *deseo* nunca se *fija*, siempre fluye. De modo que vemos una curiosa contradicción: para J. R. J. el soneto, que se supone la forma *más cerrada*, se convierte –al menos en los cuartetos– en la forma *más abierta*: en esa *jaula* o todo se escapa o todo es mera arbitrariedad. La cuestión cambia, sin embargo, en los tercetos: ahí el soneto sí se concibe como un pequeño estanque en donde se condensan las maravillas del mundo, o el mundo reflejándose –*copia*– en el remanso quieto de ese breve espacio, el estanque reducido. Esta imagen la expresa de un modo muy claro, con dos aposiciones: «En ti, soneto, forma (que no es un verbo, es un sustantivo; la forma por excelencia), esta ansia pura»; ansia pura por el deseo de conseguir el mundo que «copia, como en un agua remansada», como el cielo se copia en la pileta de una fuente, refleja en ella, en esa agua quieta por fin «todas sus inmortales maravillas» (las del mundo, las de la esencia y las del deseo).

Y finalmente: «es, cual cielo de fuente, ilimitada / en la limitación de tus orillas», donde Juan Ramón Jiménez nos muestra la dialéctica obvia de lo ilimitado frente a lo limitado, intentando plasmar el reflejo del mundo (y el deseo del poeta de contener dicho reflejo) en un lugar pequeño, esto es, lo ilimitado en el límite del poema.

En suma: Juan Ramón observa en el primer cuarteto cómo todas las esencias de las cosas se van. En realidad da cuenta de que aquello a lo que podemos acceder es simplemente una copia. Se canta lo que se pierde (dice Machado), pero en Juan Ramón se profundiza aún más, porque el mundo se le va de las manos: *la esencia errante, el vuelo del ala*, «el caminante fulgor de la llama»… Con posterioridad se señalan supuestas cosas que le consuelan o llenan; aunque estas son arbitrarias, sin sentido fijo. Mientras que, en los tercetos, nos encontramos ante un canto de vida/muerte, un intento de introducir lo ilimitado en la finitud de una vida donde cabe toda la inmensidad del mundo.

Pero este anhelo del ser total a través de las cosas y de las formas resulta todavía un fiasco, un cierto fracaso, como se ve claramente en otros poemas de este libro, sobre todo en el soneto 13 de la *Segunda antolojía*: «Entró mi corazón en esta nada», donde el anhelo es como un pajarillo torpe que tropieza y se derrumba en el cuarto de los niños. Mientras *Estío* es quizá el libro más titubeante de este periodo, en el sentido de la relación con las cosas y de la relación del yo-tú. Por su parte, *Diario de un poeta recién casado* es el mejor, para Juan Ramón y para todos. Es un *collage* de poesía en verso y de poesía en prosa verdaderamente moderno y asombroso en su domino de la forma, un libro en el que yo siempre he preferido un poema de tres versos que Juan Ramón tampoco incluye en la *Segunda antolojía*: «Cielo, palabra / del tamaño del mar / que vamos olvidando tras nosotros». La fusión aquí sí está ya plenamente conseguida: están fundidos el tú y el yo del amor en el *nosotros*; están fundidos el tiempo y el espacio como se fusionan la palabra y la cosa (esa *palabra del tamaño del mar*, idéntica al cielo). Como están fundidos los anuncios publicitarios y los fragmentos de periódico con los poemas más íntimos.

De cualquier modo, digamos que en este periodo de las formas y la relación con las cosas, resulta evidente que el inconsciente fenomenológico, la relación con lo otro y con el propio lenguaje resulta fundamental. Y así ocurre en los más famosos poemas de *Eternidades*. Por ejemplo, el primero, el titulado «Acción» (un título que obviamente nos remite a Goethe, como se nos indica en la alusión entre paréntesis, esto es, al famoso aserto goethiano: «En el principio era la acción», que es una acción del lenguaje, un decir o un nombrar, pero que Nietzsche retomó como voluntad de vida). Ciertamente. Pero es también el miedo a la forma o a la palabra, como acabamos de indicar, pues es imposible decir o vivir (en suma, actuar) si aún no se ha conseguido hacer el propio lenguaje. De ahí los tres célebres versos que en apariencia contradicen el título de acción y que constituyen el poema. Recordemos: «No sé con qué decirlo / porque aún no está hecha / mi palabra». Esta manera de buscar la relación entre la esencia del lenguaje y la esencia de las cosas, incluso desde un lenguaje aún no hecho, es algo decisivo en esta primera etapa de madurez (o etapa intelectual) en la que el ente busca abrirse al ser, a la inteligencia verdadera, para que le otorgue el nombre exacto de las cosas, para poder actuar en y con ellas, para poder establecer una ética/estética de las cosas no solo subjetivamente sino entre todos, un curioso proyecto de vida subjetiva y objetiva en torno a la verdad de las cosas, un impulso no solo para los que no conocen esa verdad sino para quienes la han olvidado. De cualquier modo, repito, es imposible hallar más imantación fenomenológica, más búsqueda de las cosas mismas, que en este poema clave de *Eternidades*. Recordémoslo:

¡Intelijencia, dame
el nombre exacto de las cosas!
...Que mi palabra sea
la cosa misma,
creada por mi alma nuevamente.
Que por mí vayan todos

> los que no las conocen, a las cosas;
> que por mí vayan todos
> los que ya las olvidan, a las cosas;
> que por mí vayan todos
> los mismos que las aman, a las cosas...
> ¡Intelijencia, dame
> el nombre exacto, y tuyo,
> y suyo, y mío, de las cosas!

Esta avalancha poética sobre las cosas es una demanda, una petición al ser (la inteligencia que da) para que se abra y otorgue el nombre, para que comparta las cosas con el ente. Es una *entología* que busca su plenitud, su manera de reencontrarse con el ser. Algo que también ocurre en el tercer poema, el no menos famoso de *Eternidades*, el «Vino primero pura»; luego, nos dice, la poesía se vistió de ropajes falsos y el poeta la odió; y finalmente la poesía se desnudó y el poeta volvió a amarla, no ya como un niño (aunque Juan Ramón esté volviendo siempre a la niñez, como en *Platero*), sino como pasión de vida para siempre. Es cierto que este poema admite varias lecturas y todas válidas o complementarias: se ha leído como una visión autobiográfica de las diversas fases poéticas de Juan Ramón; o bien como un poema erótico/sensual en torno a la relación poesía desnuda/mujer desnuda (algo que se atisba en efecto muchas veces en su obra); o bien como una sucesión de las etapas anímicas de Juan Ramón, o como una variante del mito platónico y del Bautista de que a la verdad, más que como pura (que sería la visión, digamos, infantil), solo se la conoce de hecho cuando se quita los velos que la ocultan, como a la Salomé bíblica o la Herodías de Mallarmé. Recordemos el poema, pues es espléndido:

> Vino, primero, pura,
> vestida de inocencia.
> Y la amé como un niño.
>
> Luego se fue vistiendo
> de no sé qué ropajes.
> Y la fui odiando sin saberlo.
>
> Llegó a ser una reina,
> fastuosa de tesoros...
> ¡Qué iracundia de yel y sin sentido!

…Mas se fue desnudando.
Y yo le sonreía.

Se quedó con la túnica
de su inocencia antigua.
Creí de nuevo en ella.

Y se quitó la túnica,
y apareció desnuda toda...
¡Oh pasión de mi vida, poesía
desnuda, mía para siempre!

Repito que toda esa serie de lecturas aludidas resulta válida y que se complementan en torno al eje clave de la poesía de Juan Ramón como pasión o verdad de vida. Con un solo matiz que quisiera aclarar. No es lo mismo la poesía pura, en su carácter de casi inocencia infantil, según Juan Ramón, que la obra pura, que es ese deseo de verdad y de fusión con lo absoluto con que termina la *Segunda antolojía*.

Pero hagamos aquí un alto: si la etapa *intelectiva* de la primera época de Juan Ramón implica una clara perspectiva fenomenológica a partir de la relación «yo-cosas», o más en estricto: una búsqueda de las cosas para que le den sentido al yo (a la vez que la esencia del yo extrae el sentido de la esencia de las cosas), si esto es así, digamos que en la etapa *sensitiva* se trata de un yo que se supone –hasta cierto punto– *poseedor* de las cosas.

Podríamos esquematizar así señalando –en esta primera época– una primera etapa del *yo hacia las cosas* y una segunda etapa de *las cosas hacia el yo*.

Pero también existe la otra cara de la moneda. Sin duda alguna, la sensación de *pulsión de muerte* (o del fracaso de la vida y la escritura) será también un hilo rojo que atravesará todas las etapas de Juan Ramón. Veámoslo en una serie de ejemplos clave.

V. Un poema inicial de pulsión de muerte y tres claves de lectura de *Dios deseado y deseante*

1. Sabemos que su padre murió de repente de un ataque al corazón o a la cabeza, no es seguro. Su hermana empezó a gritar y Juan Ramón, cuando vio a su padre muerto, se metió en el despacho tapizado

de amarillo, color que le obsesionaba y no se quitó jamás de la cabeza, adoptándolo como símbolo de muerte.

El amarillo del despacho del padre es solo un signo que traslada al amarillo de la naturaleza y la primavera. Es curioso, una primavera amarilla, pues generalmente, en la tradición, su color es el verde. Pero en las dos épocas de la primera etapa aparece el recuerdo de siempre, el color amarillo continuamente. Vale la pena, pues, preguntarse si esto es debido al color de la tapicería del despacho del padre. En la respuesta tendríamos que decir que sí y no, pero para él esa imagen alcanza el significado de pulsión de muerte, obsesión, hipocondría, etc. y así surge el poema «Primavera amarilla»:

> Abril venía, lleno
> todo de flores amarillas:
> amarillo el arroyo,
> amarillo el vallado, la colina,
> *el cementerio de los niños*,
> el huerto aquel, donde el amor vivía.
>
> El sol ungía de amarillo el mundo,
> con sus luces caídas;
> ¡ay, por los lirios áureos,
> el agua de oro, tibia;
> las amarillas mariposas
> sobre las rosas amarillas!
>
> Guirnaldas amarillas escalaban
> los árboles; ¡el día
> era una gracia perfumada de oro,
> en un dorado despertar de vida!
> *Entre los huesos de los muertos*
> *abría Dios sus manos amarillas.*

En este poema, perteneciente a la época sensitiva de Juan Ramón, la primera época de su primera etapa (según las palabras que él mismo emplea), recogido en *Poemas májicos y dolientes*, podemos encontrar distintas instancias. Fijémonos.

«[T]odo de flores amarillas», o sea, el momento en que parece que se refiere a la vida (aunque las flores sean amarillas, color que ya sabemos que es a la vez de muerte). Si observamos la descripción de la tierra que se nos ofrece, hemos de percatarnos de que no solo hay que quedarse con el momento en que acontece el poema (abril), sino observar el lugar concreto, que no es otro que su pueblo, su casa (la Finca de Fuente Piña, donde está Platero; su cortijo, su caserío). No hay que dejar de anotar que lo que los rodea es también amarillo en su totalidad (arroyo, vallado…).

«Abril venía, lleno»: podemos ver cómo el poema empieza en abstracto, desde donde irá a lo concreto: «amarillo el vallado, la colina». Aunque sea irreal la existencia de amarillos en el mes de abril, de pronto, inesperadamente, hace su aparición la imagen de la muerte en medio de la vida y en su expresión más cruel: «el cementerio de los niños», y también aparecerá (de un modo más velado), incluso, en el verso siguiente: «el huerto aquel donde el amor vivía» (ese *vivía* en el que la esencia de las cosas se escapa al hablar de sus primeros amores).

Hasta este punto nos encontramos con que, si los cuatro primeros versos representan la vida (parece), el quinto muestra el cementerio de los niños y el sexto es el huerto donde el amor ya no existe, ha muerto. Y esa sarta de ambigüedades va a continuar hasta el final.

«El sol unjía de amarillo el mundo»: donde nos surge la plenitud del verbo «ungir», que en castellano y latín hace referencia a la acción de santificar, de beatificar, de colmar de beatitud, de lo absoluto. El sol es amarillo y pleno (ese abril de primavera), pero enseguida se produce una contradicción: «con sus luces caídas», que en español hace alusión a luces que no son luces, que se desmayan. Hablamos de contradicción porque el sol se rompe, curiosamente el mundo se llena de vida con luces que no son tales.

Con posterioridad nos encontramos ante el lamento («¡ay, por los lirios áureos») con un toque de queja (o *quejío*) en que Juan Ramón Jiménez quizá no pensaba, mientras que, por el contrario, los lirios, que son blancos, toman un color de oro para no romper el cromatismo dorado.

En el verso «el agua de oro, tibia» observamos que el amarillo se manifiesta directamente como *oro*, al igual que mediante la alusión a la temperatura (ni fresca ni caliente: por cierto, buena definición ahora de la primavera) se nos ofrece quizá una positividad aparente: la vida renace y la vida sigue (por eso se trata de un poema contradictorio). Muestra de ello es la rima interna y la aliteración (i-a, o-a) y las rimas internas que se presentan en los versos siguientes, con una técnica perfecta: «las amarillas mariposas / sobre las rosas amarillas».

Todo está cubierto de amarillo y todo parece maravilloso, en suma. Continuamente surge la palabra oro o su campo semántico: lirios áureos, agua de oro, gracia perfumada de oro, dorado despertar de la vida... donde este metal y su color se ofrecen como elementos vitales. Por ello nos sorprende la recaída en la negatividad en los dos versos finales: «Entre los huesos de los muertos» (que nos produce el choque, por el absoluto chirriar entre pulsión de vida y pulsión de muerte): «Entre los huesos de los muertos / abría Dios sus manos amarillas». He aquí un giro simbólico muy juanramoniano: «en un dorado despertar de vida» se enlaza con las manos amarillas de Dios hurgando entre los huesos de los muertos: una contradicción de crueldad extrema y técnica increíble, amén de un dominio poético absoluto.

En este texto que podríamos definir como el poema más juanramoniano de la primera etapa de su primera época, podemos aludir a una triple relación entre la obsesión edípica (en cuanto *duelo* del padre) y las imágenes continuas de la muerte y la relación con la naturaleza, pero baste con señalarlo como síntoma.

2. Y puesto que acabamos de otear su etapa digamos *sensitiva* y ya habíamos visto el soneto de su plena inmersión en la fenomenología, debemos aproximarnos ahora a lo que él considera el alcance pleno de su trayectoria, de toda su obra única: es decir, la *conciencia absoluta*. Al menos para establecer algunos matices en ese sentido.

El título completo de los poemas de la transición última en la trayectoria de Juan Ramón es *La estación total con las canciones de la nueva luz*, y en ellos intenta que, en la fusión con la naturaleza, con lo otro, no haya sucesiones en el espacio, en un intento de unir el hoy con el ayer.

Empiezan a desaparecer las referencias sensoriales; todo es básicamente intelección pura; aunque resulte una estupidez llamar a Juan Ramón poeta puro, sí se debe hablar de poesía desnuda.

De cualquier forma, los del 27 no lo soportan: en la revista *Índice*, Salinas hace un repaso de la poesía española y no nombra a Juan Ramón más que como autor de romances. Juan Ramón acusaba a los poetas del 27 de hacer poesía sin chispa ni gracia.

Así, *La estación total con las canciones de la nueva luz* debemos leerlo ya con la visión de 1946, desde fuera, a la vez que en 1942 publica *Animal de fondo* y lo incorpora finalmente como una parte de *Dios deseado y deseante*. En el viaje a Argentina de 1948, piensa que por fin ha encontrado la sucesión de todas sus sucesiones; que ha conseguido que las viejas historias de la subjetividad y de las cosas se hayan acabado. Ahora se siente en la objetividad plena, y por eso se encuentra con la transparencia de las cosas, del lenguaje, de todo.

Juan Ramón en estos años últimos alcanza su mejor poesía, ya que rompe con la relación sujeto/objeto, o con la dicotomía alma/cuerpo, para conseguir la plena conciencia y que su poesía sea la plena conciencia del mundo, y de ella misma, solo con un pequeño problema: en *Dios deseado y deseante*, que se va escribiendo a la vez o después de los primeros fragmentos de *Espacio*, y al mismo tiempo que los poemas de resolución en Estados Unidos (*Lírica de una Atlántida. En el otro costado*), vuelve a su Moguer natal. De niño a hombre, y luego a niño, como dirá él mismo.

Respecto a *Dios deseado y deseante* tendríamos tres posibles tipos de lectura.

1) Si la relación entre el Dios deseado y el Dios deseante se supone como una relación entre sujeto y objeto, entre el dios de la naturaleza y el yo trascendental del poema, estaríamos en el kantismo. Algo que también podría expresarse como un «yo íntimo» que intentaría alcanzar un objeto exterior llamado lo supranatural o la esencia de la naturaleza –y viceversa–. Así, «Dios deseante» sería el sujeto y «Dios deseado» sería el objeto. La textura de este libro casi siempre se ha planteado así y a esta etapa final se la llamaría poesía pura o metafísica en pleno sentido kantiano.

2) Ahora bien, en su época, en la herencia del xix y la mitad del xx, también está la otra variante burguesa junto con Kant: Hegel. Y en Hegel, sabemos, hay una conciencia absoluta que absorbe la relación entre sujeto y objeto.

Ya lo decíamos: en Hegel se llama conciencia absoluta a la unión del en sí y del para sí, que están siempre juntos desde el inicio, pero no son conscientes de que están juntos. El espíritu objetivo –el en sí, el alma bella– ha de salir al mundo para extrañarse o perderse en el mundo como Cristo (y darle vida al mundo).

Cuando el espíritu objetivo se extraña en el mundo, pueden ocurrir dos cosas:

Que el espíritu objetivo no retorne a la conciencia y se reconozca perdido en sí mismo: aparece con ello la *conciencia trágica*. Kojève vio la imposibilidad de que el en sí retornase a sí mismo, y que, al seguir «extrañado», se convirtiera en «trágico». Bataille, Paul de Man y otros filósofos han cultivado este llamado hegelianismo trágico.

Pero si el en sí y el para sí se autorreconocen, entonces se constituye plenamente la conciencia absoluta. El problema es esta plenitud de la conciencia absoluta: ¿existe o no existe? Desde luego, *Dios deseado y deseante* se puede comprender como la conciliación plena del en sí y el para sí, entendidos como «conciencia absoluta» realizada y/o realizándose.

3) En resumen, podemos decir que *Dios deseado y deseante* puede ser entendido a través de la dialéctica sujeto y objeto o bien como la expresión de la conciencia absoluta que se encarna en el mundo y revive el mundo. De modo que el libro admite tanto una lectura kantiana como hegeliana.

Más una tercera: la fusión entre «ente» y «ser» (alcanzar la *cosa en sí*) que supondría una lectura fenomenológica al extremo –y que me parece la más definitiva, sin olvidar las otras dos–.

4) Pero, en cualquier caso, fijémonos en que esa obra clave (*Animal de fondo* y *Dios deseado y deseante*) sí implica una fusión plena del ser como fundamento del todo, sí implica una alegoría y alegría decisiva, sí supone el encuentro con el propio destino, con el propio *yo soy* o conciencia plena (como ocurre en efecto), y que todo ello sucede a la vez presentándose como negación: como negación del yo anterior, como negación del ente separado del ser, como negación de cualquier subjetivismo autónomo. Pero mucho ojo: es una negación superadora (y abarcadora de todo lo anterior). Pues, en efecto, la fusión con el ser lo limpia todo y lo llena todo. Así la forma absoluta de Kant, la dialéctica negativa y el espíritu absoluto de Hegel, la presencia plena del ser en el ente de Heidegger, suponen su propio lenguaje transparente, o como dice Juan Ramón: «La transparencia, Dios, la transparencia». Un curioso materialismo trascendental o idealismo inmanente, una religión pántica sin religión, un ser terrenal y cósmico a la vez. Ese es el lenguaje transparente que se nos ofrece en *Animal de fondo*. O, igualmente, «El nombre conseguido de los nombres». Hay otras construcciones poéticas memorables, como «Conciencia hoy azul» o «La forma que me queda»: el niño dios que fue Juan Ramón en Moguer ya lo presentía, ya estaba destinado a fundirse con el dios deseante y deseado, con la inmanencia absoluta. Pero se fue perdiendo por vericuetos dispersos, por lugares extra-

ños, hasta alcanzar este logro absoluto. Desde aquí todo el resto de vida y obra se acepta como un camino que solo podía llevar hasta el hallazgo de esta verdad, la del poema fundido con el ser del todo. Elegiré como un mero ejemplo representativo de esta etapa final el poema «Tal como estabas», un texto en el que se nos cuenta algo de ese destino hacia el ser y de una búsqueda que había ido dando saltos hasta encontrarse con él, con el *ser-fundamento* o *dios deseado deseante* (fijémonos también en que Juan Ramón suele rimar deseante casi siempre, y casi siempre con palabras extrañas o seminuevas, como *miriante* o *iluminante* en este caso). El poema se construye a partir del matiz entre *ser* y *estar*: el ser, por supuesto, *ya era*, pero solo *estaba* allí, abriendo su «claro» para que el poeta pudiera *entrar*. Pero el poeta no se daba cuenta de eso. Ahora, cuando por fin ha entrado en el «claro del ser» y se ha fundido con él, recuerda ese momento del primer *estar* desde este momento en que ya *es* con el *ser*. Dice así:

TAL COMO ESTABAS

En el recuerdo estás tal como estabas.
Mi conciencia ya era esta conciencia,
pero yo estaba triste, siempre triste,
porque aún mi presencia no era la semejante
de esta final conciencia.

Entre aquellos jeranios, bajo aquel limón,
junto a aquel pozo, con aquella niña,
tu luz estaba allí, dios deseante;
tú estabas a mi lado,
dios deseado,
pero no habías entrado todavía en mí.

El sol, el azul, el oro eran,
como la luna y las estrellas,
tu chispear y tu coloración completa,
pero yo no podía cojerte con tu esencia,
la esencia se me iba
(como la mariposa de la forma)
porque la forma estaba en mí
y al correr tras lo otro la dejaba;

tanto, tan fiel que la llevaba,
que no me parecía que lo era.

Y hoy, así, sin yo saber por qué,
la tengo entera, entera.
No sé qué día fue ni con qué luz
vino a un jardín, tal vez, casa, mar, monte,
y vi que era mi nombre sin mi nombre,
sin mi sombra, mi nombre,
el nombre que yo tuve antes de ser
oculto en este ser que me cansaba,
porque no era este ser que hoy he fijado
(que no pude fijar)
para todo el
futuro iluminado
iluminante,
dios deseado y deseante.

No me extraña que poetas nuestros tan distintos como Octavio Paz o Rafael Alberti se quedaran deslumbrados ante este libro.

VI. Final: Juan Ramón nos habla, mata un cangrejo y se despide de su conciencia

En el libro de Ricardo Gullón titulado *Conversaciones con Juan Ramón Jiménez* (1958) nos encontramos ante el último Juan Ramón, que cuenta a su manera la visión final de su obra y dice cosas fundamentales: habla de los años transcurridos desde 1953 hasta 1955, narra el modo en que se desarrollaba su trabajo final en Puerto Rico; plantea la visión que tiene de su poesía (a partir de ese momento algunos editores –como Aguilar o Revista de Occidente, que ahora dirige el hijo de Ortega– le piden un libro mayor); cuenta que se levantaba cada día a las seis de la mañana… En sus palabras: «cada día dicto a Zenobia poemas de un libro de versos cuyo título es *Forma del huir*» (desconocido porque nunca se publicó); y añade: «continúa además los que pudiéramos llamar *Libros de América*»[8].

---

8. Todas las citas que recojo a partir de ahora pertenecen al libro mencionado de Ricardo Gullón *Conversaciones con Juan Ramón Jiménez*, Madrid, Taurus, 1958.

Es ambiguo porque da solo dos títulos que existen de verdad como libros: *La colina meridiana* y otro que es prácticamente el último que escribe, *De ríos que se van*, porque sabe que Zenobia va a morir y él también. Zenobia muere con 56 años, y si fue verdad que se enteró cuatro días antes de morir de que le habían dado el Nobel a Juan Ramón Jiménez o si eso es una leyenda familiar y literaria, obviamente da igual.

Dice: «estoy con eso y terminando *Dios deseado y deseante* que, completo, tendrá ochenta poemas en lugar de los treinta publicados en *Animal de fondo*». Efectivamente, de *Animal de fondo*, que apareció como libro aparte un poco antes, incluye los treinta poemas incorporados como diluidos dentro del libro final y absoluto de Juan Ramón Jiménez, *Dios deseado y deseante*; aunque *De ríos que se van* aparezca después. Que *Dios deseado y deseante* es su gran libro lo sabemos de la boca del propio Juan Ramón Jiménez, quien indica que «este libro contiene el ciclo completo de mi pensamiento» y ahí podemos añadir la cotidianidad, porque indica su modo de trabajo. Nos dice (como acabamos de esbozar): «me levanto a las seis de la mañana y Zenobia y yo trabajamos juntos».

Zenobia pasaba poemas (arreglaba, corregía…), pero en las mañanas, dice Juan Ramón Jiménez, «primero corrijo poemas ya escritos».

El problema de los estudiosos de Juan Ramón Jiménez es llegar a observar qué significa *corregir* en Juan Ramón. Añade: «por la tarde escribo nuevas cosas y por la noche ordeno el trabajo de ese día y del anterior»; así que, si por la mañana corrige toda su obra antigua, por la tarde escribe nuevas cosas y por la noche se dedica a ordenarlo (los poemas del día y del anterior), pasa todo el día dedicado a la poesía.

Esto es un hecho decisivo para entender a Juan Ramón Jiménez. Para él la poesía es la vida y la vida es la poesía o, mejor dicho, no tiene más vida que la poesía ni más poesía que su propia vida: «Estoy preparando la publicación de cinco libros». Con setenta y pico años corrige, pues indica: «llevo publicados unos dos mil poemas y tengo conciencia de que debo mejorarlos», con el fin de mejorar toda su obra. Es asombroso. Cualquier poeta o escritor habla de su obra de juventud, de madurez, la posterior (la mejor) de sus etapas… (también Juan Ramón Jiménez), pero nuestro autor tiene una sola imagen obsesiva, algo increíble: «mi obra es mi vida»; o «no tengo más vida que mi obra».

Por eso quiere corregir toda su obra. No hay un poeta en el mundo (no hay un escritor) que señale que tiene conciencia de que debe mejorar lo que escribió hace cincuenta años. Esto es un síntoma asombroso porque cualquiera es consciente de que con quince, treinta, cincuenta… se escribe diferente, hay muchos meandros, problemas, cuestiones que interesan una vez y luego dejan de hacerlo, pero para Juan Ramón Jiménez, su vida y obra es una.

Juan Ramón Jiménez dice literalmente: «para mí corregir es revivir». Solamente a Juan Ramón Jiménez se le ocurre hacerlo, como si fuera Yahveh, Dios o Alá. La cuestión básica es que une, funde, identifica tanto la vida y la obra que parece normal que revisar un poema signifique rehacer un trozo de vida. Entonces, el gran problema de Juan Ramón Jiménez (la unión de vida y de obra) implica lo anormal: ¿corregir un poema significa que puede corregir su vida? ¿Si se equivocó en un poema y en su vida, basta corregir el poema para que la vida se corrija?

Evidentemente no. Solo esta imagen de Juan Ramón Jiménez de poesía absoluta, de fusión entre vida y obra, puede hacerle imaginar que revivir es corregir y viceversa, pero no revivir como recuerdo, sino en el sentido –insisto– de rehacer: «rehago y revivo momentos de mi vida cuando corrijo los poemas escritos en el pasado».

Esta metafísica vital lleva a la imagen absoluta de la obra absoluta: soy capaz de reinventar mi vida porque soy capaz de corregir un poema; si la vida está siempre unida a la poesía, la vida pasada puede cambiar.

Por ello no tiene razón de ser que se diga que Juan Ramón Jiménez es un poeta evasionista de la vida, es inconcebible, él jamás huyó, no tiene sentido. La poesía de Juan Ramón Jiménez es la propia vida del poeta y la vida es su poesía, por eso corrige y revive. Y añade: «espero que otras personas, cuando lean estas correcciones, esta vida revivida, sentirán impresiones análogas a las que yo ahora siento».

Todo Juan Ramón Jiménez está resumido en esto. Hemos dado vueltas y vueltas para llegar al meollo: no hay separación entre vida y poesía en Juan Ramón, al contrario, es casi una alucinación material absoluta, más materialidad poética imposible. Solo Yahveh, el Dios cristiano o el Alá coránico pueden compararse a esta condición que de sí tiene el poeta. (El *Corán* no está escrito por Alá sino que es un atributo de este; mientras que en la *Biblia*, en la tradición hebrea o cristiana, es Dios el que dicta el libro; por ello el problema del fanatismo musulmán no es análogo al nuestro.)

G. Steiner cuenta una tradición hebraica que dice que cuando Yahveh dictaba a un escriba el Libro, el escriba se distrajo y puso un acento al revés, y el Diablo, que estaba pendiente, lo vio y por él fue por donde se coló el mal.

Las versiones cristianas de los Evangelios (Nuevo Testamento) están dictadas a los cuatro evangelistas; es difícil ver ahí directamente la Palabra de Dios como en la *Biblia* hebraica. El *Corán* es el libro de Alá y no dictado: si es una atribución de Alá es inevitable que ese libro no tenga Iglesia, sino que, por ser atributo de Dios, forme sociedad, vida, mundo, etcétera... porque directamente emana de Dios.

Para Juan Ramón Jiménez la escritura parece más judaica que cristiana, o quizá más coránica, como si fuera un atributo suyo. El *Corán* no se equivoca porque es un atributo, aunque Juan Ramón dice que sí se equivocó. Pero lo asombroso es la frase «revivo momentos de mi vida y los rehago cuando corrijo mis poesías escritas en el pasado», lo cual supone –repito– la creencia en la posibilidad de rehacer su vida al corregir sus poesías, a la vez que espera, como acabamos de ver, «que las otras personas cuando lean esto sentirán impresiones análogas a las que ahora siento». De modo que está apelando al lector para que, de una manera profética, pero «material», a través de la escritura y de las letras, los lectores consideren que también es posible rehacer la propia vida al releer los poemas de Juan Ramón Jiménez.

La imagen de Steiner nos lleva al pensamiento de que la equivocación en un momento de tu vida en un acento puede ser corregida. Y al releer los poemas de Juan Ramón Jiménez (como este al reescribirlos), estamos rehaciendo las equivocaciones y errores no solo del poema sino también los de la vida porque, para él, es lo mismo.

Juan Ramón no solo quiere redimirse él, sino redimirnos a todos. ¿Cómo es posible que podamos rehacer cada error de nuestra vida? ¿Cómo es posible que cada cosa que salga mal se pueda arreglar sencillamente releyendo o reescribiendo?[9]

Sin embargo, no se ha hecho mucho hincapié en esta cuestión profética de Juan Ramón Jiménez, quedándonos la mayor parte de las veces en cuestiones anecdóticas; cuestiones que a él le traían bastante al pairo, como pueden ser la del concepto de poesía pura, el encierro...

---

9. Sí se pueden recuperar las propias sombras del inconsciente, y asumirlas, para revivirte: es la función del psicoanálisis o de las terapias de «diálogo».

Juan Ramón Jiménez plantea que esta vida es posible corregirla y esto es demasiado fuerte, dado que no existe ni un solo poeta, en ninguna lengua occidental, que plantee este problema. Ninguno pensó que lo escrito con quince años podía rehacerse y que al rehacer los poemas con setenta años estaba borrando la vida y reviviéndola y que todos los errores eran corregibles con un verso. Eso solo existe en la escritura bíblica, nada más.

Desde ahí es importante el cambio de perspectiva que hace en Río Piedras en los cuatro o cinco últimos años de vida en Puerto Rico, después de la etapa primera con sus dos partes (sensitiva, intelectiva) y luego la *Segunda Antología*... En Río Piedras tiene la imagen de que es capaz de escribir como un Dios y que por tanto reactivar y rehacer un poema puede significar «hacer» lo mismo con la vida.

En las palabras que dicta a Ricardo Gullón, quien recoge los textos en un magnetófono de la boca de Juan Ramón Jiménez, en este momento, sin darse cuenta, se convierte en escritor profético, escritor bíblico: solo Dios puede cambiar tu vida porque tu vida ya está hecha y todos los errores y males no se pueden reparar, pero para Juan Ramón sí es posible reescribir/revivir/rehacer (reconstruir) una vida.

Siempre insistiendo en el mismo planteamiento (sobre todo a partir de los años treinta, pero en el mundo americano desde 1936), le dice al magnetófono lo siguiente: «mi obra en verso quiero reunirla en dos volúmenes». Lo cual, dentro de la nueva línea que venimos observando, es normal. Estos dos volúmenes parecen algebraicos, aritméticos. Previamente se había hablado de etapas (sensitiva, intelectiva...), pero estos dos volúmenes son una viva imagen del Antiguo y el Nuevo Testamento. Lo que está en el Antiguo Testamento es más ingenuo, más naif... Es como una prefiguración de lo que va a venir en el segundo volumen, que ya es el Nuevo Testamento. Entonces, acabó en Puerto Rico, en los cinco últimos años de vida, con todas las etapas anteriores (sensitiva, intelectiva, forma, idea...), y es fundamental este planteamiento y no hay que pasarlo por alto. El mismo Juan Ramón dice: «dos volúmenes. Uno dedicado desde mis quince años hasta *Diario de un poeta recién casado* (ahora ya se llama *Diario de poeta y mar*). Desde mis quince años hasta el *Diario* escribí mil poesías» (Antiguo Testamento, diríamos). Donde es curiosa la simetría porque lo hace en números y letras hebraicos, dado que averiguó (según la leyenda) la combinación de números y letras de la *Biblia* hebrea.

«Desde entonces hasta hoy, desde 1916 a 1953, es decir, entre mis treinta y cinco y mis setenta y dos años, escribí otras mil poesías». Es una escritura simétrica, profética, hebraica, cristiana... en una estricta combinación de números y letras. Y es la obra que pretende publicar como obra final. Realmente impresiona; si bien es cierto que al final de la vida (sobre todo en los últimos años, cuando Zenobia está enferma y luego muriéndose), a veces, Juan Ramón Jiménez deliraba.

Primero dijo que quería reescribir toda su obra en prosa; pero lo interesante y a tener en cuenta para entender a Juan Ramón Jiménez es que, desde al menos finales de los veinte, principios de los años treinta y desde que empieza su última etapa (americana), Juan Ramón llega a esa concepción de la poesía que no ha tenido ningún escritor occidental jamás: la portentosa imagen de que rehacer un poema sea rehacer una vida, que revivir signifique corregir un poema. Repito que esta idea solo puede implicar que el material de escritura es material de vida y que si el mal se coló en la vida por un acento mal escrito, al corregir la escritura, el mal se corrige. Esto suena a delirio, pero ese delirio es nuestro: todos querríamos corregir nuestra vida y todas las religiones nos han enseñado eso.

Juan Ramón Jiménez no engaña, nos hace soñar, pero no es idealista, sino materialista absoluto en la literatura que escribe: es tan materialista que al corregir se rehace la vida. Sus palabras pueden oírse en el magnetófono, su escritura puede «re-vivirse» en cada línea. Juan Ramón piensa en los últimos años de vida lo que significa la concepción del Antiguo y Nuevo Testamento: lo que era figura (prefiguración), que son los poemas que llegan hasta *Diario*, se convierte en realidad (como la vida de Cristo) a partir de ahí.

También dice que quiere «publicar asimismo dos volúmenes de prosa y otro de traducción» (aprende francés, alemán y, con Zenobia, el inglés) «sin contar con el tomo de *Complemento general*, apéndices, materiales sobre mi obra»; y señala dos cosas importantes que no hay que olvidar: «entre las obras características de mi prosa considero a *Platero y yo* la más representativa de la primera época y *Españoles de tres mundos* (imagen de escritores españoles en Norteamérica, Sudamérica y Francia) la obra más representativa de la segunda época». Añade: «Voy a dar, por orden cronológico, la obra total. El fin de la primera época son los *Sonetos espirituales*. Mi renovación empieza cuando el viaje a América y se manifiesta con el *Diario* (para casarse con Zenobia: un viaje, pues, de ida y vuelta). El mar me hace revivir». Esta es la explicación de cómo aparecen sus libros: gracias al mar nace el *Diario* (en el Atlántico) y en el Pacífico (viaje por América Latina) surge *Dios deseado y deseante*.

Es necesario resaltar el carácter de Juan Ramón Jiménez en las dos orillas, es importante tener en cuenta que no se trata de un escritor exclusivamente peninsular, sino que desarrolla su obra entre España y América, tanto en la del Norte como en la Latina. Por lo tanto se le puede considerar también como un escritor hispanoamericano.

Como venimos apuntando, en este último texto de *Conversaciones con Juan Ramón Jiménez* se le da importancia a unos hechos básicos resumibles a partir de un planteamiento impecable e increíble: que rehacer la escritura sea rehacer la vida y que, por eso, a su obra la llame «un revivir sucesivo», perspectiva desde la cual se pueden observar los distintos momentos que él mismo nos va señalando, sus diferentes etapas: casi con un poder profético-bíblico (y no me importa insistir en ello) a partir de una primera etapa hasta *Diario* (Antiguo Testamento) y una segunda etapa a partir de él (Nuevo Testamento) donde se observa la realidad ya realizada.

Esto es fundamental en Juan Ramón Jiménez, pero nosotros tenemos que ver lo que va ocurriendo en esta sucesión poética; él nunca hizo otra cosa que tratar de conseguir la gran obra con la que fundirse con lo absoluto y, por consiguiente, intentar resolver el problema básico que a él se le presentaba. Todo el mundo lo acusó de Narciso por creerse el Dios terreno que se mira en las aguas de su obra. Así, en este libro de conversaciones finales nos dice que el problema básico para él en los años cincuenta (decisivos) es el mito de Narciso: «es falso eso de que el mito de Narciso tenga una significación sexual»; pero añade lo importante: «cuando Narciso se inclina sobre la fuente, no está buscando su imagen», que sería la cuestión definitiva. A partir de aquí añade: «Narciso es el hombre que se encuentra con la Naturaleza, el Dios que quiere ser y hacerse Naturaleza»; y concluye: «es el gran mito del creador que desea metamorfosearse en la Naturaleza, convertirse en Naturaleza». Después de esto aportará notas decisivas: «El narcisismo no consiste en verse en el espejo, el hombre Narciso es un suicida; es un suicida de su forma de hombre pero no de su alma. El Narciso se suicida de su forma, pero no de su alma porque cree que esta se va a fundir con la Naturaleza. Si se arroja al agua es precisamente por eso, para buscar la fusión con la Naturaleza».

Está claro por una parte que el último Juan Ramón Jiménez es el gran Juan Ramón Jiménez que ya lo ha hecho todo, que quiere ser considerado no como un Narciso que se mira a sí mismo en sus poemas, sino algo mucho más espeluznante: no solo quien confunde su obra y su vida (alguien que las une al máximo), sino que es alguien que se considera un suicida: «Me he lanzado al agua de la Naturaleza para encontrar la verdad de mi vida y de la Naturaleza, pero al lanzarme al agua como Narciso me he suicidado. El hombre Narciso es un suicida». Lo que nos envía hacia un final más triste, pues en Juan Ramón todo tiene un envés oscuro.

En el fragmento último del poema *Espacio*, de repente, aparece la «grieta» entre el poeta y el mundo, y aparece en forma de cangrejo (que, en el fondo, puede referirse al cáncer de Zenobia): «los cánceres osaban craqueando erguidos». Y enseguida nos cuenta su lucha con el cangrejo, armado solo con un lápiz. Se observa a las claras que nos encontramos ante una lucha absurda. En el fondo, buscar lo absoluto es un fracaso, se da cuenta de que su vida –o la vida– se ha convertido en una herida irreparable. O mejor, descubre que el mundo es un hueco que él ha tratado de llenar por medio del mar (o de los «tres mares»). Y ahí la lucha final que podemos observar en los poemas de Juan Ramón, intentando conseguir un horizonte «imposible».

Finalmente parece que logra «El nombre conseguido de los nombres» y «La transparencia, Dios, la transparencia», pero percibimos cómo en el fondo late esa imagen del fracaso que, a fin de cuentas, es la historia de una vida, el Dios que ya está lejos y la conciencia que huye, que ya no está junto a su cuerpo. Y es a esa conciencia a quien se dirige Juan Ramón al final de *Espacio*:

> Ya te lo dije al comenzar: *Los dioses no tuvieron más sustancia que la que tengo yo.* ¿Y has de ir de mí tú, tú a integrarte en un dios, en otro dios que este que somos mientras tú estás en mí, como de dios? (Por La Florida, 1941-1942-1954).

En 1956 murió Zenobia. En 1958 murió Juan Ramón Jiménez, «el andaluz universal» y «el cansado de su nombre». El comienzo y el fin del Modernismo: a partir de los años cincuenta la poesía sería otra cosa.

Vanguardia, avanzada, revolución (1927-1936).

La querella del canon poético y del compromiso

Miguel Ángel García
Universidad de Granada

¿Elegía a la ideología? Sobre el canon, la estética y la Historia

Postular la existencia de un canon del compromiso para la poesía española de los últimos años veinte y la primera mitad de los treinta supone caer, de golpe, en lo que Harold Bloom llama, no sin cierta inquina, la «Escuela del Resentimiento», una improbable agrupación, astutamente inventada con fines polémicos (Sullà 1998: 12). Abogando por el «romanticismo de la lectura», el gran elegiaco del canon occidental sentencia que leer a los escritores imprescindibles no nos convertirá en mejores ciudadanos, ya que el arte es absolutamente inútil, y la estética un asunto individual más que social (Bloom 1994: 190). Bloom se apoya, para defender esta idea de la inutilidad del arte, en Oscar Wilde, aunque modernamente la genealogía kantiana del arte puro, autónomo y desinteresado, de la *finalidad sin fin*, está fuera de toda duda. Si conflictiva resulta, desde este punto de vista, la aproximación de dos nociones como las de canon y compromiso, no menos chirriante viene a ser, en el fondo, pedirle un compromiso a la poesía.

A esto último no se atreve ni siquiera, para qué vamos a engañarnos, el propio Sartre cuando teoriza el *engagement* (Tono Martínez 2005: 29-30), demostrando con ello su inconsciente kantiano, su sujeción a la ideología literaria dominante, a la mitología burguesa del género: la poesía como «lírica» incontaminada, como expresión individual y no social. La única diferencia radica en que Bloom extiende la inutilidad kantiana de la estética a toda la literatura, con independencia del género; y de aquí la relación íntima, solitaria por individual, y romántica, que el lector debe establecer, a decir de este airado teórico, con los escritores del canon, de *su* maltrecho canon occidental, que como es de sobra sabido tiene a Shakespeare en el núcleo.

Naturalmente, Bloom deforma las cosas, en su propio interés, cuando señala que los componentes de la Escuela del Resentimiento, por otra parte tan variada y multitudinaria que deja ver cómo el enemigo es agrupado en un solo frente común para simplificarlo, reducen la estética a ideología; con lo cual, para ellos, un poema no puede leerse como un poema, «debido a que es originariamente un documento social» (Bloom 1994: 192). Hablar de un canon del compromiso poético no tiene por qué llevar a esos extremos, que desde luego han forjado por reacción estos otros: «Contra esta idea insto a una tenaz resistencia cuyo solo objetivo sea conservar la poesía con tanta plenitud y pureza como sea posible» (ibíd.). No es solo que la estética pueda verse como ideología (Eagleton 2006), o que un poema, aparte de poema, haya sido siempre una producción social, histórica e ideológica, aunque distinta en el esclavismo, el feudalismo y el capitalismo (Rodríguez 1990); es que además la inutilidad, la pureza y la plenitud de la poesía son una ideología como cualquier otra. Es el propio Bloom quien, sin darse cuenta, convierte lastimosamente a su pura, plena y desinteresada estética en ideología, y en ideología con efectos no solo en el terreno de la teoría, la crítica o la historia del arte y de la literatura, sino sobre todo en el terreno de lo que esos otros miembros de la Escuela del Resentimiento, los marxistas, suelen llamar la Historia.

Quienes han realizado un análisis más sereno de la cuestión del canon, allí hasta donde la lleva Bloom, han señalado la raíz claramente conservadora que alimenta su «elegía», encuadrándola en la situación específica de la academia y la universidad estadounidenses, una situación determinada por los desplazamientos de poder que han traído los «estudios culturales». Pero, por debajo de ese conservadurismo evidente, late la lógica, no tan manifiesta, ni tan subrayada, del sujeto burgués y de las relaciones capitalistas de producción. Para Bloom, en efecto, si se adora al «dios de los procesos históricos», se está condenado a negarle a Shakespeare su palpable supremacía estética, la originalidad escandalosa de sus obras. Categorías puramente artísticas en primera instancia, las de supremacía y originalidad, que demuestran tener un envés social, político y sobre todo económico:

> La originalidad se convierte en el equivalente literario de términos como empresa individual, confianza en uno mismo y competencia, que no alegran los corazones de feministas, afrocentristas, marxistas, neohistoricistas inspirados en Foucault o deconstructivistas; de todos aquellos, en suma, que he descrito como miembros de la Escuela del Resentimiento (Bloom 1994: 195).

Ni que decir tiene que esos «términos», que constituyen algo así como un breviario del capitalismo, sí que acaban por alegrar los corazones de quienes, como Bloom, respiran más tranquilos después de exigir al poeta o al artista que no mezcle la estética con la ideología. Más que de adorar al dios de los procesos históricos, sin embargo, se trata de no perderlo nunca de vista para así desendiosar a la estética; y, desde luego, a un canon que solo tiene por fundamento la originalidad escandalosa y la supremacía estética de los autores que lo componen.

Plantear la posibilidad de un canon del compromiso no equivale exactamente a abrir el canon occidental, ni mucho menos a destruirlo, dos amenazas a las que se enfrenta Bloom. Supone, en primera instancia, reconocer la evidencia negada por este teórico: que siempre hay una ideología en la formación del canon, y que construir un canon es un «acto ideológico en sí mismo» (Bloom 1994: 107). Lo supo ver muy bien Harris (1991: 60) antes del desaforado desahogo de Bloom: «Si el Canon ha muerto, la razón es que nunca vivió; solo han existido, y existen, selecciones con determinados objetivos». Desde el momento en que Bloom funda el canon en criterios «puramente artísticos», que define sin ambages como selectivos y elitistas, se resiste a aceptar «la ideología de la formación del canon» a la cual aluden los presuntos resentidos. Pasando por alto que su defensa del canon occidental también es ideológica, indica que quienes desean desmitificar o abrir el canon están al servicio de una «ideología social»; alejándose de lo «verdaderamente literario», desertan de la estética e «historizan» a Shakespeare, evidenciando que el poder estético de este autor, misterioso, es un escándalo para cualquier ideología: «El principio cardinal de la presente Escuela del Resentimiento puede afirmarse sin tapujos: lo que se denominan valores estéticos emana de la lucha de clases» (Bloom 1994: 199).

Bloom no hace otra cosa que caricaturizar en todo momento. Porque, desde luego, ni los valores estéticos emanan directa o mecánicamente de la lucha de clases, sino de esa región relativamente autónoma que es la superestructura ideológica, dentro de la cual existen las ideologías estéticas, ni historizar significa desertar de la estética. La originalidad es, con todo, una categoría externa a la *historización*, tanto como quien se interesa en resaltar la originalidad puramente literaria de Shakespeare se muestra ajeno a la Historia. No obstante, convendría recordar en este punto que historizar es una de las funciones que se han asignado a los llamados cánones «selectivos» (Harris 1991: 54). Historizar solo significa para Harris, de todos modos, algo así como contextualizar.

La ideología, en el sentido althusseriano al que nos estamos ateniendo, rebasa cualquier ideología «social» y por supuesto política. Pero, al fin y al cabo, Bloom está «al servicio» de una ideología social y política muy concreta cuando, poco después, todavía a vueltas con quienes tratan de abrir el canon, se refiere (y ello resulta clamoroso) al «más desconocido de todos los dioses desconocidos: la lucha de clases en Estados Unidos» (Bloom 1994: 204). Obviamente, si uno considera que ha llegado en su país al posmoderno *fin de la historia*, puede dedicarse con toda tranquilidad a la construcción de un canon sin otras implicaciones que las puramente estéticas o literarias, dado que la crítica y la poesía son «una especie de robo de los bienes públicos» (ibíd.: 199), y a la adoración de un dios verdaderamente misterioso, y desconocido antes del Romanticismo: la originalidad. Una originalidad –explicada por Bloom en términos «agónicos», según su freudiana teoría de la *ansiedad de las influencias* (Pozuelo Yvancos 1995: 6)– a cuyo gran escándalo «el resentimiento no puede acomodarse» (ibíd.: 201).

Toda poderosa originalidad literaria se convierte en canónica, aunque antes debe superar la tradición (Bloom parece pensar en Eliot) y subsumirla: «¿Se puede obligar a la tradición a que te haga sitio abriéndote paso a codazos desde dentro, por decirlo de alguna manera, en lugar de desde fuera, tal como pretenden los multiculturalistas?» (ibíd.: 205). Abrirse paso a codazos: es la imagen del *agón* a la que acude Bloom; pero los codazos son ilustrativos al mismo tiempo de la empresa individual y competitiva (pura ideología capitalista) en la que el defensor del canon occidental funda la conquista de la originalidad. Lo que no se puede pasar por alto, a la vez, es esa división entre el interior o la inmanencia estética y literaria del canon y su exterior, que es despreciado como «ideológico». Como si, por principio, fuera inconcebible un autor canónico en el que se amalgamasen lo estético y lo ideológico, social o político. Quienes son capaces de escribir una obra canónica, postula Bloom, ven sus textos como algo mucho más importante que «cualquier proclama social». Más aún: «Ningún movimiento originado en el interior de la tradición puede ser ideológico ni ponerse al servicio de ningún objetivo social, por moralmente admirable que sea este» (ibíd.: 205). El divorcio entre estética y sociedad (o ideología) es taxativo. Quien irrumpe en el canon lo hace solo por «fuerza estética», que se compone de «dominio del lenguaje metafórico, originalidad, poder cognitivo, sabiduría y exuberancia en la dicción». No habría, a la luz de estos planteamientos, posibilidad de un canon del compromiso, porque como sentencia Bloom, sin duda caricaturizando otra vez hasta el extremo la insoslayable relación entre literatura y sociedad: «Sea lo que sea el canon occidental, no se trata de un programa de salvación social» (ibíd.: 205).

La única salvación que nos ofrece el canon o la mejor literatura es, por lo tanto, estrictamente estética, y no salta por encima de las bardas del corral individualista. No se le puede negar brillantez a Bloom a la hora de atrincherarse en sus posiciones: «Leer al servicio de cualquier ideología, a mi juicio, es lo mismo que no leer nada» (ibíd.: 206). Pero radicar, y no meramente contextualizar, a un autor o una obra en la sociedad y en la Historia no implica necesariamente ponerlos al servicio de una ideología. Implica ponerlos al servicio de una verdadera comprensión, incluida la comprensión de sus valores estéticos y literarios. Leer por leer, por pura estética, por simple finalidad sin fin, sí que se parece bastante más a no leer nada, a no acabar comprendiendo nada. O, más bien, a leer al servicio de lo que la ideología dominante ha dictado que deben ser la literatura y la poesía. Nada más claro que Bloom lee su canon al servicio de una ideología muy concreta, disfrazada detrás de la intrascendencia ética y social de la literatura; una ideología que se parece mucho al individualismo burgués, o por mejor decir, a la lógica burguesa del sujeto libre, tal y como queda configurada de una vez en la Ilustración; con la salvedad de que Bloom acentúa mucho más la parte sensible y privada de ese sujeto, y no su parte pública y moral. Como es lógico, sitúa la estética en el ámbito de la sensibilidad privada, aunque desconectándola abiertamente del ámbito público de la política, la sociedad y la historia. La moral estética pura arrincona a la moral práctica pura, por hacer nuevamente un guiño al sistema kantiano.

De hecho, lo moral, lo social, lo público son en el planteamiento de Bloom inexorablemente impuros. Lo acabamos de ver: nadie que encuentre su hueco, a codazos, en el interior de la tradición puede ponerse al servicio de un objetivo social, por muy admirable que sea moralmente. La literatura o el arte solo están al servicio de sí mismos (supuestamente, claro está); o bien, al servicio del individuo como puro consumidor estético. Por eso Bloom vuelve a plantear que leer el canon no nos hará mejores o peores personas, ciudadanos más útiles o dañinos: «El diálogo de la mente consigo misma no es primordialmente una realidad social» (ibíd.: 206).

Paradójicamente, ese autor canónico con empresa individual, confianza en sí mismo y competencia suficientes para alcanzar la originalidad solo tiene como destinatario, al fin y cabo, a una pobre criatura solitaria que se enfrenta a la muerte: «Lo único que el canon occidental puede provocar es que utilicemos adecuadamente nuestra soledad, esa soledad que, en su forma última, no es sino la confrontación con nuestra propia mortalidad» (ibíd.: 206). No deja de llevar mucha razón Bloom cuando sentencia, a renglón seguido, que el canon se justifica porque somos mortales y nuestro tiempo es limitado; donde no cabe acompañarle es en la idea, entre patética y otra vez interesadamente esquemática, de que el canon, «lejos de ser el servidor de la clase social dominante, es el ministro de la muerte» (ibíd.: 208). Más allá de esta extraña deriva metafísica a la que llega Bloom en su furibunda defensa del canon, lo cierto es que circunscribir al acto solitario de leer cualquier efecto de la literatura supone «sustraerla a la esfera de lo colectivo, de los valores públicos» (Sullà 1998: 28).

Es cierto que un «supuesto poema» puede mostrar los sentimientos más ejemplares, ser políticamente de lo más exaltado, y tener poco de poema (Bloom 1994: 212). Pero esta perogrullada no quita que, en nombre de la pura poesía y de la originalidad estética, también se hayan escrito y sigan escribiéndose muchos «supuestos» poemas. Por lo que se refiere a las tareas del crítico, Bloom afirma que, por encima de las obligaciones políticas que pueda tener, su primera obligación es suscitar «la antigua e inflexible pregunta del agonista: ¿más qué, menos que, igual a?» (ibíd.: 212). Nada impide, si esto es así, situar los poemas del compromiso por encima, por debajo o a la misma altura que los poemas puramente poéticos. Además no se puede deducir, de esa entrega del crítico a sus obligaciones políticas, que se estén destruyendo todos los criterios intelectuales y estéticos de las Humanidades «en nombre de la justicia social» (ibíd.: 212). Las Humanidades no tienen por qué ser necesariamente *inútiles*, hablando kantianamente, ni los buenos y hasta magníficos poemas son incompatibles con los sentimientos ejemplares, la justicia social e incluso la política. ¿Lo social, lo político, lo ideológico impiden de entrada a un poema o a un autor convertirse en canónicos? Si la ideología literaria de la «clase social dominante» a la que alude el propio Bloom niega el paso de tales poemas o autores al «interior» de la «tradición» y del canon occidental, ¿es posible entonces un canon «selectivo» (en el sentido que Harris da al término) del compromiso? ¿No son dignos los poetas o los poemas comprometidos de entrar en ese «verdadero arte de la memoria» que, en ajustada definición de Bloom (ibíd.: 213), constituye el canon?

En lucha con quienes intentan abrir el canon occidental, Bloom sentencia que este existe precisamente con el fin de «establecer un patrón de medida que no es en absoluto político o moral», y que uno de los ineluctables estigmas de lo canónico es la «dignidad estética» (ibíd.: 212-213). ¿Hasta qué punto la dignidad social, política o moral está reñida con la dignidad estética? Todo apunta a que, como indica Culler (1988: 155), lo que está en juego, a la hora de cerrar el canon a partir de criterios puramente estéticos, es «la represión de la lectura crítica, la desviación de los modelos de análisis crítico –deconstructivo, foucaultiano, marxista, feminista– que han tenido éxito en los últimos tiempos». Para Culler, en cambio, el futuro de las Humanidades pasa por una llamada a «la expansión de los cánones humanísticos con una crítica del proyecto y de los mecanismos de la formación del canon» y por «una crítica de los valores culturales con la inclusión de textos canónicos dentro de esa crítica» (ibíd.: 156). De aquí la oportunidad de construir cánones no oficiales sino «selectivos», como el del compromiso;

es decir, selecciones con determinados objetivos que vengan a completar en ciertos espacios y momentos de la enseñanza de la literatura, o en la práctica de la teoría, la historia y la crítica literarias, al canon tradicional y cerrado que defiende Bloom, sin necesidad de abrirlo o derruirlo, y sobre todo sin necesidad de prescindir del tan traído y llevado criterio estético.

Por descontado, un canon del compromiso poético no puede leer los poemas como meros documentos sociales, históricos, políticos e ideológicos, porque al fin y al cabo habla de literatura y no de otra cosa. Pero tampoco puede limitarse a leer los poemas como poemas, entronizando el criterio cerradamente estético al que se agarra Bloom con exclusividad para tratar de perpetuar de forma rígida y conservadora el «control institucional de la interpretación». Pues no cabe duda de que es la institución literaria (como la Iglesia con los textos sagrados canónicos) la que establece un canon y controla y restringe su interpretación, su comentario (Kermode 1979: 102). Teóricos como Barthes, Foucault, Lacan o Derrida, para cuando Kermode escribía, ya habían alterado, a su juicio, «la configuración de los intereses interpretativos institucionales» (ibíd.: 108); y prácticamente a estos mismos nombres se refiere Pozuelo Yvancos al identificar los mentores de los oponentes al canon occidental y al plantear que el debate recuerda al que Barthes y Picard entablaron sobre la *Nouvelle critique*: «La misma resistencia a la integración de las ideologías en la crítica literaria, la misma dificultad en resolver el problema de la relación con la Historia» (Pozuelo Yvancos 1995: 3; Pozuelo Yvancos/Aradra Sánchez 2000: 19).

Tiene razón Pozuelo Yvancos cuando afirma que la oposición, ciertamente grosera, entre estética e ideología, entre individualidad e institución, y la primacía otorgada por Bloom a los primeros miembros de estas dicotomías, lo llevan a defender un sentido interior a la tradición literaria que se quiere ajeno a toda ideología y que «se piensa a sí mismo ingenuamente como no ideológico» (Pozuelo Yvancos 1995: 5). La «originalidad agónica», como fundamento estético conformador de la tradición, supone «subordinar el principio histórico al mítico» (ibíd.: 6). Para evitar las antinomias estética/ideología y literatura/sociedad en las que incurre Bloom, y para desatascar el debate acerca del canon occidental, Pozuelo Yvancos ha propuesto una y otra vez recurrir a las «teorías sistémicas» (de la semiótica de la cultura de Lotman a la sociología de la literatura de Bourdieu, de la teoría empírica de la literatura de Schmidt a la teoría de los polisistemas de Even-Zohar). A su modo de ver, una de las principales aportaciones de las teorías sistémicas al debate sobre el canon estriba en su «vinculación entre sistema e Historia (lo que ya se produce en Tynianov)» (ibíd.: 21). No obstante, si hay que darle la razón a Pozuelo en que las teorías sistémicas contribuyen a poner de relieve la «historicidad esencial de todo canon» (ibíd.: 22), no puede afirmarse que esas teorías, cuyo origen se remonta a los formalistas rusos como Tynianov, hayan resuelto, a partir de su concepción de la historia literaria, de la evolución literaria, el problema de la relación entre literatura e Historia, entendida esta en sentido fuerte, tal y como la construye teóricamente el marxismo.

Las teorías sistémicas se abren a la diacronía, al tiempo histórico literario, pero no a la Historia, con lo que parecen dejar intacta, en relación con el canon, la falsa distinción entre texto y contexto, interior y exterior de la literatura, estética e ideología. O dicho de otra manera: tales teorías no resuelven en última instancia «el problema de la relación con la Historia», a no ser que la historicidad o la *historización* se confunda sin más con una determinada forma de entender la historia de la literatura, la diacronía, la evolución o el cambio histórico-literario. Esto es lo que da a entender el propio Pozuelo Yvancos (2006: 104) al lamentar que la historiología y la historiografía no hayan vertebrado, «como creo que deberían, las discusiones en torno al canon literario»; o cuando dilucida la relación entre antología, canon e historia literaria (Pozuelo Yvancos 1996).

Resulta muy útil, a la hora de pensar la constitución del canon, y su carácter históricamente movedizo, entender la literatura como un sistema de sistemas que se interpenetran y litigan entre sí, como un «polisistema», de modo que se produce una tensión dialéctica entre lo que se encuentra en el centro del sistema y lo que está en su periferia, entre lo canonizado y lo que no está canonizado, aunque aspira a canonizarse (Pozuelo Yvancos 1995: 25-26). Pero las teorías sistémicas, de base inmanentista, no logran diluir finalmente las perniciosas dicotomías literatura/historia, estética/ideología. Como puntualiza Iglesias Santos (1997: 2) al recoger el testigo de Pozuelo, las teorías sistémicas, si bien ayudan a no ver el canon como una verdad universal y eterna, ya que lo conciben como un proceso histórico, social y colectivo, no sitúan sus apreciaciones en la esfera de la «sociología de la literatura». Tal vez por esa clamorosa necesidad de abrir la teoría literaria a la sociedad y la Historia, Iglesias Santos vincula la tensión entre lo canonizado y no canonizado, tal y como la desarrolla la teoría de los polisistemas, a la noción de «campo literario» elaborada por Bourdieu (ibíd.: 3-7). En cualquier caso, todos estos intentos se hallan aún muy lejos de vislumbrar la *radical historicidad* de la literatura, su funcionamiento como *discurso ideológico* (Rodríguez 1990), planteamientos teóricos que sí intentan disolver, de forma frontal y más allá de la sociología de la literatura, las dicotomías entre literatura e Historia y estética e ideología.

Hay que coincidir con Pozuelo Yvancos (1996) en que la elegía entonada por Bloom ha sido una buena ocasión perdida para haber planteado las auténticas cuestiones clave: ¿qué enseñar? ¿Cómo hacer que la literatura permanezca viva en nuestras sociedades de hoy? ¿Cómo integrar ideología y estética? A todas estas preguntas podría responder desde su ángulo, entre otras muchas tentativas de cánones conscientemente selectivos y parciales, la propuesta de un canon del compromiso poético. Si es que ya no se ha confirmado el frío diagnóstico de Navajas: que no estamos en una situación hermenéutica propicia para el orden canónico, dado que la posmodernidad ha traído la clausura última de los grandes paradigmas (Navajas 2006: 89). Pues no cabe duda de que el del compromiso social, político e ideológico del escritor ha sido uno de los grandes paradigmas del siglo XX.

1927: LA VANGUARDIA Y EL DEMONIO DE LA POLÍTICA

El clásico estudio sobre el compromiso en la poesía española del siglo XX de Lechner nos recuerda que Engels respeta la autonomía de la literatura. Aunque no está de ninguna manera en contra de una «poesía tendenciosa», Engels cree que el autor no debe sentirse obligado a ofrecer al lector la solución histórica de los conflictos sociales que describe. La tendencia ha de derivar de la situación y la acción mismas, las de la novela en este caso, sin necesidad de «tomar partido públicamente» (Lechner 2004: 40-41). Todo esto tiene su interés, porque tales ideas, que Engels desarrolla en una carta a Minna Káutsky, de 1885, fueron recogidas, como indica Lechner (ibíd.: 54), en el número inicial de la revista *Octubre*, en 1933. Hay aquí un primer detalle significativo: los artistas y escritores revolucionarios de *Octubre*, la revista fundada por Alberti y María Teresa León, no parecen olvidarse de que la literatura comprometida es literatura, no entienden el poema como un simple documento social, solo válido por su tendencia. El compromiso no anula, entonces, la literatura o la poesía. El reverso del planteamiento de Engels lo ofrece el Sartre de *Qu'est-ce que la littérature?* (1948), que niega la posibilidad del compromiso en poesía, por cuanto esta utilizaría las palabras como «cosas» y no como «signos» de nada.

No es que Sartre, como indica Lechner, profese un concepto «romántico» de la poesía. Nos encontramos, ni más ni menos, como ya se adelantó más arriba, ante la configuración misma del género poético por la ideología burguesa. Esto es, ante la ideología poética dominante o la ideología hegemónica sobre lo poético. Para la ideología dominante, como explica Jiménez Millán al ocuparse con lucidez de la dialéctica pureza/compromiso en la «generación del 27», existe un sujeto libre que posee su propia verdad interior y que puede expresarla artística o poéticamente. El sujeto burgués se configura, como ya dijimos, a partir de la relación privado/público, de modo que la poesía (la lírica) se concibe como la expresión de lo privado, de la intimidad o de esa verdad interior del sujeto (Jiménez Millán 1980a: 205). Sobre esta reducción del poema al ámbito de lo privado actúa además la distinción kantiana de lo trascendental-puro y lo cotidiano-empírico: la poesía, como expresión del «alma», del interior del sujeto, pertenece al terreno de la pureza trascendental, en el que no deben entrar las impurezas empíricas, prácticas y públicas. Parece mentira, pero toda la dialéctica entre vanguardia y compromiso (Geist 1980) o entre pureza y revolución (Cano Ballesta 1996) que atenazó a la poesía española de los años veinte y treinta descansaba sobre este crucial dispositivo ideológico.

La ideología burguesa experimenta una innegable contradicción cuando la poesía «deja de ser expresión de sentimientos para convertirse en un discurso más o menos directamente político» (Jiménez Millán 1980a: 205), cuando se le pide un compromiso, con el consiguiente abandono del ámbito puro, trascendental y privado, y el ingreso en el ámbito de la «impureza», lo empírico y lo público. Porque el compromiso no es otra cosa: una asunción de la poesía como práctica social, histórica e ideológica; aunque una asunción que por lo general se ha fundamentado, no en la ruptura de la falaz dicotomía literatura/Historia, sino en otra categoría kantiana, la de «responsabilidad», a la que apela el propio Sartre (Tono Martínez 2005: 23). Fue esta responsabilidad, moral o intelectual, la que llevó a varios poetas españoles de los años veinte y treinta al compromiso, aunque por lo común de forma coyuntural y con nostalgia de la poesía como poesía, como expresión de lo trascendental, puro y privado. Lo veremos al final, porque ahora conviene subrayar que todos los condicionamientos ideológicos expuestos hasta aquí niegan la posibilidad de un canon del compromiso. No son, sin embargo, otra cosa que condicionamientos ideológicos.

Hoy resulta todavía complicada la asimilación, por parte del «academicismo dominante», de los discursos poéticos comprometidos de poetas como Alberti, Prados o Miguel Hernández, de quienes se privilegia, como explica Jiménez Millán (1980a: 205), su vertiente «lírica», rechazando o colocando en un nivel secundario su otra vertiente de poetas revolucionarios, y ello en nombre de «categorías estéticas pertenecientes de lleno a la ideología de la creación». Tanto Lechner (2004: 123) como Jiménez Millán (1980a: 206, 1988: 9 y 2010: 215) señalan, a este respecto, un hecho significativo: Dámaso Alonso afirma que no hubo «sentido conjunto de protesta política, ni aun de preocupación política» en su generación, que sitúa entre 1920 y 1936; y añade que no es muy raro que así fuese, «tratándose de un grupo de poetas» (Alonso 1948: 174).

En las palabras de Alonso palpita, en todo su espesor, esa ideología de la creación, de la palabra poética como algo trascendental y puro: ¿qué podría tener que ver un poeta con la protesta o la preocupación política? Nada más ajeno a la poesía, según este razonamiento, que la política. En este sentido, cabe preguntarse hasta qué punto, dada la vinculación existente entre canon e historia literaria, el Dámaso Alonso que sienta las bases de toda la historiografía posterior sobre el 27 ha contribuido a orillar durante mucho tiempo, como no canónica, la poesía comprometida que escribieron sus compañeros de grupo. ¿No construye un canon poético puro? Estamos ante un ejemplo palmario de las querellas entre canon y compromiso. En cualquier caso, Dámaso Alonso establece dos trayectos cronológicos en su «generación»: uno que va de 1920 a 1927, dominado por la pureza, el cuidado de la forma y el entusiasmo por la imagen; y otro que abarca desde 1927 a 1936, en el que aparece (y la expresión no deja de ser sintomática) el «demonio de la política».

La división cronológica que establece Alonso tomando como jalón historiográfico la fecha emblemática de 1927, la celebración del tricentenario gongorino, puede considerarse bastante certera (Soria Olmedo 2010: 33). A un lado quedan la deshumanización del arte o el «sacro horror a lo demasiado humano», el paisaje «polar», el «miedo a las impurezas», la asepsia, la radical separación de poesía y vida, el gongorismo; a otro, el aumento de «temperatura humana», la «herejía» surrealista o el neorromanticismo, la «bella inundación» de la vida (Cano Ballesta 1996: 18-19). Ni una sola alusión al compromiso de los poetas de su «generación», fuera de ese lamento por la irrupción del «demonio de la política», del que la censura por otra parte no habría dejado decir nada (Soria Olmedo 2007: 45). Hay que deducirlo todo de esa metáfora de la inundación de la «vida», que es a la vez la inundación de la política y la historia. En efecto, 1927 marca la divisoria entre el momento formalista, entre la vanguardia constructiva y racionalista que explota con la lectura de Góngora como poeta puro (García 2001: 63-98 y 2010a: 167-194), y la vanguardia vitalista e irracionalista del surrealismo, que trae la rehumanización neorromántica, y que desde luego se convierte en el eje hacia la vanguardia política y el compromiso. Así es, al menos, para los poetas de la llamada «generación del 27», aunque no para todos, porque solo algunos trazan el arco que va de la poesía pura al compromiso; un arco que la crítica suele usar de un modo demasiado ideal y generalizador al referirlo a la «generación» (Begines Hormigo 2007). Por otra parte, el 27 constituye únicamente un sistema dentro del «polisistema» o el campo literario de la España del momento, si bien ocupa un lugar central.

Tan solo con voluntad de esquematizar puede mantenerse que la poética del 27 pasa de «la asepsia a la pasión, la estética a la ética, la evasión al compromiso» (Geist 1980: 159). Varias precisiones se imponen. Para empezar, al margen de la discusión historiográfica acerca de si el 27 constituye una generación o más bien un grupo dentro de un conjunto literario, artístico y cultural más amplio (Guillén 1997), y al margen del desmantelamiento, tanto en este caso como en el del 98, del método generacional (Soria Olmedo 1980; Salaün 1992; Mateo Gambarte 1996), parece claro que las generaciones tampoco son un punto de apoyo válido para abordar una «historización mínimamente objetiva» del compromiso (Jiménez Millán 1980a: 202). En esta línea, Cano Ballesta (1996: 223) sostiene que no se pueden encasillar los movimientos de la poesía española de la década de los veinte y primeros treinta (purismo, surrealismo, poesía civil o revolucionaria) bajo el epígrafe de «generación del 27». De todas maneras, Cano Ballesta coincide con Geist en descubrir en los veinte (*the roaring Twenties*) una «actitud evasiva», que contrasta con la de la siguiente década, de grandes reivindicaciones sociales y de «ideales artísticos de compromiso y solidaridad» (ibíd.: 224). Pero las cosas son más complicadas.

No parece que la poesía pura española (Cano Ballesta 1976) responda a la evasión y no encierre una ideología (Soria Olmedo 1981; García 2001: 29-42). Ha venido a plantearlo con posterioridad el propio Geist (1993), señalando que la concentración en la forma (recordemos a Dámaso Alonso) actúa en los libros puros del 27 como desplazamiento de unos contenidos ideológicos que irán revelándose con el surrealismo y el compromiso. En efecto, la vanguardia constructiva y racionalista, que se condensa en la poesía pura y más o menos deshumanizada del 27, trabaja en la línea de la europeización y de la modernización de España que el reformismo liberal burgués encabezado por Ortega encomienda a las minorías dirigentes, incluidos los poetas. La poesía pura del 27, como cualquier otro tipo de poesía, admite una lectura ideológica (García 2008).

Más que una actitud evasiva, hay en los poetas puros del grupo una «actitud civil», como pone de relieve Soria Olmedo (1988: 211); de modo que, cuando la crítica enfrenta la poesía pura y el compromiso, pasa por alto que la primera no es apolítica. Nos encontramos más bien, como concluye Soria Olmedo, ante dos tipos de posición política, porque los representantes de la poesía pura y de la vanguardia constructiva se acogen al «programa de renovación cultural (y política) promulgado por la *Revista de Occidente* y su círculo» (ibíd.). Hay que matizar bastante, de acuerdo con esta lógica, y al menos en lo concerniente a España, la conclusión a la que llega Siebenmann (1988: 87) sobre el «no-compromiso» de las vanguardias en el mundo hispánico, que a su juicio tendrían el «rasgo distintivo» de no haber sido «nunca» movimientos políticos, sino más bien estéticos.

A la luz de estos planteamientos, el 27 siente la política tanto como la habían sentido con anterioridad el 98 y el 14, y quede claro que solo utilizamos esas fechas como jalones historiográficos indicativos, y no en el sentido generacional fuerte. Es en el fin de siglo cuando surge la figura del intelectual, a partir del *affaire* Dreyfus, y son los del 98 quienes encarnan esa figura entre nosotros, con su empeño de salvar a España, que luego cobra un sesgo metafísico, especulativo y espiritualista, desprendido de la realidad social y económica (Sánchez Vázquez 2008: 207). Tal vez por eso se ha hablado, con cierto equívoco y visión restrictiva, del «apoliticismo militante» de los autores del 98 (en sus obras «de creación», se puntualiza) y de que su «compromiso, cuando lo hubo, fue flor de un día» (Ynduráin 2000: 184-186). Frente a un 98 que escribe desde una ideología pesimista y crítica, que no posee voluntad para regenerar España, abúlico por exceso de intelectualismo, y dubitativo e inútil para la acción, la «generación» siguiente, a decir de Ynduráin, la dirigida por Ortega, «es ya más optimista, alegre y faldicorta» y se vuelca en la vida social y política (ibíd.: 201).

La ideología liberal burguesa del 14 desplaza a la ideología pequeñoburguesa en crisis del 98 a la hora de enfrentarse con el problema de España, problema que ahora no es otro que el de la modernización o la sincronización con Europa. El 14 asume el verdadero secreto de España, la ausencia de una revolución burguesa, tarea que va a determinar las relaciones del nuevo tipo de intelectual con la política (Marichal 1990 y 1995; García 2010b). Por su parte, el 27, lejos de evadirse con una pureza apolítica, se sitúa en esta misma línea: Blanco Aguinaga (2007: 172-173) ha mostrado cómo el «eclecticismo» de los poetas de este grupo se convierte en una opción frente a la agresividad rupturista de las vanguardias artísticas y políticas europeas, y cómo esa actitud ecléctica se halla ligada a la voluntad de continuar con el «capital cultural acumulado por la España liberal». Las poéticas puras del 27, y en concreto las más abiertamente fenomenológicas de Salinas y Guillén, que permiten ser leídas a luz de la estética y la filosofía orteguianas, resultan básicas para el proyecto ideológico y político de la burguesía liberal y modernizadora, para la *vertebración* de España y la construcción de una «cultura nacional» (Rodríguez 2002).

Que la poesía pura implica una ideología, incluso una política y un compromiso implícito, es algo que se comprueba fácilmente con solo atender a las reacciones provocadas por el tricentenario gongorino. Reacciones que vienen determinadas por la creciente politización y el compromiso (más manifiesto y explícito que el de la poesía pura) de los escritores, cuyas posiciones se polarizan entre el fascismo y la izquierda más o menos revolucionaria.

Desde el primer polo, Ernesto Giménez Caballero, dando cuenta del centenario, plantea el 1 de junio de 1927, en *La Gaceta Literaria*, que en ciertos espíritus jóvenes se ha iniciado un cansancio, una asfixia, y ahora se preparan para romper «la deliciosa cárcel de oro» que impide la llegada «de otra barbarie, de otra vez la vida que vuelve» (en Soria Olmedo 1988: 267). Si Ortega había separado vida y poesía en su diagnóstico del arte nuevo (Cano Ballesta 1996: 19-24), Gecé anuncia el nuevo vitalismo de finales de los años veinte, respondiendo así a una de las claves de la vanguardia: la inserción del arte en la vida (Bürger 1987). La apuesta por un hombre elemental y vitalista, que deja atrás al hombre culto y racional, le hará reclamar en 1928 la «eohumanización del arte», el *eoántropo*, y oponerse por tanto a Ortega y a la estética formalista y deshumanizada de la *Revista de Occidente* (Soria Olmedo 1988: 187-189; Selva 2000: 96). Pero no solo se trata de vitalismo nietzscheano, porque a la vez esa alusión a la «barbarie» es también susceptible de leerse políticamente.

En este mismo artículo de 1927, «Pespuntes sobre el núcleo gongorino actual», Giménez Caballero afirma que la literatura actual desdeña todo cuanto no sea oficio, «prurito de *métier*», lo cual se traduce en un asco apolítico; por eso la literatura gongorina se desarrolla a gusto bajo los regímenes de dictadura: «Los dictadores respetan la literatura pura». Con ello pone al descubierto las significaciones políticas subyacentes a la estética purista (Selva 2000: 87). La celebración del centenario gongorino, como canto a la poesía pura, tiene lugar efectivamente en el marco de la dictadura de Primo de Rivera, algo que tampoco pasa inadvertido a Unamuno (García 2010a: 140-141), desde luego más politizado entonces que los jóvenes del 27. Pero no más que Giménez Caballero, quien el 26 de julio de 1927 publica en *El Sol* una entrevista fingida con Gerardo Diego, el gran impulsor del centenario, al que tilda de «poeta fascista». Preguntándose por «la auténtica significación de ese Góngora redivivo y reexaltado», Gecé aproxima aquí la «vuelta tradicionalista» (el retorno al orden) de Diego y su alejamiento de las vanguardias (de las «proclamas rojas del creacionismo») a la política de Mussolini en Italia y a la de Maura en España, para concluir que el comité gongorino «ha realizado actos de puro corte fascista», y ha bendecido la bandera del autor de las *Soledades* en una misa de campaña (Giménez Caballero 1995: 330).

No es el único en leer el gongorismo desde los propios intereses políticos, manipulando su sentido, que no obedece sino al maridaje de vanguardia y tradición, tan propio del proyecto constructivo al cual se ve llamada la «joven literatura». También en *El Sol*, en agosto de

1928, en la estela de Gecé, Francisco Guillén Salaya ve en la exaltación de Góngora, «el poeta católico y romano», una vuelta a la cultura grecolatina como medio de resistir al peligro de «ser asiatizados por los propagandistas de Oriente» (en Fuentes 1980: 53). Precisamente, uno de estos propagandistas, como sin duda lo habría considerado Guillén Salaya, lee asimismo el homenaje a Góngora en clave fascista, pero desde el otro polo, el de la izquierda o la llamada «literatura de avanzada». José Díaz Fernández, quizás con el lejano eco de Gecé, afirma en *La Libertad*, el 6 de junio de 1931, que esa avanzada está harta de estafas y tiene el ánimo bien dispuesto para «ejecutar al fascismo literario que dedica a Góngora el homenaje de una misa» (en Jiménez Millán 1980b: 58 y 1998: 33; Aznar Soler 1978: 24 y 2010: 186). Para esas fechas, sin embargo, el gongorismo era una reliquia del pasado, y Prados y Alberti estaban a un paso del compromiso.

Tampoco deja de ser sintomática la encuesta sobre política y literatura que, promovida por su director, Giménez Caballero, inicia *La Gaceta Literaria* en noviembre del mismo 1927 (Geist 1980: 105-113; Selva 2000: 89-91; Soria Olmedo 2007: 80). Mientras la mayoría de las respuestas consideran la literatura al margen de la política (Ramón Gómez de la Serna y Gerardo Diego son dos claros ejemplos), Díaz Fernández postula que la juventud literaria debe participar en la política en un sentido distinto a como lo ha hecho en España la generación del 98, que pecó de gesticulante y pesimista. El advenimiento a la vida literaria de dos escritores «políticos», Ortega y Pérez de Ayala, marca otro rumbo. Díaz Fernández condena al «Narciso literario», porque el escritor y la literatura han comenzado a poseer un valor vital, político. Se define como «socialista puro», pero su idea del compromiso es bastante limitada: no se trata, a su juicio, de pedir que la literatura discurra deliberadamente por los temas políticos, sino de crear una «conciencia y una sensibilidad homogéneas al tiempo» por medio de las creaciones literarias; además, y lo que es aún más significativo, escribe que «el apoliticismo solo es comprensible en el poeta puro, rara especie que se cultiva en una atmósfera extrahumana» (en Bassolas 1975: 215).

Pese a su politización como intelectual, Díaz Fernández libra del compromiso al poeta, puro y extrahumano, como exigen los postulados orteguianos y la poética formalista que ha llevado a la recuperación de Góngora. Otro escritor también procedente de la órbita de la *Revista de Occidente*, Antonio Espina, responde que la política debe saturar en una ideología definida la mente del literato, como la de cualquier otro intelectual; pero matiza a continuación, a semejanza de Díaz Fernández, que existen «zonas de la literatura ajenas por naturaleza a la política», como es el caso de la poesía lírica (en Bassolas 1975: 198). Tales puntos de vista son tanto más sorprendentes cuanto estos dos intelectuales dirigirán en 1930, con Joaquín Arderíus, la revista *Nueva España*, de un compromiso revolucionario muy palpable. Incluso, otro escritor cuyo compromiso será muy marcado, César M. Arconada (Boetsch 1990), establece una rotunda división entre literatura (ocio, fantasía, inutilidad) y política (utilidad y realidad). Muy cerca de la vanguardia deshumanizada y purista, entiende además la literatura como «deporte, juego, prestidigitación», proclamando la independencia del arte y negándose a ponerlo al servicio de nada, a convertirlo en vehículo o medio de otro fin: «El escritor político, más que escritor, es un político que escribe» (en Bassolas 1975: 201). Todo lo anterior viene a mostrar que, si bien existen intentos de aproximar la política a la literatura, el compromiso del poeta dista de ocupar en 1927 el centro del campo literario, aún dominado por la poesía pura y su fiesta gongorina. Pero ya se puede pensar en un «polisistema» en el que las diversas fuerzas del compromiso, desde el fascismo a lo que se llamará avanzada, luchan por desgarrar ese centro y hacerse con él, por asaltar el canon poético de la pureza, en definitiva.

Otro hecho que convierte a 1927 en un hito divisorio es la aparición de la revista *Postguerra*, que trata de aunar vanguardia literaria y vanguardia política en la dictadura de Primo de Rivera (Fuentes 1976: 4; López de Abiada 1983: 49). El editorial del número 11, de junio de 1928, alude al «reaccionarismo político y social de esa literatura última, llamada, en doble paradoja, joven y de vanguardia», así como del arte puro (López de Abiada 1983: 52); y un texto suelto del número 13, de septiembre del mismo año, insiste en que, bajo el pretexto de militar en escuelas literarias de vanguardia, numerosos jóvenes estetas defienden los «ideales políticos de la reacción» (Madrigal Pascual 2002: 134; Aznar Soler 2010: 104; Soria Olmedo 2010: 55). Para mayor insistencia, en un artículo sin firma publicado en la misma página, «Vanguardistas, trepadores y arte nuevo», donde se ataca al Gecé simpatizante del fascismo, a la vez se denuncia que el vanguardismo europeo «se ha hecho, en política, generalmente reaccionario. Sirve los intereses de la clase dominante» (en Aznar Soler 2010: 105). En

«Pensamiento y acción», publicado en el número inicial, de junio de 1927, José Antonio Balbontín, uno de los encargados de la dirección de la revista, critica el «jugueteo frívolo y banal de ciertos literatos de la decadencia burguesa, despreocupados en absoluto de toda angustia humana». Frente a una literatura «sin pasión humanística» se impone «otro género de literatura veneranda para la que nadie existe por encima del hombre» (en López de Abiada 1983: 55). Los grandes movimientos históricos, dice aquí mismo, han sido precedidos por una era de «socavación literaria», que prepara la acción última (en Fuentes 1976: 4) Así pues, cuando suenan las salvas gongorinas, otros productores del campo literario abogan por una manifiesta rehumanización y por el compromiso literario.

En septiembre de ese mismo año Balbontín ataca al Ortega de *La deshumanización del arte* por afirmar solapada e hipócritamente que el principio de igualdad formal entre los hombres, «lo mismo en arte que en política», no pasa de ser un mito insoportable (en Fuentes 1976: 4; Geist 1980: 155; López de Abiada 1983: 55; Aznar Soler 2010: 102). Balbontín es ya un poeta comprometido, que ha publicado para entonces su libro *Inquietudes* (1925), al que seguirá *Romancero del pueblo* (1931), donde se adelanta a la masiva floración del romance durante la Guerra Civil (Fuentes 1980: 155; López de Abiada 1982a: 13; Le Bigot 1997: 53). En el epílogo a *Inquietudes*, sirviéndose de Kant, escribe: «Soñé y creí que la vida era belleza. Desperté y vi que la vida era deber» (en Cano Ballesta 1996: 86). Es difícil encontrar una mejor exposición de la problemática (kantiana en última instancia, en efecto) del compromiso. Balbontín añade que «la Historia es batalla nobilísima y no frívolo *sport*». No extraña, entonces, que en esa colaboración de septiembre de 1927 en *Postguerra* descubra el proyecto ideológico y político que hay detrás del arte puro; a juicio de Balbontín, el Ortega de las minorías dirigentes esconde, bajo su capa de esteticista puro, inofensivo en apariencia, «un enemigo implacable de la nueva democracia». Nueva democracia que está en el extremo opuesto de un vanguardista de camisa azul como Giménez Caballero, cuya lectura del Ortega que distingue entre minorías y masas le servirá de trampolín hacia el fascismo (Selva 2000: 98-99). No en balde, se han descubierto en *La deshumanización del arte* «ideologemas tendencialmente prefacistas» (Albert 2003: 29).

La síntesis entre vanguardia literaria y vanguardia política que preconiza *Postguerra* queda ejemplificada perfectamente en el artículo de José Díaz Fernández «Acerca del arte nuevo», que aparece en septiembre de 1927 (Aznar Soler 2010: 113-117). Este texto puede considerarse una descripción plausible de las fuerzas que combaten en el campo literario por aquel entonces. Díaz Fernández distingue «tres zonas diferentes y enemigas entre sí», aunque no puede identificarse con ninguna de ellas quien, como es su caso, siente de modo inexorable la preocupación social de ese tiempo. Por un lado, está el arte reaccionario, tradicional; por otro, el arte liberal; y en tercer lugar, el arte de vanguardia, deshumanizado e independiente, el arte puro. Díaz Fernández da su propia lista de autores: Palacio Valdés para la primera tendencia; el 98 para la segunda; los «poetillas andaluces» (¿Alberti, Lorca?), Diego, Espina, Dalí, Jarnés y Salinas para la tercera (en Cobb 1981: 164).

Si bien Díaz Fernández detecta que todos los síntomas actuales anuncian el «quebranto del régimen burgués», y que el conservadurismo y el liberalismo desaparecerán definitivamente bajo las nuevas ideologías, aún muestra su apego a los planteamientos de Ortega sobre el arte nuevo, y al vanguardismo en suma: «*La deshumanización del arte*, el libro que se creyó órgano de la teoría radicalmente contraria a la de un arte con intención social, tiene preciosas aportaciones a nuestra tesis» (en Cobb 1981: 166). Por ejemplo, la ironía y el sentido lúdico, la estilización, la síntesis o la metáfora. Pero al fin y al cabo la coincidencia con Ortega es «puramente externa», porque en *La deshumanización* se preconiza «un arte puro para los hombres egregios», y su autor se olvida demasiado de la realidad social del mundo. Díaz Fernández termina estableciendo, a pesar de su conexión con ciertas líneas maestras del arte nuevo, una profunda discrepancia entre el arte de vanguardia y el «arte novísimo con intención social». El primero parte de sí mismo para volver a sí mismo, en una línea circular, cerrada yególatra, describiendo un movimiento burgués, o más bien aristocrático y minorista; el arte social arranca de la «nueva democracia» para regresar a ella en una curva, trazando un movimiento multitudinario y proletario: «El arte de vanguardia, al desentenderse de su función social, nace y muere en sí mismo, tiene un destino triste y una existencia efímera, porque se agita en el vacío de una inexistente aristocracia. Le falta sustancia social» (ibíd.: 168).

No obstante, las deudas con la literatura de vanguardia llegarán hasta *El nuevo romanticismo* (1930), donde Díaz Fernández define la literatura de avanzada. No hay verdadera ruptura, a nivel formal o de procedimientos, entre ambas literaturas, aunque sí un intento de ruptura ideológica entre la pureza y ese «arte novísimo de intención social». Como bien señala Jiménez Millán (1980b: 41, 1988: 25 y 2010: 219), en el mismo año del tricentenario gongorino, cuando la estética purista parece tener una «aceptación indiscutible», esto es, cuando alcanza el grado de canónica y ocupa el centro del campo literario, surge la respuesta de un grupo de escritores e intelectuales comprometidos, los de *Postguerra*, que «no solo cuestionan de raíz el arte vanguardista, sino que al mismo tiempo presentan una alternativa global a la ideología dominante». Esa alternativa es la de la vanguardia política, el compromiso social, la avanzada y la revolución. De suerte que ahora se rompe el divorcio anterior, en realidad solo aparente, entre estética y política. Así, un artículo de Balbontín de febrero de 1928, precisamente titulado «Política y estética», vuelve a la carga contra la deshumanización planteando que la preocupación por la suerte del proletariado, como por «otras cosas humanas que laten en el fondo de la Revolución», supone, desde el punto de vista orteguiano, caer en una «flaqueza» humanitaria, con lo cual «la inspiración estética se nos escapará de las manos» (en Jiménez Millán 1980b: 43; Aznar Soler 2010: 108).

1930: LA AVANZADA Y EL ALBOR SOCIAL

Tenemos que trasladarnos, de todas maneras, al año 30 para realizar otro corte sincrónico y comprobar que el compromiso y la politización de los escritores han desplazado, al paso de la Historia, a la vanguardia constructiva apoyada por Ortega y a la ideología de la pureza, en un verdadero asalto al centro del campo literario. Esta lucha de lo no canonizado en 1927 por canonizarse, por ganar la hegemonía del campo de producción artística, literaria y cultural, explica que muchos de los hasta entonces sumergidos en el horizonte vanguardista y puro abandonen sus posiciones anteriores. La «encuesta sensacional» sobre la vanguardia que comienza *La Gaceta Literaria* en su número del 1 de junio de 1930, y que supuso el acta de defunción de este movimiento iniciado doce años atrás (García de la Concha 1979; Soria Olmedo 1988: 284-298), prueba que la autonomía del arte ya está herida de muerte. La vanguardia política es un hecho. Por ejemplo, el protofascista Giménez Caballero contesta que la vanguardia ha existido, pero ya no existe: «En España solo queda el sector específicamente político, donde la vanguardia (audacia, juventud, subversión) puede aún actuar» (en Albert 2003: 33). Salazar y Chapela habla de que, políticamente, la vanguardia vivió en una campana neumática, y de que la ceguera de la «fenecida vanguardia literaria», para la que no parecía existir España, provenía del «burguesismo recalcitrante del vanguardista tipo» (en Cano Ballesta 1996: 75; Aznar Soler 1978: 15 y 2010: 141).

Hay otras respuestas de interés, como la de Arconada, porque si antes había separado política y literatura en la encuesta de *La Gaceta Literaria* sobre esta cuestión, ahora indica que la vanguardia literaria no existe, y que todos los jóvenes escritores que desean luchar, seguir siendo vanguardistas y acometedores, «no combaten en el campo de la literatura, sino en el de la política» (en Cobb 1981: 138). Es un ejército, concluye Arconada, que cambia de frente: «Conquistado un sector, se decide a emprender la conquista del otro» (ibíd.: 139). Desde la inclinación al fascismo, Ramiro Ledesma Ramos considera a Gecé el «auténtico y superior vanguardista» por haber declarado liquidada la vanguardia (Cano Ballesta 1996: 33); a su juicio, la dedicación política no tolera «la esencial frivolidad que caracterizó a los muchachos vanguardistas»; y de paso arremete contra liberales (retaguardistas), irresponsables y puros, reivindicando una España afirmadora de sí misma, nacionalista y con «voluntad de poderío» (en Aznar Soler 2010: 143). Podría hablarse aquí, como hace Lechner (2004: 36), de un compromiso de «derechas», del que tampoco hay que olvidarse.

Más deudor del proyecto racionalista, constructivo y liberal, Guillermo de Torre, que a la vez conserva algo del gesto agresivo inicial de los ismos, hace equivaler vanguardismo a antiburguesismo, aunque para aclarar que todos los «*totems* ideológicos del tiempo» hacia los que se orientan sus amigos, repartidos en «opuestos bandos», son formas válidas, siempre que en ellas el intelectual mantenga su supremacía. Sin entregarse a la «elección unilateral», sin quererse esclavizar a ninguna de esas formas políticas e ideológicas, se resuelve, con un guiño al título del libro de Benda, a «no traicionar al *clerc* que uno lleva dentro» (en Aznar Soler 1978: 16 y 2010: 144). Es justamente la actitud que pretende ser desalojada por los dos frentes opuestos en los que en 1930 se polariza la vanguardia, el fascismo y el comunismo; entre ambos polos, la vanguardia, del ultraísmo al 27, desde la deshumanización hasta la poesía pura, es criticada «a causa de su posición política, tácita o expresa, más que por razones de estética» (Soria Olmedo 1988: 286).

Tres años decisivos, los que van de 1927 a 1930, suponen el reajuste de las fuerzas que combaten en el campo literario, de modo que la vanguardia literaria deja paso a la vanguardia política, a la avanzada y la revolución. No deja de ser curioso que Antonio Espina, en su artículo «Vísperas del año treinta», publicado en *El Sol*, en noviembre de 1927, a pesar de proponer de la mano de Curtius y Franz Roh el retorno al orden tras el caos vanguardista (Mainer 2005: 278-279 y 2006: 46-47), intuya lo que se avecina: «Se oye el rumor sostenido del tropel a venir. (Tocan a vísperas). A vísperas del año 30. [...] ¿Qué nos reservará nuestro difícil 1930?» (en Cobb 1981: 121-122). Desde luego, esa voluntad de retorno al orden se vería en muy poco tiempo superada por las circunstancias políticas, sociales e históricas. El propio Espina, como queda dicho, dirigirá junto con Arderíus y Díaz Fernández la revista *Nueva España*, que aparece en enero de 1930 declarando, en su manifiesto fundacional, que el periodo de los ismos se halla en su trance final en «estos albores del año 30». La revista trata de ser, a decir de ese manifiesto, la zona de unión de todos los grupos, partidos y credos radicales, el «condensador de emoción civil más vivo de España» (en Jiménez Millán 1980b: 50).

Valga como muestra de esta declaración de intenciones la posición de Julián Zugazagoitia, quien, hablando de la masa en la literatura, pregunta en febrero de 1930: «¿Quién no reconoce en el literato vanguardista al ultramoderno que niega a la masa el derecho a ejercer determinadas prerrogativas políticas y civiles?» (en Tuñón de Lara 1982: 390; Caudet 1993: 27; Aznar Soler 1978: 28 y 2010: 171). Eduardo Westerdahl, en octubre de 1930, considera falsa, por falta de sinceridad, toda manifestación que no responda «automáticamente» a una necesidad social. El neogongorismo fracasó por insincero. Para entonces se está, añade, en «plena política» (en Jiménez Millán 1980b: 55, 1988: 30 y 2010: 220). Por su parte, Arderíus, en agosto del 30, a la vez que une a España con Rusia, reacciona así frente a las consignas de europeización que habían ido derramando la *intelligentsia* liberal y modernizadora, las «brújulas humanas de tipo europeo»: «No queremos baba extranjera para hacer nacionalismo. Nosotros lo que queremos es tuétano español para hacer internacionalismo» (en Cobb 1981: 154).

En cuanto a José Díaz Fernández, publica en *Nueva España* una serie de artículos que incorpora a su libro *El nuevo romanticismo*. Entre ellos, el titulado «Poder profético del arte», de diciembre de 1930, sostiene que las formas artísticas son, en relación con la vida social, unas preformas, un anuncio de las posibles reformas: «Las transformaciones políticas son casi siempre posteriores a las variaciones artísticas» (en Brihuega 1979: 435). Ese poder profético, que no obedece sino a una concepción romántica del arte, opuesta al antirromanticismo diagnosticado por Ortega, entra en correlación con la nueva preocupación política. En «Formas plásticas y formas sociales», que ya aparece en enero de 1931, Díaz Fernández señala que en el arte puro la mera referencia de una pintura a la ética o a la política representaba una cualidad inferior; ahora, en cambio, el arte contribuye a las posibilidades de «sistemas sociales futuros», pero no de una manera anecdótica o alegórica, como ocurre en los cuadros de tesis. Se trata de pintar la sociedad «con la sensibilidad contemporánea y con las radicales inclinaciones del alma moderna» (en Brihuega 1982: 281). La avanzada o vanguardia política no debe prescindir, como se demuestra aquí otra vez, de las conquistas de la vanguardia artística. Por una vía no muy distinta, en el fondo, Westerdahl propondrá en 1934, en la surrealista *Gaceta de Arte*, un «Croquis conciliador del arte puro y social»: a todo el último paisaje consecuente del arte nuevo se le presenta de pronto, en su evolución, una «tendencia que parece agrietar todas sus conquistas», el arte social, pero «la tan sostenida desconexión entre el arte absoluto y el arte social no existe» (ibíd.: 336). A esas alturas, de todos modos, Westerdahl señala los peligros de la «sovietización del arte», del realismo socialista (Cano Ballesta 1996: 145-146).

De 1930 es también el libro *Escritores y pueblo*, de Francisco Pina, que da por fracasada la fórmula del arte por el arte. Seis años de dictadura militar, con las «consiguientes vejaciones inferidas a la inteligencia», han bastado, a decir de Pina, para que los escritores, y muy especialmente los jóvenes, no hayan podido permanecer al margen de la lucha política y social (Jiménez Millán 1988: 22-23; Aznar Soler 2010: 150). El libro es interesante porque, desde estas premisas, hace un recorrido por los autores del 98 (Unamuno, Baroja, Valle-Inclán, Benavente, Azorín, Maeztu) y del 14 (Ortega, Pérez de Ayala), y otros como Araquistáin y Álvarez del Vayo, para acabar con un capítulo dedicado a dos jóvenes, Antonio Espina y Díaz Fernández, fundadores de la «revista de combate» *Nueva España*. Ofrece así una lista de autores en función del «encuentro *indirecto* de la alta literatura y los intereses obreros» (Mainer 2005: 286). Este canon propuesto por Pina aún está vinculado, a decir de Mainer, a una visión muy pequeñoburguesa y limitada de la «sensibilidad social» de los autores seleccionados (ibíd.: 288).

De otro tenor es el artículo de José Carlos Mariátegui «Arte, revolución, decadencia», publicado en la revista *Bolívar*, en mayo de nuestro decisivo año 30. Para el peruano, no hay mayor demostración histórica de que los artistas no pueden sustraerse a la «gravitación política» que la adhesión de los futuristas rusos (y después de los surrealistas franceses) al comunismo, y de los futuristas italianos al fascismo. Si en el mundo contemporáneo existen dos almas, la de la revolución y la de la decadencia, y solo la primera confiere a un poema o un cuadro valor de arte nuevo, el Ortega de *La deshumanización* ha tomado como rasgos de una revolución los que corresponden a una decadencia, lógicamente la de la «civilización capitalista» (en Brihuega 1979: 420-422). La «revolución» de Mariátegui emite su juicio inapelable sobre la decadencia burguesa y capitalista que supondría la vanguardia, como también plantea Lukács (Jiménez Millán 1980b: 58 y 1988: 33-34). Otro peruano, Xavier Abril, asegura en «Palabras para asegurar una posición dudosa» (*Bolívar*, julio de 1930) que la palabra «vanguardia» llega como sonido, ya que «como *hecho social* no puede llegar porque está superada y agotada hasta fonéticamente en la lucha prerrevolucionaria» (en Aznar Soler 2010: 208).

Resulta bastante exacto, y condensador de cuanto llevamos dicho, el balance que hace Ernesto Giménez Caballero para la antología neoyorquina *The European Caravan* (1931) con el título de «Literatura española, 1918-1930». Para Gecé, después de las «tendencias revolucionarias» que siguieron a la guerra del 14, comenzó, a partir de 1927, un «periodo de orden y construcción». En 1930 los vientos cambian de dirección y traen un «nuevo romanticismo». Tanto en poesía como en prosa, la tendencia ahora es abandonar lo deshumanizado, lo puro, tal y como predicaba la *Revista de Occidente*, con el objeto de perseguir lo humano: «Nuestra literatura se empieza a interesar por la política y por realidades acuciantes» (en Aznar Soler 1978: 14 y 2010: 146). Para ser más exactos, el periodo de orden y construcción viene de antes de 1927, una fecha que, como ya hemos visto, actúa de línea divisoria, porque la homogeneidad del campo literario y el consenso en torno a la pureza comienzan por entonces a tambalearse. En lo que acierta plenamente Gecé es en señalar el umbral de 1930, cuando la literatura española es impensable sin los términos de nuevo romanticismo, avanzada y revolución, aunque habrá que internarse en la década para que este último se haga más insistente. *El nuevo romanticismo*, de José Díaz Fernández, última clave de 1930, muestra hasta qué punto esta fecha resulta decisiva, y hasta qué punto la vanguardia política no reniega de las aportaciones de la vanguardia estética (Salaün 1998: 217-218).

El libro de Díaz Fernández intenta algo así como «la cuadratura del círculo: una nueva literatura que integre los avances estilísticos de la vanguardia en el tratamiento de un tema social» (Urrutia 2010: 190). Pero, en realidad, lo que traen los términos de avanzada o nuevo romanticismo es la crisis de toda la ideología literaria anterior, la superación del vanguardismo formalista por la rehumanización y el compromiso (Fuentes 1969; Jiménez Millán 1980b: 55-60 y 1988: 30-36; López de Abiada 1982b y 1990; Madrigal Pascual 2002: 123-124). No en balde, *El nuevo romanticismo* se subtitula *Polémica de arte, política y literatura*. Frente a la vanguardia, que se centraba en la forma y se dirigía a las minorías, a la vez que resultaba reaccionaria en política, se impone una auténtica vanguardia tanto en pensamiento como en estética: la avanzada.

La literatura de avanzada, y con ella el compromiso, se fundamenta en una articulación distinta de las relaciones entre arte y vida. Díaz Fernández (2006: 357) saluda el nuevo romanticismo que trae «un arte para la vida, no una vida para el arte», con el eco del Ortega de *El tema de nuestro tiempo* (1923), para quien la estimación de la cultura ha llevado al olvido de la vida (Aznar Soler 2010: 197). Debe repararse, aun así, en que Ortega divorcia arte y vida en *La deshumanización*; Díaz Fernández, que había pertenecido al círculo orteguiano, deja ver sus deudas con el diagnóstico del arte de vanguardia realizado por el maestro, como dijimos más arriba, cuando defiende que Ortega realmente no propugna la deshumanización (Díaz Fernández 2006: 366). No obstante, a pesar de estas fluctuaciones y supervivencias, ilustrativas de la dificultad que para el autor de *El nuevo romanticismo* reviste la ruptura definitiva con todo el horizonte anterior, del que en buena medida sigue dependiendo, el nuevo escenario se dibuja con mucha claridad.

Tras considerar la vanguardia literaria como «la postrera etapa de una sensibilidad en liquidación», y exponer que el «conflicto humano» debe regir la obra artística, Díaz Fernández propugna la sustitución de la anterior «ideología» por otra nueva, la de «la verdadera vanguardia: el arte social» (Díaz Fernández 2006: 369). No solo se vale de la caracterización que Ortega hace de los vanguardistas como «señoritos satisfechos» (ibíd.: 353); además asevera que la defensa de una estética formalista y pura es un «fiasco intelectual, un fraude que se hace a la época en que vivimos» (ibíd.: 366). No cabe duda de que entiende el compromiso como una «responsabilidad», la que supone tomar la pluma en la mano «tal como va el mundo»; pero lo curioso es que Díaz Fernández, de nuevo, exonera de esa responsabilidad o compromiso al poeta: «Un escritor no puede eludir, como no sea en poesía lírica, temas o repercusiones de carácter político que se aprecian en el fluir del espíritu humano» (ibíd.: 370). La obra que incumbe a los que tienen treinta años y trabajan en oficios intelectuales es agruparse en organizaciones que actúen paralelamente al «obrerismo revolucionario» (ibíd.: 413). Precisamente, la literatura social y proletaria de los años treinta dejará sin lugar, como ya se ha señalado en varias ocasiones, al intelectual pequeñoburgués y deudor del vanguardismo que representa Díaz Fernández, y que sin embargo trata de insertarse en las fuerzas obreras y revolucionarias.

Nos interesa, en cualquier caso, la alusión a quienes tienen treinta años. Porque poco antes, en julio de 1930, Díaz Fernández publica en *El Sol* un artículo titulado «1930. La nueva generación». Ese año puede servir para situar el nacimiento de una nueva «generación», ya que coincide con la caída de la dictadura de Primo de Rivera y «parece el punto de partida de una activa obra de juventud en la vida pública española». Además, agrega Díaz Fernández, Espina ya ha explicado «en cierto manifiesto» la significación del año 30 dentro de las ideas contemporáneas (recordemos también su artículo de 1927). Para Díaz Fernández, es precisamente en 1930 cuando «se especifica y discrimina una generación política y literaria que coloca a sus miembros en posiciones diáfanas» (en Aznar Soler 2010: 185). Planteamiento que retoma en *El nuevo romanticismo*, cuando habla (otra deuda con Ortega) de los «objetivos de una generación»: «Pocas fechas en la historia habrán aparecido tan estimulantes para el hombre español como esta de 1930» (Díaz Fernández 2006: 385).

La reseña de *El nuevo romanticismo* que hace Espina en *Revista de Occidente*, en diciembre de 1930, vuelve a destacar la trascendencia de ese año: «Desplomados, hundidos por el escotillón, por la raja abierta entre las dos Europas, la de antes del 30 y la de después del 30, vemos desaparecer hombres, fórmulas, máscaras, ideas» (en Geist 1980: 190). En opinión de Espina, alumbra un distinto «albor social», y el momento obliga a todos los intelectuales a «problematizar» sus vidas y sus ideas «en máxima conciencia». En torno a 1930, pues, aparece una nueva relación del intelectual con la política, consistente en «crear en el campo literario una obra capaz de incidir en el campo político» (Juliá 2004: 209). En esa «incierta encrucijada» el intelectual «se siente parte del todo» (Tuñón de Lara 1982: 405-406), aunque adopta distintas posiciones.

Tanto Espina como Díaz Fernández son intelectuales que, dentro de la tipología que establece Tuñón de Lara, se sitúan junto a las fuerzas sociales ascendentes. En la aludida respuesta a la encuesta del diario *La Libertad*, al arremeter contra los «señoritos de la literatura» que han profesado el culto a la forma, a la deshumanización y a Góngora, Díaz Fernández les opone «la generación de 1930, partidaria de una literatura combativa, de acento social, que Espina, Arderíus y yo hemos defendido en *Nueva España*» (en Aznar Soler 1978: 24 y 2010: 186). La literatura de avanzada, añade, nace con la «nueva generación revolucionaria de España». Siendo esto así, no hay por qué acudir a rótulos como «la otra generación del 27» (Boetsch 1985), aunque conviene señalar, otra vez, la encrucijada que es 1930 para la historia del compromiso en la literatura española del siglo xx, naturalmente dejando de lado el método generacional.

Hasta podría considerarse una fecha clave para la historia del compromiso poético, aunque Díaz Fernández siga exonerando de esta «responsabilidad» a los poetas líricos: Alberti fecha su «Elegía cívica» el 1 de enero de 1930, poema que, según comenta a finales de año Xavier Abril en la revista *Bolívar*, propiciará la crisis del anarquista que hay en su autor, ganándose entonces un «poeta social profundamente español y blasfemo» (en Aznar Soler 2010: 208-209). También en 1930 Prados pretende, sin éxito, lanzar un manifiesto surrealista junto a Aleixandre y Cernuda, con la intención de crear un grupo revolucionario al modo del francés (Jiménez Millán 1988: 22 y 2010: 218), que en ese año cambia el título de la revista *La Révolution Surrealiste* por

Le Surréalisme au Service de la Révolution. Téngase presente que el surrealismo, aun con sus peculiaridades en el caso español, es abrazado por los poetas del 27 (Alberti, Prados, Aleixandre, Cernuda, Lorca) en un momento de crisis personal, poética y social, y contribuye de forma decisiva, por su integración de vida y literatura, a la formación de la ética y la estética del compromiso (Cano Ballesta 1996: 107-116; Geist 1980: 170-188).

1933: BAJO EL SIGNO ROJO DE LA REVOLUCIÓN

Hay que esperar hasta 1933 para encontrarse con un nuevo balance de la última literatura española y del lugar que ocupa en ella el compromiso. Nos referimos al artículo «Quince años de literatura española», que publica Arconada en la revista *Octubre*, en el número 1, correspondiente a junio y julio de ese año. Es un texto que se ha comentado una y otra vez (Jiménez Millán 1980a: 210-212; Caudet 1993: 43; Soria Olmedo 1999: 128-129, 2007: 93 y 2010: 57; Mainer 2005: 289-291 y 2006, 69-71; Aznar Soler 1978: 54-57 y 2010: 241-244), pero que nos interesa aquí porque Arconada ofrece, como Díaz Fernández en su ya comentado «Acerca del arte nuevo», una descripción del campo literario (del sistema de sistemas) existente por aquel entonces, y hasta un canon del compromiso.

A medida que se extrema la «contienda social de la lucha de clases», expone Arconada, los escritores toman partido en esa lucha. En España, las generaciones nuevas de escritores acentúan su posición día a día. El mapa que dibuja a partir de aquí es bastante exacto, por lo general. La contrarrevolución, la reacción o el «catolicismo de la cultura» tienen sus adeptos en Eugenio Montes, Bergamín, Ledesma Ramos, Giménez Caballero y Sánchez Mazas; la corriente pequeñoburguesa, que aspira a desarrollarse en un medio tranquilo y apolítico, es la defendida por Jarnés, Gómez de la Sena, Antonio de Obregón o Salazar y Chapela; entre estos dos grupos, en el rincón de las «soledades sonoras», están los poetas puros: «¿Revolucionarios o contrarrevolucionarios? Estas palabras y estos dilemas son horribles para sus oídos, acostumbrados a sonoridades de flauta y a símbolos de pluma» (en Cobb 1981: 187); y por último, aumenta el número de escritores que, como Arderíus, Sender, Prados, Alberti o Wenceslao Roces están con el proletariado «en la tarea común e inmediata de derrocar el poder de la burguesía y comenzar la edificación socialista».

Poco antes, en 1932, Diego había publicado su famosa antología de grupo, donde habla de la «perfecta autonomía de la voluntad poética» y aplica como criterio de selección la dicotomía entre poesía (lo puro) y literatura (lo impuro), que en realidad es desbordado por los poemas de varios de sus compañeros. Había sido un intento, logrado, de canonización de un grupo de poetas, un auténtico asalto al centro del campo de la producción literaria del momento para hacerse con su «capital simbólico», como bien ha señalado Anderson (2005), cuya teoría sobre la «centralidad excluyente» del 27 en términos historiográficos necesita, sin embargo, ser matizada (García 2011a). Pues, si este grupo de poetas nacionaliza hasta 1927 la vanguardia, llevándola hacia la ideología burguesa de la modernización, y ocupa una posición efectivamente central, no cabe olvidarse de la multiplicidad del campo literario, de los sistemas (y uno de ellos es el de la literatura comprometida) que por entonces combaten entre sí. Desde este punto de vista, la poesía que continúa la vanguardia inicial, la reivindicada por Anderson en su intento de poner al 27 «en tela de juicio», es el sistema o el tipo de producción literaria que más se descuelga de los reajustes que la Historia (la de la España de ese momento) impone al polisistema. Porque tampoco cabe olvidar que el sistema de sistemas se encuentra en movimiento; y así ciertos poetas del 27 pasan de la pureza al compromiso, que poco a poco va ganando el centro del campo, no sin resistencias o desprecios por parte del horizonte literario hasta entonces hegemónico.

Tanto la antología de Diego como antes «La jeune littérature espagnole» que presenta Antonio Marichalar en la revista francesa *Intentions* (1924) y la «Nómina incompleta de la joven literatura» de Melchor Fernández Almagro, publicada en *Verso y prosa* (1927), ofrecen sendos cánones, aunque las dos últimas listas mezclan poetas y prosistas (Soria Olmedo 2010: 29). La de Diego, fundamental, había sido adelantada en 1928, en las conferencias bonaerenses sobre «La nueva arte poética española» (Anderson 2005; García 2011a). El canon poético de Diego, consensuado con sus compañeros de grupo, es el que sancionará la historiografía apoyada en el método generacional, con los sucesivos refinamientos y con olvido de las descripciones de la polifonía del campo literario que hacen un Díaz Fernández o un Arconada, y hasta del canon del compromiso que proponen. No debe ignorarse que, como ha señalado Mainer (1997 y 1998), las generaciones tendrán una importancia fundamental en la constitución del canon de la literatura española del siglo XX; y la del 27 se construirá, como indica esta fecha, en torno al mítico tricentenario gongorino y la ideología literaria entonces dominante que lo hizo posible. La tan traída y llevada «evolución» de los poetas del 27 de la vanguardia al compromiso oculta una trama mucho más compleja, que desborda la trayectoria generacional: la dialéctica existente entre vanguardia, avanzada y revolución.

Esos dos cánones de 1924 y 1927, incluso el de Diego, al menos en la voluntad del antólogo, obedecen a la ideología de la pureza. Marichalar, en su presentación de la joven literatura, la relaciona con un «arte de pura creación» (2002: 193). En «Síntomas», también publicado en 1924, en la *Revista de Occidente*, sostiene que la vida es una cosa demasiado seria para hacer literatura con ella, por lo que es necesario «distinguir bien los elementos artísticos y los vitales para saber dar al arte lo que es del arte» (ibíd.: 223). Es lo mismo que defiende Ortega en *La deshumanización*. Pero en «Poesía eres tú» (1932), más cerca de *El nuevo romanticismo*, de Díaz Fernández, Marichalar escribe: «Tan sospechoso es el arte al servicio del arte como el arte al servicio de la moral o de la política. El arte debe ponerse al servicio del hombre; porque si no se hace un arte para él, se corre el peligro de hacer un hombre para el arte» (ibíd.: 54). Marichalar propone únicamente la rehumanización, no el compromiso, como hacen después, en octubre de 1934, los hermanos Caba en la revista *Eco*. En su artículo «La rehumanización del arte», en efecto, toman distancias tanto del arte puro o de minorías como del arte social o de masas (Cano Ballesta 1996: 120-121, 130).

En cambio, Manuel Abril sale en defensa del término acuñado por Ortega, en junio de 1933, con un artículo titulado «Humanización y desnaturalización, o lo humano y lo demasiado humano», publicado en *Arte*. El argumento es el siguiente: allí donde hay arte hay humanización, es decir, desnaturalización, olvido de lo que Nietzsche llamó lo «humano, demasiado humano»; o dicho con sus palabras: «La naturaleza natural ha de perder el dominio si se quiere que rija en el hombre la naturaleza humana» (en Brihuega 1982: 174). Por su parte, Francisco Guillén Salaya, en su ensayo *Mirador literario. Parábola de la nueva literatura* (1931), sirviéndose también del Nietzsche citado por el propio Ortega, da la réplica a la deshumanización, a la que ha de seguir «un arte vital, humano, demasiado humano» (en Albert 2003: 36). Al igual que Díaz Fernández, pero desde la derecha, acentúa el romanticismo y el vitalismo del arte del momento.

La asunción radical del compromiso va dejando atrás, con todo, el término más neutro de rehumanización. Desde el mismo frente político que Salaya, Gecé responde, a una encuesta realizada por *Hoja Literaria* (junio-julio de 1933), que se impone liquidar «de un modo violento, genial y cruel» la última llamada de los puros, abandonar la poesía indirecta, falsamente minoritaria, y volver a «una *poesía directa*, con sentido religioso de la vida y de lo social» (en Cano Ballesta 1996: 84; Geist 1980: 206). Desde el otro lado, y con un sentido revolucionario de lo social, la revista *Octubre*, en su «Declaración de principios» (mayo del 33), dice nacer «bajo el signo rojo de la gran epopeya revolucionaria» y anuncia su intención de combatir todas las formas y las expresiones de la literatura burguesa, «no con la anarquía, sino empleando nuestra arma eficaz del materialismo dialéctico» (en Brihuega 1982: 76-77). En el aludido número inicial, de junio y julio de 1933, llama a una literatura proletaria, ya que la cultura burguesa agoniza, y es la clase trabajadora la que, como dice Marx, «lleva en sí el porvenir» (ibíd.: 83). Además, en este mismo número de la revista, una serie de intelectuales revolucionarios (*Octubre* es órgano de expresión de la sección española de la Asociación de Escritores y Artistas Revolucionarios, AEAR) asume por primera vez en España, con la redacción de un manifiesto, el compromiso antifascista (Aznar Soler 1978: 48 y 2010: 235). Así pues, compromiso revolucionario (desde el marxismo) y compromiso antifascista se cogen de la mano en *Octubre*.

El discurso de Alberti en el Primer Congreso de Escritores Soviéticos (1934) da noticia, a propósito de la revista, de cómo «numerosos escritores profesionales pasan al campo de la revolución». Entre ellos, cita a Arderíus, María Teresa León, Arconada, Sender, Prados, Serrano Plaja o Cernuda (Fuentes 1980: 58; Aznar Soler 1978: 66 y 2010: 252, 303). Es otra nómina, más bien sucinta (Juliá 2004: 215), para el canon del compromiso por aquel entonces. Sin duda, la adhesión más llamativa a los presupuestos de *Octubre* es la del último: «Luis Cernuda, poeta andaluz de quien la burguesía no ha sabido comprender su gran valor, se incorpora al movimiento revolucionario». En efecto, en «Los que se incorporan», precedido por esas palabras y publicado en el número doble de octubre de 1933, dedicado a la Revolución de 1917, Cernuda dice confiar, una vez que constata cómo «los juguetes individualistas se quiebran entre las manos», en una revolución inspirada en el comunismo para salvar «la vida» (Lechner 2004: 169; Jiménez Millán 1980a: 239); y en el número 6 (abril del 34) publicará el poema «Vientres sentados», un fuerte alegato contra la burguesía (Cano Ballesta 1996: 99-100; Jiménez Millán 2010: 249).

Pero, a fin de cuentas, se trató de una incorporación transitoria, de la «penúltima decepción personal del poeta» (Aznar Soler 1978: 70 y 2010: 271). Tampoco la revolución comunista debió de comprender, en el fuero interno de Cernuda, su «gran valor» como poeta, ni su rebeldía moral y vital, que es sin duda la que lo lleva al surrealismo y de aquí al compromiso. Más allá del compromiso con la República, que se hace evidente con su participación en las Misiones Pedagógicas, el compromiso revolucionario de Cernuda vuelve a aparecer en un texto publicado en *Ahora* en febrero de 1937, donde considera la Guerra Civil como «guerra final contra la guerra capitalista» y apostrofa así a los jóvenes que luchan contra el fascismo: «Camaradas, estáis luchando como un solo hombre por la victoria del proletariado» (en Sicot 2002: 28). Incluso les aconseja cuidarla para que después nadie se la arrebate ni se tuerza.

El año 1933 es además el de la gran batalla, a decir de Cano Ballesta (1996: 63), entre los poetas puros y los comprometidos. Pensemos en el balance de Arconada, que no se olvida de los primeros. Entre ellos, el juanramoniano Juan José Domenchina, en unos artículos publicados en *El Sol*, se niega a pedir al poeta «su realidad», que sería como «exigirle a una rosa su estiércol»; o considera que la poesía es incompatible «con los bofes del proletario y la sangraza soviética», aunque también «con el cuello lardoso del burgués epicúreo» (en Cano Ballesta 1996: 70). Antes, en julio de 1931, ha distinguido, desde *La Gaceta Literaria*, entre poetas y tribunos: los primeros no son «uno de esos verbos perentorios, de urgencia, para el mitin o el motín que se improvisan», sino «ciudadanos celícolas» que hay que dejar «al margen de la cosa pública» (en Cano Ballesta 1996: 93-94).

A pesar de todo, la poesía ya se ha abierto a lo público, y por lo tanto al compromiso: 1933 es el año en que Alberti publica *Consignas*, encabezado por el célebre lema de Lenin («La literatura debe ser una literatura de partido») y por un prólogo de Xavier Abril titulado

«Poesía, revolución», donde este asegura que el cambio del poeta responde a una confrontación «con la descarnada lucha de clases que se desarrolla en el mundo» (en Caudet 2004: 231). También entonces Altolaguirre le edita *Un fantasma recorre Europa*, que además aparece en *Octubre*, donde Prados colabora por su parte con varios poemas comprometidos a lo largo de ese año (Cano Ballesta 1996: 99, 104; Lechner 2004: 164, 168; Soria Olmedo 1999: 135-137).

Igualmente, colaboran en *Octubre* otros poetas que asumen el compromiso, como Pascual Pla y Beltrán (Aznar Soler 2009) y Arturo Serrano Plaja (López García 2008). El primero había publicado en 1932 *Narja*, que ha sido considerado «el primer libro de poesía revolucionaria-proletaria española» (Aznar Soler 1978: 61 y 2010: 248). Que el año 1933 es un nudo básico para el desarrollo de las poéticas del compromiso lo confirma además la publicación de un libro de interés, *Minero de estrellas*, de José María Morón, con poemas dedicados a los mineros de Riotinto. De este poeta dirá Machado, ya durante la guerra, que se acercó, como Alberti, Prados o Serrano Plaja, al «alma del pueblo» (en Lechner 2004: 183).

No deja de ser significativo que el núcleo más puro del 27 promueva en 1933 una revista como *Los Cuatro Vientos*, que iba a llamarse *Escritores Unidos, E. U. 1932*, unidos en la afirmación de la creación literaria, a salvo de la «contaminación» política, como propone Salinas (Soria Olmedo 2007: 95 y 2010: 57-58). Nada tiene de extraño, entonces, que en marzo de 1936, en carta a Guillén, Salinas lamente que el segundo *Cántico* haya aparecido «en estos momentos de exaltación del interés político y de creciente estupidez pública», y que Alberti, Cernuda o Altolaguirre estén trastornados por «lo que ellos llaman lo social» (en Jiménez Millán 2003: 291). El canon poético puro de 1927 había entrado, con el compromiso de poetas como Alberti, definitivamente en crisis (García 2006).

1934-1936: EL IMPERIOSO DEBER

La cronología básica del compromiso poético entre 1927 y la guerra debe detenerse necesariamente en 1934. A la revolución minera de Asturias, en octubre, van a dedicarle libros o poemas Alberti, Prados, Pla y Beltrán, Serrano Plaja o el argentino Raúl González Tuñón (Fuentes 1980: 159; Aznar Soler 2010: 269-270), que desde luego son por entonces nombres señeros en el canon del compromiso. Como dice Altolaguirre en el prólogo a *Llanto en la sangre* (1937), el libro que Prados subtitula *Durante la represión y bajo la censura posterior al levantamiento del año 1934*: «Fue necesario que llegara el año de la sangrienta represión de Asturias para que todos, todos los poetas, sintiéramos como un imperioso deber adaptar nuestra obra, nuestras vidas, al movimiento liberador de España» (en Fuentes 1980: 58; Aznar Soler 1978: 73 y 2010: 259). De nuevo el compromiso es entendido como un deber o una responsabilidad que exige la «adaptación» de la obra y la vida del poeta a las circunstancias históricas, con el consiguiente desvío, forzado, de la senda normal.

También en 1934, en un homenaje de *Frente Literario* a Juan Ramón Jiménez, Serrano Plaja habla de la necesidad que tienen los jóvenes, como verdaderos discípulos, de «hacer trizas» la corona poética del maestro para atender a una nueva y más amplia: «la inmensa corona que actualmente construye el proletariado universal en pie de guerra» (en Cano Ballesta 1996: 176; Mainer 1989). Hace falta una poesía, afirma Serrano Plaja, que esté «en la calle, en la peor suciedad y en la mayor barbarie». La batalla por la poesía pura estaba perdida a estas alturas. Lo vino a confirmar la aparición en octubre de 1935 de la neridiana *Caballo verde para la poesía*, una revista que de todos modos no se caracteriza por el compromiso, con la excepción de algunos poemas de Alberti, González Tuñón y Serrano Plaja (Lechner 2004: 150; Jiménez Millán 1980c: 246-247; López de Abiada 1986: 143).

El célebre manifiesto «Sobre una poesía sin pureza», que Neruda publica en el primer número de la revista, solo alude de pasada, dentro de esa impureza, a las «creencias políticas». Ha llegado incluso a plantearse que en la poética nerudiana de la impureza cabía todo, menos la poesía revolucionaria o de consigna (López de Abiada 1986: 150). No en vano, desde la revista valenciana *Nueva Cultura*, en diciembre de 1935, otro poeta comprometido, Juan Gil-Albert (Lechner 2004: 193-196; Aznar Soler 1984), reprocha al Neruda de ese manifiesto la frase «sin aceptar deliberadamente nada», en la que lee una exclusión del compromiso: «¿No estallan como la luz los considerados tendenciosamente antipoéticos «hechos sociales»? Pues si todo esto tan patente y tremendo que viene sucediéndonos existe, ¿por qué no aceptarlo, aun deliberadamente?» (en López de Abiada 1986: 159; Le Bigot 1997: 57).

La impureza no implicaba necesariamente el compromiso, a pesar de que Neruda, en los manifiestos que va dando a conocer en su revista, combate al «torturado poeta lírico», o habla de que «la elevación del poeta tiende a caer como el más triste nácar escupido». De todos modos, sin la defensa que hace Miguel Hernández de la impureza nerudiana en los folletones de *El Sol* (enero de 1936) no se puede entender su compromiso «feroz» (García 2011b), del que da sobradas muestras antes de la guerra.

Hablar de impureza a la altura de 1935, cuando venían imbricándose literatura y política desde el año 27, era algo en cierto modo anacrónico; ya en octubre de 1929, Antonio de Obregón había publicado en *La Gaceta Literaria* un artículo titulado «Hacia el poema impuro» (Geist 1980: 197). En él decía: «Gran poesía la pura, pero yo espero cosas culminantes de la impura» (en Cano Ballesta 1996: 173). Más anacrónica resulta, eso sí, la defensa de la pureza que hace la revista sevillana *Nueva poesía* también en octubre de 1935, respondiendo a *Caballo verde* (Cano Ballesta 1996: 179-180). La ideología poética dominante, y cada vez más canónica, ya era muy otra: la del compromiso. De suerte que lo puro estaba condenado a retirarse a la periferia del sistema, siempre múltiple y complejo, como estamos viendo.

A la encuesta realizada por los editores del libro *Almanaque literario* (1935) sobre si la literatura y el arte deben mantenerse al margen de las inquietudes sociales del momento, o si están obligados a tomar partido, Giménez Caballero responde con clarividencia que toda obra de arte es siempre política, y que toda obra literaria es siempre partidista (en Geist 1980: 213); y en *Arte y Estado*, también de 1935, escribe paladinamente que el arte siempre ha estado al servicio de algo: «Cada época pone su ansia de *belleza* donde pone su idea de *servicio*» (en Mainer 2005: 295). Estética e ideología, belleza y servicio, arte y compromiso se amalgaman sin dificultad en las proclamas fascistas de Gecé.

La intelectualidad republicana matiza más, y muestra sus reservas hacia el compromiso asumido por los partidarios de la revolución. Si Zhdanov logra imponer el realismo socialista en el aludido congreso de escritores soviéticos al que acude Alberti, a pesar de Malraux, para quien «no basta fotografiar una gran época para que nazca una gran literatura», porque el arte no es «sumisión» sino conquista (en Aznar Soler 2010: 228-231, 344), y a pesar de Gide, para quien la literatura no puede ponerse al servicio de la revolución, porque «una literatura servil es una literatura envilecida» (ibíd.: 347), el debate continúa en el Primer Congreso Internacional de Escritores para la Defensa de la Cultura (París, 1935). El compromiso, con la cultura en este caso, saca a relucir la dicotomía entre lo individual y lo colectivo. En su discurso de apertura, Gide trata de superar la división entre ambas esferas mediante su «individualismo comunista» (ibíd.: 348-349). Los ecos de este discurso llegan a España y dan lugar a una fecunda polémica entre Bergamín y Serrano Plaja que poco después comentará María Zambrano (Aznar Soler 2010: 363-364; Le Bigot 1997: 43-44). Por su parte, Guillermo de Torre, en un artículo titulado «Arte individual o literatura dirigida» (*El Sol*, enero del 36), lamenta que en el congreso parisino haya quedado ahogada la voz de Breton, que ha mantenido su «revolucionarismo» al margen de toda ortodoxia partidista, afirmando su individualismo, frente a Aragon, que abdicando de su individualismo ha acatado y extremado las consignas soviéticas (Cano Ballesta 1996: 135).

Las reservas frente al realismo socialista y el arte de propaganda llegan hasta un documento excepcional sobre el sentido y el valor del *engagement* (Le Bigot 1997: 48): la ponencia colectiva, leída por Serrano Plaja, que presenta un grupo de poetas e intelectuales españoles al Segundo Congreso Internacional de Escritores para la Defensa de la Cultura (Valencia, 1937). Fue publicada en la revista *Hora de España* (agosto de 1937), cuyo repudio del arte político y de consigna ha sido destacado por Lechner (2004: 344). La defensa humanista de la revolución acaba disolviendo en esa ponencia colectiva las «contradicciones» entre dos caminos imposibles que estos intelectuales y poetas reconocen haber experimentado hasta entonces: «lo puro», por antihumano, y «lo revolucionario», por propagandístico; aunque «por fin, no hay colisión entre la realidad objetiva y el mundo íntimo» (en Lechner 2004: 458).

Por mucho que los firmantes de esta ponencia colectiva ya no vieran colisión alguna, las dicotomías entre lo puro y lo impuro, lo trascendental y lo empírico, lo individual y lo colectivo, la intimidad y la historia, la estética y la ideología, el clavel y la espada, son las que han estado desde siempre en la base de la querella entre el canon forjado por la ideología poética dominante y el compromiso. Después de aventurarse en la escritura de «Elegía cívica», *Consignas*, *Un fantasma recorre Europa*, *El poeta en la calle*, *De un momento a otro* (Lechner 2004: 126-136; Cano Ballesta 1996: 163-168; Jiménez Millán 1984, 1990, 2003 y 2010: 239-246), después de declarar en 1935 que había un corte entre su contribución irremediable a la poesía burguesa y su ponerse a partir de 1931 «al servicio de la revolución española y del proletariado universal», el Alberti del comentadísimo «Para luego», publicado en *Hora de España* (octubre de 1938) y colocado después como prólogo a *Entre el clavel y la espada*, dejaba clara su nostalgia por la expresión trascendental poética, por la poesía en sí, una vez que había bajado a la calle, al ámbito de lo empírico, y un vez desarrollada la «urgente gramática necesaria» ante el «desorden impuesto» (Rodríguez 2001, 2003 y 2004). De hecho, con la publicación en 1938 de *Poesía (1924-1937)*, Alberti separa su producción durante la guerra en dos secciones: *El poeta en la calle* y *De un momento a otro*, una fase heroico-exhortativa y una fase lírica (Le Bigot 1997: 78); y lo mismo cabe afirmar de su poesía del destierro, que se divide entre el clavel y la espada, y acusa la tensión entre historia y mito (Llorens 1974).

Lo dicho para el compromiso de Alberti vale para el Prados de *Andando, andando por el mundo*, *Calendario incompleto del pan y el pescado*, *Llanto de octubre* y *La voz cautiva* (Cano Ballesta 1970 y 1996: 153-163; Jiménez Millán 1980a: 226-229, 1999 y 2010: 231-237; Lechner 2004: 137-142), libro este último que ilustra esa contradicción entre la intimidad y la historia, el repliegue y la salida al exterior, y que obedece, a decir de Cano Ballesta, a una «metafísica del compromiso». El Altolaguirre del poema «Mi voz primera» (1937) expone con claridad la misma problemática del compromiso circunstancial (Jiménez Millán 2010: 238-239). Bajo la nostalgia de la poesía trascendental o esencial, esa voz está esperando a que se retiren los fantasmas, se ordenen los quebrados edificios y se cierren las trincheras: «Es la guerra; mi voz acostumbrada / a cantar el amor y el sentimiento / llora esta vez el odio y la locura». Lorca, en fin, declara en junio de 1936 que nadie cree ya en la «zarandaja del arte puro». En ese momento dramático del mundo, añade, hay que «dejar el ramo de azucenas» y «meterse en el fango hasta la cintura para ayudar a los que buscan las azucenas» (Fernández Montesinos 1987: 17; Jiménez Millán 2010: 226).

Clavel y espada, azucenas y fango. La «Autobiografía» que Arconada publica en *Nueva Cultura*, en marzo-abril de 1936, a un paso del estallido de la guerra, no es menos ilustrativa de la querella entre el canon poético, que la ideología dominante fundamenta en un lenguaje puro y esencial, trascendental y privado, y el compromiso. Arconada alude al momento en que en España, con el proceso revolucionario, se rompió el idilio de los poetas con las musarañas. No fue fácil, asegura, «descender del paraíso de la musarañas al campo vivo y real del proletariado» (en Aznar Soler 1978: 69 y 2010: 270). No fue fácil, en efecto, renunciar al canon poético puro y bajar a la calle, descender al campo de la Historia; un campo real que, por encima de cualquier gramática urgente o imperioso deber, siempre ha puesto en un compromiso al campo literario.

Bibliografía

Albert, Mechthild (2003). *Vanguardistas de camisa azul*, Madrid, Visor.
Alonso, Dámaso (1948). «Una generación poética (1920-1936)», en *Poetas españoles contemporáneos*, Madrid, Gredos, 1952, pp. 167-192.
Anderson, Andrew A. (2005). *El Veintisiete en tela de juicio*, Madrid, Gredos.
Aznar Soler, Manuel (1978). *Pensamiento literario y compromiso antifascista de la inteligencia española republicana*, Barcelona, Laia.
— (1984). «Juan Gil-Albert y su época: literatura y compromiso político 1927-1939», en *Literatura y compromiso en los años 30. Homenaje al poeta Juan Gil-Albert*, Valencia, Artes Gráficas Soler, pp. 28-46.
— (2009). «Vanguardia y República, revolución y guerra civil, insilio y exilio en la poesía de Pascual Pla y Beltrán», en Pascual Pla y Beltrán, *Poesía completa*, Valencia, Institució Alfons el Magnànim, pp. 11-116.
— (2010). *República literaria y revolución (1920-1939)*, I, Sevilla, Renacimiento.
Bassolas, Carmen (1975). *La ideología de los escritores. Literatura y política en La Gaceta Literaria (1927-1932)*, Barcelona, Fontamara.
Begines Hormigo, José Manuel (2007). «La generación del 27: de la poesía pura al compromiso social», en *Literatura y compromiso en la generación del 27*, ed. José Manuel Begines Hormigo, Sevilla, Universidad de Sevilla, pp. 9-31.

BLANCH, Antonio (1976). *La poesía pura española*, Madrid, Gredos.
BLANCO AGUINAGA, Carlos (2007). «Sobre la herencia cultural de los poetas del 27», en *De Restauración a Restauración (Ensayos sobre literatura, historia e ideología)*, Sevilla, Renacimiento, pp. 166-192.
BLOOM, Harold (1994). «Elegía al canon», en *El canon literario*, ed. Enric Sullà, Madrid, Arco/Libros, 1998, pp. 189-219.
BOETSCH, Laurent (1985). *José Díaz Fernández y la otra generación del 27*, Madrid, Pliegos, pp. 101-129.
— (1990). «De la vanguardia al compromiso: el caso de Arconada a través de su obra crítica», *Ojáncano*, 3, pp. 64-73.
BRIHUEGA, Jaime (1979). *Manifiestos, proclamas y textos doctrinales (Las vanguardias artísticas en España: 1910-1931)*, Madrid, Cátedra.
— (1982). *La vanguardia y la República*, Madrid, Cátedra.
BÜRGER, Peter (1987). *Teoría de la vanguardia*, Barcelona, Península.
CANO BALLESTA, Juan (1970). «Poesía y revolución: Emilio Prados (1930-1936)», en *Homenaje universitario a Dámaso Alonso*, Madrid, Gredos, pp. 231-248.
— (1996). *La poesía española entre pureza y revolución (1920-1936)*, Madrid, Siglo XXI.
CAUDET, Francisco (1993). *Las cenizas del Fénix. La cultura española en los años 30*, Madrid, Ediciones de la Torre.
— (2004). «La estética del compromiso», en *El color de la poesía (Rafael Alberti en su siglo)*, ed. Gonzalo Santonja, Madrid, Sociedad Estatal de Conmemoraciones Culturales, I, pp. 225-233.
COBB, Christopher H. (1981). *La cultura y el pueblo. España, 1930-1939*, Barcelona, Laia.
CULLER, Jonathan (1988). «El futuro de las Humanidades», en *El canon literario*, ed. Enric Sullà, Madrid, Arco/Libros, 1998, pp. 139-160.
DÍAZ FERNÁNDEZ, José (2006). *Prosas*, ed. Nigel Dennis, Madrid, Fundación Santander Central Hispano.
EAGLETON, Terry (2006). *La estética como ideología*, Madrid, Trotta.
FERNÁNDEZ MONTESINOS, Manuel (1987). «La preocupación social de García Lorca», en *Lorca, 1986*, ed. Piero Menarini, Bologna, Atesa Editrice, pp. 15-33.
FUENTES, Víctor (1969). «De la literatura de vanguardia a la de avanzada: en torno a José Díaz Fernández», *Papeles de Son Armadans*, 162, pp. 243-260.

— (1976). «*Post-Guerra* (1927-1928): una revista de vanguardia política y literaria», *Ínsula*, 360, p. 4.
— (1980). *La marcha al pueblo en las letras españolas 1917-1936*, Madrid, Ediciones de la Torre (segunda edición revisada y ampliada en 2006).
GARCÍA, Miguel Ángel (2001). «Los signos del mapa (vanguardia/compromiso como polos opuestos)», en *El Veintisiete en vanguardia*, Valencia, Pre-Textos, pp. 29-42.
— (2006). «La pureza en crisis. O de cómo Alberti rasgó sus vestiduras poéticas (1928-1929)», *Revue Romane*, 41, 1, pp. 124-145.
— (2008). «Literatura, ideología e historia. Proposiciones para una sociología crítica del Veintisiete», en *Estudios literarios en homenaje al profesor Federico Bermúdez Cañete*, eds. Amelina Correa Ramón y otros, Granada, Universidad de Granada, pp. 159-182.
— (2010a). «Tres siglos después de Góngora. Hacia la pura existencia estética», en *Rumor renacentista. El Veintisiete*, eds. Antonio Jiménez Millán y Andrés Soria Olmedo, Málaga, Centro Cultural Generación del 27, pp. 131-202.
— (2010b). «La generación de los intelectuales frente al Noventayocho: el largo porvenir de España», en *Un aire oneroso. Ideologías literarias de la modernidad en España*, Madrid, Biblioteca Nueva, pp. 131-158.
— (2011a). «¿Hacia una reconfiguración radical del canon? El Veintisiete y la dialéctica de la vanguardia en España», *Anales de la Literatura Española Contemporánea*, 36, 1, pp. 55-80.
— (2011b). «Compromiso, guerra civil y revolución en Miguel Hernández», en *Literatura y compromiso: Federico García Lorca y Miguel Hernández*, eds. Remedios Sánchez García y Ramón Martínez López, Madrid, Visor, pp. 339-357.
GARCÍA DE LA CONCHA, Víctor (1979). «Anotaciones propedéuticas sobre la vanguardia literaria hispánica», en *Homenaje a Samuel Gili Gaya*, Barcelona, Bibliograf, pp. 99-111.
GEIST, Anthony Leo (1980). *La poética de la generación del 27 y las revistas literarias: de la vanguardia al compromiso (1918-1936)*, Barcelona, Labor.
— (1993). «El 27 y la vanguardia: una aproximación ideológica», *Cuadernos Hispanoamericanos*, 514-515, pp. 53-64.
GIMÉNEZ CABALLERO, Ernesto (1995). *Visitas literarias de España (1925-1928)*, ed. Nigel Dennis, Valencia, Pre-Textos.

Guillén, Claudio (1997). «Usos y abusos del 27. (Recuerdos de aquella generación)», *Revista de Occidente*, 191, pp. 126-151.

Harris, Wendell V. (1991). «La canonicidad», en *El canon literario*, ed. Enric Sullà, Madrid, Arco/Libros, 1998, pp. 37-60.

Iglesias Santos, Montserrat (1997). *La lógica del campo literario y el problema del canon*, Valencia, Episteme.

Jiménez Millán, Antonio (1980a). «Pureza y compromiso en la generación del 27», en *Lecturas del 27*, Granada, Universidad de Granada, pp. 201-246.

— (1980b). «La literatura «de avanzada» a través de las revistas *Postguerra* y *Nueva España* (1927-1931)», *Analecta Malacitana*, 3, pp. 37-60.

— (1980c). «Sobre una poesía «sin pureza». Notas acerca de *Caballo verde para la poesía*», *Analecta Malacitana*, 3, pp. 243-260.

— (1984). *La poesía de Rafael Alberti (1930-1939)*, Cádiz, Diputación de Cádiz.

— (1988). «De la vanguardia al nuevo romanticismo: la crisis de una ideología literaria», en *Promesa y desolación. El compromiso en los escritores de la generación del 27*, Granada, Universidad de Granada, 2001, pp. 9-40.

— (1990). «El compromiso en la poesía de Rafael Alberti (1930-1939)», en *Promesa y desolación. El compromiso en los escritores de la generación del 27*, Granada, Universidad de Granada, 2001, pp. 103-130.

— (1999). «El compromiso político en la poesía de Emilio Prados (1930-1939)», en *Promesa y desolación. El compromiso en los escritores de la generación del 27*, Granada, Universidad de Granada, 2001, pp. 65-84.

— (2003). «Un poeta en la calle: Rafael Alberti (1931-1939)», en *Entre el clavel y la espada. Rafael Alberti en su siglo*, Madrid, Sociedad Estatal de Conmemoraciones Culturales, pp. 283-309.

— (2010). «Los años treinta. La II República y la Guerra Civil», en *Rumor renacentista. El Veintisiete*, eds. Antonio Jiménez Millán y Andrés Soria Olmedo, Málaga, Centro Cultural Generación del 27, pp. 215-254.

Juliá, Santos (2004). «Rafael Alberti: un intelectual en política», en *El color de la poesía (Rafael Alberti en su siglo)*, ed. Gonzalo Santonja, Madrid, Sociedad Estatal de Conmemoraciones Culturales, I, pp. 203-223.

Kermode, Frank (1979). «El control institucional de la interpretación», en *El canon literario*, ed. Enric Sullà, Madrid, Arco/Libros, 1998, pp. 91-112.
Le Bigot, Claude (1997). *L'encre et la poudre. Pour une sémantique de l'engagement dans la poésie espagnole sous la II République (1931-1939)*, Toulouse, Presses Universitaires du Mirail.
Lechner, Johannes (2004). *El compromiso en la poesía española del siglo xx*, Alicante, Universidad de Alicante.
López de Abiada, José Manuel (1982a). «Poesía y compromiso político: acercamiento a la obra de José Antonio Balbontín», *Ínsula*, 432, pp. 13-14.
— (1982b). «José Díaz Fernández: la superación del vanguardismo», *Los Cuadernos del Norte*, 11, pp. 56-65.
— (1983). «Acercamiento al grupo editorial de *Post-Guerra* (1927-28)», *Iberoromania*, 17, pp. 42-65.
— (1986). «Notas sobre *Caballo verde para la poesía*», *Cuadernos Hispanoamericanos*, 430, pp. 141-163.
— (1990). «De la literatura de vanguardia a la de avanzada. Los escritores del 27 entre la deshumanización y el compromiso», *Journal of Interdisciplinary Literary Studies*, 1, 1, pp. 19-62.
López García, José Ramón (2008). *Vanguardia, revolución y exilio: la poesía de Arturo Serrano Plaja*, Valencia, Pre-Textos.
Lloréns, Vicente (1974). «Rafael Alberti, poeta social: historia y mito», en *Aspectos sociales de la literatura española*, Madrid, Castalia, pp. 199-214.
Madrigal Pascual, Arturo Ángel (2002). *Arte y compromiso: España 1917-1936*, Madrid, Fundación de Estudios Libertarios Anselmo Lorenzo.
Mainer, José-Carlos (1989). «La corona hecha trizas. (La vida literaria en 1934-1936)», en *La corona hecha trizas (1930-1960)*, Barcelona, PPU, pp. 27-66.
— (1997). «Alrededor de 1927: historia y cultura en torno a un canon», en *Historia, literatura, sociedad (y una coda española)*, Madrid, Biblioteca Nueva, 2000, pp. 333-353.
— (1998). «Sobre el canon de la literatura española del siglo xx», en *Historia, literatura, sociedad (y una coda española)*, Madrid, Biblioteca Nueva, 2000, pp. 231-263.

— (2005). «Otra vez en los años treinta: literatura y compromiso político», *Anales de la Literatura Española Contemporánea*, 30, 1-2, pp. 273-299.
— (2006). *Años de vísperas. La vida de la cultura en España (1931-1939)*, Madrid, Espasa Calpe.
MARICHAL, Juan (1990). *El intelectual y la política (1898-1936)*, Madrid, Residencia de Estudiantes/CSIC.
— (1995). «La generación de los intelectuales y la política», en *El secreto de España. Ensayos de historia intelectual y política*, Madrid, Taurus, pp. 175-190.
MARICHALAR, Antonio (2002). *Ensayos literarios*, ed. Domingo Ródenas de Moya, Madrid, Fundación Santander Central Hispano.
MATEO GAMBARTE, Eduardo (1996). «¿La ficción del 27 o generación del 27 S. A.?», en *El concepto de generación literaria*, Madrid, Síntesis, pp. 165-178.
NAVAJAS, Gonzalo (2006). «El canon y los nuevos paradigmas culturales», *Iberoromania*, VI, 22, pp. 87-97.
POZUELO YVANCOS, José María (1995). *El canon en la teoría literaria contemporánea*, Valencia, Episteme.
— (1996). «Canon: ¿estética o pedagogía?», *Ínsula*, 600, pp. 3-4.
— (2006). «Canon e historiografía literaria», *Iberoromania*, VI, 22, pp. 99-108.
POZUELO YVANCOS, José María/ARADRA SÁNCHEZ, Rosa María (2000). *Teoría del canon y literatura española*, Madrid, Cátedra.
RODRÍGUEZ, Juan Carlos (1990). *Teoría e historia de la producción ideológica*, Madrid, Akal.
— (2001). «El mito de la poesía comprometida: Rafael Alberti», en *La norma literaria*, Madrid, Debate, pp. 281-316.
— (2002). «Dos reflexiones sobre el 27 y la construcción de una cultura nacional», en *De qué hablamos cuando hablamos de literatura*, Granada, Comares, pp. 531-567.
— (2003). «La poesía política de Alberti», en *Hace falta estar ciego. Poéticas del compromiso para el siglo XXI*, eds. José María Mariscal y Carlos Pardo, Madrid, Visor, pp. 101-127.
— (2004). «Caos, muerte e historia en Alberti: 1930-1938», en *El color de la poesía (Rafael Alberti en su siglo)*, ed. Gonzalo Santonja, Madrid, Sociedad Estatal de Conmemoraciones Culturales, I, pp. 333-350.

Salaün, Serge (1992). «La «génération de 1927»: une appellation mal controlée», en *Histoire de la littérature espagnole contemporaine, XIX-XX siècles. Questions de méthode*, eds. Serge Salaün y Carlos Serrano, Tours, Presses de la Sorbonne Nouvelle, pp. 107-117.
— (1998). «Las vanguardias políticas: la cuestión teórica», en *La vanguardia en España. Arte y literatura*, ed. Javier Pérez Bazo, Paris, CRIC & OPHRYS, pp. 209-225.
Sánchez Vázquez, Adolfo (2000). «Los del 98 y la política», en *Incursiones literarias*, ed. Manuel Aznar Soler, Sevilla, Centro de Estudios Andaluces/Renacimiento, 2008, pp. 193-207.
Selva, Enrique (2000). *Ernesto Giménez Caballero. Entre la vanguardia y el fascismo*, Valencia, Pre-Textos.
Sicot, Bernard (2002). «El compromiso político de Luis Cernuda: algunas puntualizaciones y un texto olvidado», *Ínsula*, 669, pp. 26-28.
Siebenmann, Gustav (1988). «El concepto «vanguardia» en las literaturas hispánicas», en *Ensayos de literatura hispanoamericana*, Madrid, Taurus, pp. 75-87.
Soria Olmedo, Andrés (1980). «¿Generación del 27? (Persecución de un tópico)», en *Lecturas del 27*, Granada, Universidad de Granada, pp. 83-97.
— (1981). «Poéticas de un periodo literario», *Cuadernos Hispanoamericanos*, 374, pp. 453-459.
— (1988). *Vanguardismo y crítica literaria en España*, Madrid, Istmo.
— (1999). «República y compromiso», en *Emilio Prados 1899-1962*, ed. Francisco Chica, Madrid, Residencia de Estudiantes, pp. 125-144.
— (2007). «Introducción», en *Las vanguardias y la generación del 27*, Madrid, Visor.
— (2010). «Generaciones y semblanzas», en *Rumor renacentista. El Veintisiete*, eds. Antonio Jiménez Millán y Andrés Soria Olmedo, Málaga, Centro Cultural Generación del 27, pp. 17-59.
Sullà, Enric (1998). «El debate sobre el canon literario», en *El canon literario*, ed. Enric Sullà, Madrid, Arco/Libros, pp. 11-34.
Tono Martínez, José (2005). «El compromiso o la búsqueda de la utopía: Jean-Paul Sartre y ¿Qué es la literatura?», *Revista de Occidente*, 294, pp. 21-34.
Tuñón de Lara, Manuel (1982). *Medio siglo de cultura española 1885-1936*, Barcelona, Bruguera.

URRUTIA, Jorge (2010). «En torno a José Díaz Fernández y *El nuevo romanticismo*», en *Pensamiento literario español del siglo XX, 4*, eds. Túa Blesa y otros, Zaragoza, Anexos de Tropelías, pp. 183-191.

YNDURÁIN, Domingo (2000). «La generación del 98», en *Del clasicismo al 98*, Madrid, Biblioteca Nueva, pp. 161-226.

«Las cosas como son»: escritura autobiográfica y compromiso histórico en Miguel Hernández, Max Aub y León Felipe

Luis Bagué Quílez
Crítico literario

0. Introducción

La configuración del *yo* social es una de las cuestiones más polémicas en el debate acerca del compromiso literario. La primera persona del singular diseña un espacio discursivo en el que convergen dos planteamientos opuestos y excluyentes sobre la función de la poesía. Por un lado, el *yo* como emanación del sujeto creador se erige en el modelo tradicional de la expresión lírica; desde esta perspectiva, la voz que enuncia el poema es la metonimia de una identidad de bulto redondo, latente tras la trinchera del egotismo. Por otro lado, la disolución del *yo* en la esfera pronominal del *nosotros*, así como su proyección apelativa hacia la segunda persona (*tú* o *vosotros*), se consideran los cauces habituales de una poesía coral, orientada a la justificación o impugnación de ciertos valores comunitarios (cf. Scarano/Romano/Ferrari 1994; Scarano 2001: 265-276). Esta lógica sustenta las principales dicotomías que han recorrido el siglo xx: pureza frente a revolución, escritura arraigada frente a escritura desarraigada, partidarios del conocimiento frente a valedores de la comunicación, o poesía metafísica frente a poesía de la experiencia. No obstante, la conflictiva adaptación del concepto del *compromiso* a estos esquemas preestablecidos demuestra que en ocasiones es conveniente sacar a la literatura de sus casillas.

La fractura causada por la Guerra Civil contribuyó a afianzar la imagen maniquea a la que me he referido, acaso como traslación simbólica de las dos Españas que habían helado el corazón de los poetas. Sin embargo, la contienda también provocó una germinación de la semilla social en territorios que antes le habían sido poco propicios. Una de esas conquistas tiene lugar en el entorno de las escrituras autobiográficas, en principio refractarias a la asimilación de un contenido doctrinal, o a la expansión hacia intereses colectivos. En este sentido, el género del diario poético permite tender un puente entre la intimidad y el testimonio, entre la fe de vida y la razón histórica. Lo privado ya no es un recinto impermeable a las filtraciones exteriores, sino un cruce de caminos en el que se puede rastrear la huella de lo público. En este trabajo estudiaré dos ejemplos de esa modalidad textual: un singular diario íntimo, volcado hacia la experiencia de un sujeto sufriente (*Cancionero y romancero de ausencias*, de Miguel Hernández), y un diario testimonial que refleja la peripecia de los españoles dispersos por los campos de concentración del ancho mundo (*Diario de Djelfa*, de Max Aub). Finalmente, la plantilla autobiográfica de *Ganarás la luz*, de León Felipe, me servirá para ilustrar la radical heterogeneidad del *yo* en la dialéctica del compromiso. Asimismo, todos estos ejemplos ponen de relieve la escisión falaz entre forma y fondo, tal como ha señalado Serge Salaün (1985: 373-374): «La forma es forma de la historia y forma de cómo se vive esta historia. De aquí que no hay obra, incluso la más intimista, que no esté traspasada de ideología».

1. Un diario íntimo: *Cancionero y romancero de ausencias*

1.1. Fuentes del *yo*

Cancionero y romancero de ausencias ocupa un lugar relevante en la trayectoria de Miguel Hernández, pues constituye a la vez la síntesis y el epílogo de sus logros mayores. Al margen de los problemas derivados de su accidentada vida editorial y de su marco de producción, nos hallamos ante un conjunto de textos que podemos situar en una precisa zona de fechas, entre el 19 de octubre de 1938 y el 17 de septiembre de 1939. A partir de esta premisa, el libro localiza al poeta en unas circunstancias concretas y señala el lugar del *yo* en un momento histórico determinado. Así, el *Cancionero…* se ha leído como un diario íntimo (Zardoya [1955] 2009: 131; Puccini 1987: 101-102; Díaz de Castro 2010: 155; Martín 2010: 626; Riva 2010: 102), o como una autobiografía fragmentaria (Bousoño 1992: 217; López-Casanova 1993: 68; Pérez Bazo 1993: 626) que recoge una etapa crucial en la evolución artística y existencial del autor. En esa interpretación influyen el tono de confidencia que predomina en los versos y las estructuras métricas elegidas, que esgrimen su doble condición de canción y romance –canto y cuento– como medios privilegiados de comunicación lírica. Tras la poesía de guerra, consagrada a reproducir la violencia del frente, la reprivatización de la escritura implica una inmediatez sostenida en el impulso confesional y en la transferencia emotiva. En el *Cancionero…*, la admonición épica se desmorona en la narratividad rota del romance, la fluencia versicular se comprime en las estrofas de arte menor, y el fragor de la contienda se sustituye por la versificación de lo cotidiano. En otras palabras, la llamada a la acción propia del himno bélico se transforma en la conciencia vigilante propia de la canción de centinela (Bagué Quílez 2010: 73).

Más allá de estos indicios, cabría plantearse en qué medida la obra hernandiana responde al registro de vida que se le exige al diario o al sesgo autorreferencial que preside toda figuración autobiográfica. Sin duda resulta sugerente analizar el *Cancionero…* en consonancia con la modalidad del diario íntimo, en cuyos rasgos parece reconocerse. Esta lectura estaría justificada por la sustancia biográfica que se adensa en sus páginas y por la citada apariencia de inmediatez, que nos insta a buscar paralelismos entre la tragedia del autor y la materia expuesta en las composiciones. A todo lo anterior ha de sumarse la falacia patética que invita a contemplar los principios estéticos del poeta Miguel Hernández desde el final de la vida del hombre Miguel Hernández, como si la sombra funeraria que sobrevuela sus versos arrojara una nueva y paradójica luz sobre ellos.

En todo caso, para asumir la identificación del *Cancionero…* con la estructura del diario faltarían dos requisitos: la datación de los textos y la secuencia evolutiva del sujeto, una suerte de continuidad discontinua que dejara constancia de la correlación entre el transcurso temporal y la maduración personal. Ya en su famoso estudio sobre el diario íntimo, Maurice Blanchot ([1959] 1992: 207) había afirmado que el carácter proteico del género estaba sometido a una cláusula temible: los imperativos del calendario. Sin embargo, el *Cancionero…* de Miguel Hernández no se atiene a ningún patrón cronológico, sino que obedece al metaforismo germinativo y a la conexión psíquica entre los motivos vertebrales del libro (la ausencia, el erotismo, el ciclo muerte/regeneración). En consecuencia, el orden biográfico se reemplaza por un orden poético, más libre e intuitivo. Incluso las exiguas referencias a la realidad externa –en poemas como «Guerra»– se encuentran más cerca de la lección ética que de la contingencia histórica.

Si cancelamos la hipótesis diarística, deberíamos preguntarnos hasta qué punto es legítimo considerar el *Cancionero…* como una especie de autobiografía poética. En sus aportaciones al respecto, Philippe Lejeune ([1975] 1994: 50) ha definido la autobiografía como el «relato retrospectivo en prosa que una persona real hace de su propia existencia, poniendo énfasis en su vida individual y, en particular, en la historia de su personalidad». Dejando aparte el hecho de que esta definición apunta a una variedad exclusiva de la prosa –lo que no comparten todos los estudiosos de este tipo de discurso–, para Lejeune hay una razón que sostiene los cimientos del género: un pacto de lectura que guía la comprensión de las obras. La veracidad a la que se compromete la autobiografía está gestionada por el nombre propio, término mediador entre la ilusión referencial y el universo exterior. No obstante, Miguel Hernández no activa un pacto semejante. Y, aunque recurre a la autonominación en «Después del amor» –«Miguel: me acuerdo de ti / después del sol y del polvo, / antes de la misma luna, / tumba de un sueño amoroso» (Hernández 1992: 725)–, el entrecomillado de la cláusula nos da a entender que el escritor está transcribiendo un mensaje en estilo directo: «Miguel» es aquí un vocativo al que se dirige la misteriosa y arrebatada voz que se escucha en el poema, tal vez la fraternidad humana, el hijo muerto o un halo de trascendencia. A esta mención se podría añadir la que aparece en el verso «Me llamo barro aunque Miguel me llame», de *El rayo que no cesa*. Con todo, estas alusiones no son suficientes para certificar una garantía de por vida, inspirada en la verificable homonimia entre autor, narrador y personaje. Más bien se diría que, al convertir su anclaje onomástico en un recurso de estilo, Miguel Hernández anticipa una estrategia elocutiva frecuente en la poesía del realismo social: la interpelación al lector mediante un efecto retórico –y potencialmente irónico– de reconocimiento (Salaün 1996: 254).

¿Cabría desmentir, entonces, la conjetura diarística y el contorno autobiográfico? ¿Y si solo se tratara de la huella de una identidad descosida o deshecha, según postula el argumento deconstructivo de Paul de Man? Quizá el espacio más productivo para acercarse al *Cancionero...* sea el de la autoficción, ese territorio híbrido sobre el que se alzan muchas novelas contemporáneas, pero que apenas suele aplicarse a la poesía. El pacto ambiguo propugnado por Alberca (2007) y el pacto fantasmático auspiciado por Lejeune ([1975] 1994) acotan el perímetro de aquellos textos que no solamente funcionan «como *ficciones* que remiten a una verdad sobre la «naturaleza humana» sino también como *fantasmas* reveladores de un individuo» (Lejeune [1975] 1994: 83). A mi entender, el Miguel Hernández de *Cancionero y romancero de ausencias* ilustra esa deixis en fantasma. En su último respiro no asistimos a la reencarnación ocasional de antiguas identidades, ya sean el poeta puro de *Perito en lunas*, el poeta amante de *El rayo que no cesa* o el poeta soldado de *Viento del pueblo* y *El hombre acecha*. Por el contrario, se levanta acta del nacimiento de un *sujeto-ahí*, reducido a su mínima expresión: la voz y la letra, sinécdoques de un ser lírico que camina hacia la muerte. Si la voz se condensa en el lamento de cautivo y en el romance de prisionero, la letra se manifiesta en la caligrafía de la ausencia. La particularidad del *Cancionero...* reside en que el sujeto poético no se contempla como una entidad preexistente al discurso. Según ha destacado Claude Le Bigot (2010: 238), dicho sujeto comparece como un *work in progress* que se impone tras el fracaso de la causa colectiva a la que Miguel Hernández había consagrado todas sus energías. Pese a su supuesta inmediatez, el *yo* se presenta como una instancia literariamente elaborada. Este planteamiento exige la participación de un lector activo, capaz de completar las zonas de indeterminación que generan los textos. Sin descender a la confesión autobiográfica, la modulación escogida por Miguel Hernández entronca con la figura enunciativa de un correlato autorial. Si bien la afinidad entre el poeta y el hablante no pretende convencernos de una equivalencia absoluta entre ambos personajes, sí aspira a dar testimonio de su proximidad (cf. Scarano 2007: 93)[1]. Aunque el

---

1. Díaz de Castro (2010: 155) también ha señalado la posibilidad de leer el *Cancionero* «como si fuera» un diario: «Este conjunto, aunque no se inserta claramente en el

Cancionero… no es ni una autobiografía ni un diario en sentido estricto, los poemas desarrollan una sucesión de «momentos autobiográficos» o de «instantáneas de un diario» (Riva 2010: 103) que favorecen la asimilación de temas heterogéneos y la resemantización de valores simbólicos.

En definitiva, el *Cancionero*… ofrece el registro verbal de una experiencia que va construyéndose a sí misma (Prieto de Paula 2009-2010: 17). Basado en hechos reales, el poemario de Miguel Hernández transita entre la trama autobiográfica y la invención literaria. La pugna entre la verdad y la verosimilitud se despliega a lo largo de los cuatro ejes principales del libro: la elegía por la muerte del primer hijo, el ciclo amoroso, el examen de conciencia y la esperanza en el futuro, gracias al nacimiento del nuevo hijo. Los dos momentos iniciales se caracterizan por la transfusión cordial y el desbordamiento afectivo. Los dos últimos, por el cuestionamiento de las propias convicciones y la interpretación trágica del mundo.

1.2. Crónica de una ausencia

La ausencia ejemplifica el vacío del sujeto en dos planos complementarios: el hueco de la casa y la sombra del primer hijo. Mientras que la casa representa el emblema del refugio, la muerte del hijo convoca los distintos matices de la alteridad.

El *Cancionero*… abunda en constelaciones tropológicas centradas en la casa, a un tiempo prisión y laberinto. No en vano, los objetos que han perdido su sentido con la ausencia del hijo convierten el ámbito doméstico en una galería de recuerdos. La puerta de la calle actúa como el gozne entre dos realidades antagónicas. Por un lado, la puerta social separa la dimensión pública de la privada, frente a la concomitancia que se apreciaba en las entregas anteriores del escritor o en títulos como *El poeta en la calle*, de Rafael Alberti. Por otro lado, la puerta sentimental deja entreabierta la bisagra de la intimidad hacia un entorno emotivo al que el autor nos había impedido acceder hasta la fecha: «El corazón es puerta / que se abre y se cierra» (Hernández 1992: 692).

Miguel Hernández levanta una casa tomada por las sombras, decorado de un relato de fantasmas. El domicilio se compara con un organismo

---

género poético del diario, nos sirve como si del diario de los momentos más angustiosos, y más altos a la vez, de la vida y la obra del poeta se tratara».

vivo y acechante, síntesis de las pasiones contrarias que anidan en el alma humana. El desarraigo y la distancia se plasman en «Por eso las estaciones», donde la ceniza enamorada ha cedido a la inercia de la costumbre («Cadáveres vivos somos / en el horizonte, lejos», 1992: 693), y en «El amor ascendía entre nosotros», donde la carne palpitante se evapora en la intangibilidad: «Y somos dos fantasmas que se buscan / y se encuentran lejanos» (1992: 700). Esa (in)consistencia invade «Cuando paso por tu puerta», en el que una fachada hueca dispersa las miradas de quienes se atreven a contemplarla: «Tu puerta no tiene casa / ni calle: tiene un camino / por donde la tarde pasa / como un agua sin destino» (1992: 700).

Otras veces, la casa es un cementerio, un hoyo o un ataúd que entierra a sus moradores en la fosa común de la memoria. Después de la muerte del hijo, el hogar se transforma en una *casa de los espíritus* que solo adquiere la categoría de un enclave mental en la arquitectura efímera del recuerdo. El paisaje doméstico funciona entonces como «una ciudad / con una puerta a la aurora». Se trata de una interiorización de la megalópolis o de la ciudad-sumidero de las vanguardias, un torbellino que arrastra a sus habitantes hacia una desolación de tintes cosmogónicos: «pasaste por la casa / igual, igual, igual / que un meteoro herido» (Hernández 1992: 693).

Las adherencias metafóricas de la casa se concentran en la habitación, en la que tienen lugar los misterios fundacionales de la existencia: «la vida retozante del niño o la unión fecundante de los esposos» (Cano Ballesta 1971: 84). Cuando el niño muere y el escritor es encarcelado, la habitación conserva las ausencias cristalizadas en los objetos que sobreviven a la pérdida. Así se observa en «Palomar del arrullo», en el que el microcosmos del amor ha adoptado la magnitud de una inmensidad yerma. La asociación entre la habitación y un palomar reaparece, con connotaciones muy distintas, en «Cantar», del ciclo del *Cancionero*. En este texto, el nacimiento del segundo hijo permite soñar con una «casa encendida» que preludia a la de Luis Rosales:

> Es la casa un palomar
> y la cama un jazminero.
> [...]
>
> Arde la casa encendida
> de besos y sombra amante.

No puede pasar la vida
más honda ni emocionante
(Hernández 1992: 745-746).

Como ya se ha indicado, la presencia/ausencia del hijo muerto planea sobre las páginas del *Cancionero*... como una evocación desrealizada. El autor contrapone la inmaterialidad del niño y la materialidad de las pertenencias que certifican su paso por la tierra: las «ropas con su olor», tan diferentes de la camisa tendida de la etapa de *Perito en lunas*, o el «cartón expresivo» de una fotografía, que congela el simulacro de la silueta anhelada. Conforme los objetos se animan, la figura del niño se vuelve cada vez más borrosa: «tu cuerpo se despuebla» (Hernández 1992: 696). En esos poemas, Miguel Hernández se rebela contra el olvido a través de una descripción parcial que intenta atrapar una impresión de totalidad, como en un cuadro cubista: los «negros ojos negros» y la «dorada mirada» (685), el «amoroso vello» (686), la «sangre remota» (697), el «cuerpo del amanecer» (691) o el «cuerpo de claridad que nada empaña» (702). Estos fragmentos dotan de corporeidad al «muerto mío» con el que el poeta aspira a fundirse, como antes lo había hecho con la entraña telúrica del pueblo. Las tensiones contradictorias (objetos y cuerpo, carne y tierra) se resuelven en «Hijo de la luz y de la sombra», en el que la fraternidad ancestral se objetiva en la idea de la muerte: «Besándose tú y yo se besan nuestros muertos, / se besan los primeros pobladores del mundo» (1992: 716). Si la casa era un cuerpo con órganos y extremidades, el cuerpo también se concibe como una casa con habitaciones y cuartos secretos. Ejemplo de ello es una de las piezas del ciclo del *Cancionero*, en la que se establece la analogía entre la anatomía de las ruinas y la descomposición de la materia: «No te asomes / a la ventana, / que no hay nada en esta casa» y «No te asomes / al cementerio, / que no hay nada entre estos huesos» (1992: 737).

La ausencia del hijo revierte en la imagen de un *yo* que troquela su itinerario vital sobre el trasfondo de la guerra, primero, y de la represión, después. Varios textos exhiben la radiografía de un sujeto escindido que se apropia del lema rimbaudiano *je est un autre*: «Mañana no seré yo: / otro será el verdadero» (Hernández 1992: 690), o «Dicen que parezco otro. / Pero sigo siendo el mismo / desde tu vientre remoto» (1992: 736). Se diría que el escritor ha abandonado las certezas del egotismo para abismarse en el dudoso reflejo de la alteridad. Asistimos aquí a una reformulación del contraste barroco entre apariencia y realidad, mediante un enfoque relativo que conecta con los proverbios machadianos: «Nadie me verá del todo / ni es nadie como lo miro» (1992: 729). Sin embargo, después de su travesía por los espejos, el autor resurge como un sujeto cualquiera, «el hombre aquel» que cantó al mal de ausencias con una sobrecogedora letanía:

> Ausencia en todo siento:
> ausencia, ausencia, ausencia
> (Hernández, 1992: 696).

1.3. Paseo por el amor y la muerte

El amor suscita un doble ritmo en la última poesía de Miguel Hernández, pues protagoniza dos isotopías de polaridades opuestas. El ciclo funerario, que sume a los amantes en una noche perpetua, alterna con un ciclo regenerativo que remite a una naturaleza germinal, según el autor había ensayado en *Perito en lunas*.

El ciclo funerario se condensa en el símbolo de un viento airado, antagonista del soplo cordial que guiaba la epopeya comunitaria de *Viento del pueblo*. En aquel libro el viento aparecía como emisario del mensaje, heraldo del destino o herramienta depositada en manos del pueblo. En cambio, ahora se escucha el silbido de un «viento de encono» dispuesto a distanciar a los amantes. Así se evidencia en «Vals de los enamorados y unidos para siempre», cuyos movimientos de ida y vuelta reproducen los pasos del baile mediante un ritmo que dialoga con el «Pequeño vals vienés» o con el «Vals en las ramas» de *Poeta en Nueva York*: «Huracanes quisieron / con rencor separarlos»; «precipicios midieron, / por el viento impulsados»; «aventados se vieron, / pero siempre abrazados» (Hernández 1992: 688). La fuerza elemental del viento, coro de la tragedia española, le otorga los matices de un áspero emblema funerario[2]. Ese arrastre elegiaco consuma el proceso

---

2. En «Vals en las ramas», García Lorca captura el ballet del viento a través de una secuencia cuya plasticidad parece requerir el rectángulo elocuente del *cinemascope*: «Será el cielo para el viento / duro como una pared / y las ramas desgajadas / se irán bailando con él» (García Lorca [1940] 2008: 231). No obstante, ese viento está desprovisto de las connotaciones funerarias que adopta en Miguel Hernández, para quien dicho símbolo protagoniza una peculiar danza de la muerte.

que Chevallier ([1974] 1978: 161) ha denominado «agricultura de la muerte», fruto de un panteísmo que se abre paso entre los restos de la devastación.

Por otra parte, el ciclo germinativo cobra relieve gracias a la transustanciación del cuerpo femenino en el paisaje. La antigua identificación entre mujer y naturaleza se explicita en «Como la higuera joven», «La luciérnaga en celo», «Las gramas, las ortigas», o «El azahar de Murcia». En una dirección semejante cabe mencionar «Uvas, granadas, dátiles», un bodegón humano que recuerda a los lienzos de Arcimboldo, pero cuyo destinatario es el hijo ausente. De hecho, la tierra es la metáfora de la fertilidad y del anclaje existencial del sujeto, tanto por lo que se refiere a su esencia fecundante (el viejo tópico de la madre tierra) como por lo que atañe a su demarcación geográfica (el tópico moderno de la «madrastra patria») (cf. Lechner [1968 y 1975] 2004: 225; Cano [1964] 1979: 23-25)[3]. En su proyección erótica, la matriz telúrica se ubica en el vientre, según suscriben «Orillas de tu vientre», «Menos tu vientre» o «Alborada de tu vientre». Igualmente, el enclave amoroso se localiza en los labios eléctricos de «Llegó tan hondo el beso» o «La boca», compendio unitivo de la luz y de la sombra.

El viento, la tierra y el vientre sellan la alianza entre la muerte, el amor y la vida: las «tres heridas» (Hernández 1992: 694), los «tres nombres» (694) o los «tres fuegos» (722) que conviven en el corazón del poeta, y que invierten su jerarquía en función de los intervalos pulsionales que orientan su voz.

1.4. Examen de conciencia

Cancionero y romancero de ausencias concluye el itinerario de la poética hernandiana sin abdicar de su peculiar cosmovisión. Aunque la ferocidad del combate se sustituye por la intensidad del sentimiento, el autor mantiene la energía imaginística de sus obras anteriores (cf. García 2012: 275-281). Además, si no el sonido atronador de la guerra, sí llegan al *Cancionero...* los ecos de una derrota que el escritor sufre como un desgarro en su identidad. La polisemia del odio y la expe-

---

3. Natalia Calamai (1979: 142) ha subrayado la difícil reintegración del autor en esa tierra azotada por el vendaval de la guerra: «Para Miguel Hernández, la patria es la madre, es la tierra de la que el hombre nace y por la que muere».

riencia de la cárcel sirven de soporte para el examen de conciencia en el que se fundamenta un compromiso donde el «tigre admitido» y el animal de fondo se reconocen en la «memoria de la fiera».

La versificación del odio motiva la reaparición de algunas connotaciones relativas a la animalización del hombre. Ya en «Cogedme, cogedme» se enumeran «fieras, hombres, sombras» como una tríada conceptual contraria a la que entrañan «soles, flores, mares» (Hernández 1992: 695). También en los poemas de corte intimista se advierte esta simbología, vinculada a la turbiedad de las pasiones. Las imágenes bélicas, que se aplican a las batallas de amor del *Cancionero...*, adquieren mayor virulencia en «Vino. Dejó las armas», que relata la historia de la humanidad como una lucha sostenida desde el origen de los tiempos:

> Pero al venir el alba
> se abalanzó sobre ella
> y recobró las armas,
> las garras, la maleza.
> [...]
>
> Se reanimó la fiera.
> Y espera desde entonces
> hasta que el hombre vuelva
> (Hernández 1992: 728).

Las dualidades «armas/garras» y «hombres/fieras» se desarrollan en «Guerra», el texto que conversa más nítidamente con el fuego organizado de *Viento del pueblo* y con la oscura premonición de *El hombre acecha*. Sin embargo, la apoteosis de la sangre y del ruido no remite a un episodio concreto, sino al choque atemporal entre dos contingentes militares, como si se tratara de una écfrasis de las *Batallas de Uccello*. Las «voces como bayonetas», las «músicas exasperadas», las «pasiones como clarines», o los «relinchos», «retumbos» y «truenos» contribuyen a la sinfonía del horror y al retablo del espanto. Tras el estruendo del combate queda un silencio espeso, desafiado tan solo por el «tambor enamorado» que se aleja del lector en un evocador *travelling*. El pecado capital de la ira es el detonante de una fantasmagoría patriótica, descrita con un léxico semejante al empleado para aludir al hijo muerto o al vacío doméstico:

> Un fantasma de estandartes,
> una bandera quimérica,
> un mito de patrias: una
> grave ficción de fronteras
> (Hernández 1992: 730).

En el desenlace, la sintaxis del odio reemplaza a la gramática de urgencia, ya que la transcripción entusiasta ha perdido vigencia en medio de la derrota.

Por lo que respecta a la experiencia carcelaria, cabe resaltar la conformación biográfico-mítica de un *yo* prometeico, encerrado tras los barrotes de una prisión literal y literaria: «Mírame aquí encadenado» (Hernández 1992: 719). La prisión proporciona un estado anímico en el que alternan la esperanza y el desconsuelo, o la esperanza *en* el desconsuelo: «No, no hay cárcel para el hombre. / No podrán atarme, no. / Este mundo de cadenas / me es pequeño y exterior» (1992: 720). Esta angustia se transmite en numerosos fragmentos del ciclo del *Cancionero*: «¿Qué hice para que pusieran / a mi vida tanta cárcel?» (744), o «Soy una cárcel con una ventana / ante una gran soledad de rugidos» (759). En contraste, el confinamiento también está ligado a la coreografía aérea y al vuelo de las aves, imagen de una libertad intransitiva («Vuelo») o de un auténtico afán regeneracionista («Ascensión de la escoba»).

1.5. Visión de futuro

La gradación ascensional (Zardoya 1992: 19-20) alcanza su cumbre en las «Nanas de la cebolla». En esta famosa composición, Miguel Hernández compendia el proyecto del *Cancionero...*: la evolución desde la épica combativa hasta la canción lírica. No obstante, esta seguidilla se aleja tanto de la efusión sentimental como de la afectación preciosista (cf. Vivanco 1978: 136-141). Las paradojas que sostienen el texto –levantar una estructura trágica sobre una forma estrófica menor, y pronunciar un himno voluntarista a pesar del dolor– se resuelven mediante la supresión de las circunstancias externas que lo rodean, aunque sean bien conocidas[4]. Además de la atenuación expresiva, hay en las «Nanas de la

---

4. La anécdota del poema se explica en la carta que acompañaba al texto original, y que Miguel Hernández envió a Josefina Manresa el 12 de septiembre de 1939, en res-

cebolla» un tamizado conceptismo que no solo afirma la validez estética del mundo representado, sino que lanza una mirada de soslayo hacia la identidad del sujeto. Al igual que sucedía en «Ascensión de la escoba», un elemento de origen antipoético se tiñe de lirismo gracias a la multiplicidad asociativa. La vinculación entre la cebolla y la escarcha, establecida desde el primer verso, genera dos marcos semánticos paralelos: un plano descendente, relacionado con la cebolla, el hambre y lo corpóreo («sangre», «cárcel», «dientes», «armas»), y un plano ascensional, relacionado con la escarcha, el cielo y lo etéreo («luna», «hielo», «jilguero», «pluma»). La rotundidad material de la cebolla se combina con otra imagen que enriquece la dimensión alegórica del discurso: la figuración del hijo recién nacido como «carne aleteante» que se eleva sobre las cortapisas de la realidad. El verso «alondra de mi casa» reintroduce el canto en las cuatro paredes del domicilio privado y abre la puerta del corazón hacia el impulso imaginativo. La aliteración *ala/alondra* supone el atisbo de una libertad que el poeta solo consigue vislumbrar a través de la transferencia sentimental:

> Tu risa me hace libre,
> me pone alas.
> Soledades me quita,
> cárcel me arranca
> (Hernández 1992: 732)[5].

En fin, el diario poético de Miguel Hernández es el dechado de una escritura que combina el compromiso artístico con el compromiso ideológico. La última entrega del autor recoge el tránsito desde la epopeya total, en la que se asume que el destino humano está en juego, hasta una épica subjetiva en la que la propia vida se construye como un

---

puesta a otra carta de su mujer donde ella le decía que solo comía pan y cebolla: «Estos días me los he pasado cavilando sobre tu situación, cada día más difícil. El olor de la cebolla que comes me llega hasta aquí y mi niño se sentirá indignado de mamar y sacar zumo de cebolla en vez de leche. Para que te consueles, te mando estas coplillas que le he hecho...» (Hernández 1992: 1133).

5. La hipóstasis del hijo como «porvenir de mis huesos» se prolonga en el texto del ciclo del *Cancionero* que comienza «Con dos años, dos flores». Este poema sitúa la constelación metafórica de las «Nanas» dentro de una perspectiva más utilitaria que revolucionaria («Herramienta es tu risa»), y más existencial que emotiva («Ríe. Contigo / venceré siempre al tiempo / que es mi enemigo») (Hernández 1992: 748).

espacio de confluencia social (Iravedra 2009-2010: 129). En muy pocos años, Miguel Hernández recorre el camino de la exaltación al desaliento, y de la desesperación a la desesperanza. Esa desesperanza, en la que en ocasiones se instala el *Cancionero...*, se desenvuelve en el territorio común –en su doble acepción de *colectivo* y *corriente*– de los afectos. El poeta-poeta, el poeta amante y el poeta soldado de su producción anterior coinciden ahora en la silueta de un poeta hombre, un personaje que relata su historia particular sobre el trasfondo de una derrota compartida. Ese sujeto logra una difícil armonía entre el carácter intransferible de su personalidad y la vocación transferible de su experiencia, entre los requisitos de la dicción poética y las exigencias de la confesión autobiográfica. La síntesis del *Cancionero...* está basada en la definitiva superación de dualidades que han dejado de ser operativas: el futuro individual y el *fatum* colectivo, la voz doméstica y las voces del pueblo, la poesía culta y la poesía popular, o la ruptura formal y la tradición retórica. El formato autoficcional de *Cancionero y romancero de ausencias* profundiza en un compromiso centrípeto, que interioriza los conflictos exteriores y sutura las heridas históricas en la cicatriz de la intimidad.

2. UN DIARIO TESTIMONIAL: *DIARIO DE DJELFA*

2.1. Del *yo* al *nosotros*

Publicado en el *annus mirabilis* de 1944, *Diario de Djelfa* ha carecido de la influencia de otros títulos señeros publicados en la misma fecha, como *Hijos de la ira*, de Dámaso Alonso, y *Sombra del paraíso*, de Vicente Aleixandre. Las circunstancias de producción del libro, así como su lugar en la galaxia estética de Max Aub, han determinado que la fortuna de esta propuesta se haya visto reducida a la de una nota al pie en la historia de la inmediata posguerra. Sin embargo, aunque solo fuera por el hecho de tratarse de la primera obra en la poesía española que aborda de manera directa el tema de los campos de concentración, merecería una resonancia mayor de la que ha recibido. No es de extrañar que Max Aub se pasee por los manuales literarios como narrador omnímodo, dramaturgo de fuste y novelista egregio, pero no se haga acreedor ni siquiera de una mención de honor en el Parnaso. A esa desatención ha contribuido el juicio del autor sobre su poesía, a la que suele calificar –entre bromas y veras– de «dura de oído». En sus declaraciones acerca del *Diario...*, Aub insiste en su condición de poeta ocasional, impelido por una necesidad que intenta convertir en virtud: «Eran unos apuntes que yo tomaba en «Djelfa» y lo hacía en verso porque el verso despierta, a lo sumo, una mirada de indulgencia en los guardianes. Las notas en prosa son más sospechosas» (cf. Núñez 1969: 19).

En el «Prólogo», Max Aub especifica que esas páginas son «memorias o diario» que surgen «de la intranquilidad, del frío, del hambre y de la esperanza –o de la desesperación» (Aub 2001: 93). Se introduce así una doble faceta testimonial: por una parte, el testimonio personal de lo vivido en el campo de concentración de Djelfa, en las altiplanicies del Atlas sahariano; por otra, un testimonio histórico que recoge «la desoladora epopeya del ejército español» (2001: 94), diseminado por el mundo tras la Guerra Civil. La conjugación de ambas vertientes –la primera, atenida a la experiencia individual; la segunda, portadora de valores colectivos– condiciona el estatuto genérico del libro. De hecho, Aub solicita un pacto de lectura sustentado en un compromiso de veracidad, según corresponde a la escritura de *no ficción*:

> [T]odo cuanto en ellas [estas composiciones] se narra es real sucedido. Versos inimaginados o inimaginables, se les podría llamar, sin que me llamara a engaño (2001: 93).

En estas palabras preliminares, el autor defiende una poesía atada al recuerdo e inspirada en datos autobiográficos: su reclusión en el campo de Djelfa, donde permaneció desde noviembre de 1941 hasta julio de 1942[6]. Esa voluntad de sinceridad queda ratificada con la reproducción de seis fotografías, tomadas clandestinamente en aquel lugar. La inclusión de esas instantáneas (pertenecientes, en su mayoría, al invierno de 1941-1942) se encamina hacia el mismo objetivo que exhibe

---

6. Las noticias sobre el traslado del autor a Djelfa –deportado desde Port-Vendres y transportado en un barco de ganado– y sobre su huida a México han suscitado numerosa bibliografía (cf. Soldevila 1999: 38-43; Nos 2001: 105-109; Malgat 2007: 103-108). El propio Aub alentó la peripecia novelesca de su fuga: «Me medio escapé de este último [de Djelfa], porque no se puede llamar *escapar* teniendo la complicidad de uno de los guardianes principales: en ese caso, el de un policía degaullista» (cf. Prats Rivelles 1978: 51).

el prólogo: reforzar la autenticidad del *Diario...* En concreto, las fotografías constituyen una prueba documental o una evidencia gráfica que complementa la materialidad sígnica de las palabras. Gracias a ello, la voz enunciativa está «directamente ligada al *hombre* representado, que coincide con el autor cuyo nombre viene indicado en la cubierta del libro» (Sicot 2003: 3). De este modo, la semejanza entre el personaje y el autor supliría la homonimia prescrita por Lejeune para certificar una filiación autobiográfica. Esta hipótesis se vería corroborada, como en el *Cancionero...* hernandiano, por la espontaneidad inherente a la expresión lírica:

> Cuando, en el campo, intenté escribir lo más sencillamente posible lo que acontecía, en verso salió. El verso es lo más desnudo [...]. Cuando nos ponemos a contar sucesos que se nos agarran, que nos desgarran el pecho, lo hacemos en romance. Lo de adentro, lo subjetivo, puede luego emperifollarse orlado por las conteras de la consonancia y el tramado del endecasílabo (cf. Núñez 2003: 427)[7].

En la segunda edición del *Diario...*, de 1970, Aub mantiene el carácter inequívoco de cuanto se recoge en sus páginas, pero agrega veinte composiciones de aquel periodo que no habían aparecido en la versión original del libro. Esos textos añadidos se revelan como ejercicios retóricos o *versos adrede* que ensanchan el horizonte referencial o que «airean» la acción. La otra peculiaridad de esta segunda edición es la ordenación de los poemas de acuerdo con su fecha de escritura. Dicha redistribución respeta la secuencia cronológica del diario y mantiene el afán de veracidad.

No obstante, si atendemos al componente memorialístico, comprobaremos que el *Diario...* de Aub no se ciñe a la acotación personal ni al puro registro psicológico. No en vano, en el libro tienen igual peso la cámara subjetiva y el gran angular de la colectividad en la que se inserta el individuo. La solidaridad entre quienes comparten infortunio se aviene con la estructura de una crónica en la que «el prisionero Aub va refiriendo los principales sucesos acaecidos en el campo, a él y sobre todo a sus compatriotas» (Corrales Egea 1973: 14-15). Esa

---

7. Algo similar propugna Aub en *La gallina ciega*, al subrayar la utilidad de la poesía como remedio contra el olvido: «En verso el hombre se traiciona menos» ([1971] 1995: 554).

aclaración («y *sobre todo* a sus compatriotas») subraya la característica más llamativa de *Diario de Djelfa*: aunque en algunas páginas el autor desciende a la introspección, la multiplicidad de voces y de personas verbales aproxima el poemario a una novela caleidoscópica (cf. Nos 2001: 190-191). No es insignificante que Aub pensara añadir esta obra como colofón de su gran serie narrativa *El laberinto mágico*[8]. El trasiego de personajes entre el *Diario…* y los cuentos en los que recrea dicha experiencia permite tejer una tupida red intertextual donde se difuminan las fronteras entre los géneros (Pacheco 1995: 256). En efecto, los relatos «Yo no invento nada», «El limpiabotas del Padre Eterno» o «El cementerio de Djelfa» confirman la prolongación del universo poético en el campo abierto de la prosa. Por tanto, la compleja demarcación genérica del *Diario…* no solo ilustra la comunicación entre las distintas facetas del autor. Como ha indicado Muñoz Molina a propósito de la trayectoria maxaubiana, solo una lectura ingenua obligaría a elegir entre el testimonio y la ficción. Si bien esta última surge de la vivencia personal, no se subordina a ella ni se explica exclusivamente a partir de coordenadas biográficas. Ambas modalidades –testimonio y ficción– son el haz y el envés de un único impulso literario:

> Los hechos [que recoge Aub] están demasiado cercanos como para que puedan transmutarse en ficción. La alternativa, imagina uno, sería el testimonio en primera persona, el relato de la experiencia individual. Pero tampoco es ese el camino escogido por Aub, lo cual no deja de parecerme enigmático. Teniendo tanta necesidad de contar, rehúye hablar de sí mismo, contar desde sí mismo (Muñoz Molina 1999: 83).

Entonces, ¿por qué ese interés en dotar de cobertura veraz al libro? Evidentemente, aún no estamos en el ámbito de la superchería apócrifa (*Jusep Torres Campalans*), ni siquiera en el recinto de la fábula coral (*Imposible Sinaí*) o de la retórica de la simulación (*Versiones y revisiones*; *Antología traducida*). La clave radica en la respuesta de Max Aub a una entrevista realizada por Antonio Núñez (cf. 1969: 19): «Yo

---

8. Según ha señalado Aznar Soler (2003: 12), los *Diarios* de Aub, inéditos hasta 1998, demuestran «hasta qué punto el escritor quiso que su obra durante los años cuarenta –tanto su narrativa (*Campo abierto*, *Campo cerrado*) como su poesía (*Diario de Djelfa*) o teatro (*San Juan*, *Morir por cerrar los ojos*)– fuese testimonio, crónica y denuncia de una experiencia personal que, a su vez, era representativa de la experiencia colectiva de su época».

fui el primer poeta civil [...] con *Diario de Djelfa*». Ese carácter precursor es quizá lo que pretende reivindicar el autor un año después de esa entrevista, cuando procede a la reestructuración cronológica de los textos. Nos encontramos, en suma, ante un peculiar diario testimonial (cf. López-Casanova 2001: 20-31): un documento de origen intimista, pero que aspira a erigirse en la metáfora de un compromiso imaginativo, cívico y político en el que hay lugar para toda la España peregrina (Calles 2003: 19; Candel Vila 2008: 112-113). Esta interpretación resulta pertinente a la hora de situar el libro dentro de la producción del escritor, a medio camino entre lo «real sucedido» y la verosimilitud novelesca, entre la intención épica y plural de la mayoría de los poemas y la contracción lírica de un puñado de composiciones (Cilleruelo 1998: 59). La dialéctica entre la realidad vivida y la representación realista –un realismo áspero, bronco y (ex) abrupto– pone de relieve la ambición del alegato maxaubiano.

2.2. Trabajo de campo

Diario de Djelfa suscribe una poética espacial basada en la tensión entre un paisaje ausente (España) y un paisaje presente (el campo de concentración). Otras dicotomías secundarias –«hombre/animal», «blanco/negro» o «día/noche»– están subsumidas en la dualidad general «vida/muerte», y en las condiciones particulares «libertad/prisión» y «patria/exilio». De hecho, el *Diario...* tiene más que ver con la poesía carcelaria de Miguel Hernández y de Marcos Ana que con los diarios líricos de preguerra (*Diario de un poeta recién casado*, de Juan Ramón Jiménez), o con la estética expresionista que empieza a despuntar en esas fechas (Sicot 2003: 14).

El *Diario...* arranca con el paralelismo entre el campo de concentración y un teatro de operaciones donde se escenifica la degradación del hombre. La primera impresión de Aub al llegar a Djelfa, consignada en el archivo del autor, incide en el término que mejor define la crueldad de la reclusión: la palabra *alambrada*. En este apunte («El campo»), datado el 12 de noviembre de 1941, escribe Aub:

> El campo de Djelfa está situado en la ladera de una colina. Seis meses antes habían llegado en varias expediciones unos mil hombres. Aparcados entre las alambradas vivían en tiendas de campaña. Con nada, con abso-

lutamente nada (tuvieron que fabricarse los martillos, las tenazas, los clavos con hilo de las alambradas), empezaron a construir unas barracas que aprovecharon para cobijar a los primeros trabajadores –no para resguardarlos del frío o el calor, sino para trabajar en los distintos oficios productivos para la administración–. En un cuadrilátero cercado con doble alambrada de unos doscientos metros de largo por cien de ancho han vivido y siguen viviendo mil esclavos. El trabajo no es obligatorio, pero, si no trabajas, no comes. La comida consiste en una sopa de nabos o zanahorias. La ganancia del trabajador, en cien o ciento cincuenta gramos de pan. Y el comandante ordena quién puede y quién no puede trabajar. En una esquina del campo, cerrado a su vez por otras alambradas, está el campo especial, treinta metros por treinta. En el fuerte Caffarelli están las mazmorras, un metro por dos, lecho de piedra, prohibición de entrar allí, castigado, con más de una manta. Los hombres están cubiertos de harapos, comidos por la sarna y los piojos –millones y millones de piojos–. Por la noche la temperatura baja a -15°. Por el día se calcula, [en] grados Fahrenheit, sube hasta 55° y 60° (cf. Núñez 2003: 430).

Bajo esas condiciones infrahumanas se desarrolla una vida reducida al instinto de supervivencia. Ya el primer poema del libro, «Alta calandria fija», reescribe el famoso romance del prisionero en clave dramática, pues aquí los presos son, en realidad, esclavos. El aleteo libre de las aves, sobre el circuito cerrado de las alambradas, se despliega en «In memoriam», donde la despersonalización se sintetiza en el neologismo *ex-hombres*: «De alambrada en alambrada / los pájaros pierden vuelo. / En el marabú apiñados / seis ex-hombres en montón. / Miseria sobre miseria, / sin abrigo ni colchón» (Aub 2001: 104-105). A su vez, la paronomasia en torno a la palabra *alambrada* se expande a dos composiciones. En «Dice el moro en cuclillas», la semejanza fonética entre «Alhambra» y «alambrada» permite trazar una genealogía de la diáspora, ya que distintos contextos humanos e históricos confluyen en la ucronía del destierro (Belbachir 1997: 135): «Dice el moro en cuclillas / ¡Ay de mi Alhambra! / y el cristiano rendido / ¡Mi alambrada» (Aub 2001: 108). Por su parte, en «Ya lo dice el refrán», los prisioneros se identifican con bestias de carga a partir de la doble paronomasia «hambre/alambrada» y «hombre/hombro»: «Contra el hambre, alambrada, / noche y día», y «[h]ombro alto, cabeza baja, / los hombres, a la borrica, / a más no poder arrastran» (2001: 111). La imagen del campo como infierno cotidiano o pudridero barroco, con hombres asimilados a hienas y llevados por su impulso animal, recorre «Los roedores de huesos», «Epitafio» y «¡Que se pudra!», donde la expresión coloquial deviene designación literal. Igualmente, en «¡Dios, cuánto perro!», Aub denuncia el servilismo de los guardianes del campo mediante un léxico conceptista y una iconografía deformante.

Otros poemas presentan las semblanzas trágicas de diversos prisioneros. Muchos de estos personajes reaparecerán en las páginas de «El cementerio de Djelfa», narración epistolar que funciona como cenotafio u oración funeraria por los olvidados en tierra africana. «A Antonio Caamaño» recoge el legado del amigo y militante comunista al que está dedicado el libro. En este caso, el traslado de Caamaño desde el campo de Vernet a la prisión de Castres sirve de detonante para una ácida crítica a los carceleros y para un conturbador homenaje al protagonista. Mientras que «Ya hiedes, Julián Castillo» refleja con majestad esperpéntica el entierro del hombre que da título a la pieza, «Elegía a un jugador de dominó» revela un brillante montaje discursivo en torno a la vida y la muerte, simbolizadas por las fichas blancas y negras del dominó, respectivamente. El texto se estructura como una partida macabra en la que se ponen sobre el tapete el juego del azar y el juego de la existencia. La alegoría cromática se plasma mediante parejas conceptuales relativas a las connotaciones del color blanco (nieve y desierto, huesos y mármol) y del color negro (alambrada y cuervos, campo y guadaña). Esta estructura bisémica se combina con otros recursos, como la manipulación de frases hechas –«No por mucho dominar / huiste, Manuel, de descansar en paz»–, o la polisemia del verbo *doblar* en el lenguaje del dominó y en el lenguaje religioso: «Me doblo. / (Te doblaron. / Y doblan, por ti, a muerto)» (Aub 2001: 117). Finalmente, «Toda una historia» es un romance fragmentario que cuenta la biografía de Manuel Vázquez, desde su ficha policial hasta su asesinato, cuando intentaba escapar del campo.

Frente a la perspectiva de los oprimidos, varios poemas se centran en la actitud brutal de los opresores. En este conjunto sobresalen las sátiras destinadas al comandante Caboche y a su ayudante Gravela, que manifiestan la versatilidad del autor dentro de un estilo coloquial, plagado de muletillas, tacos y obscenidades. Un tono zahiriente preside «Romance de Gravela», retrato de un personaje siniestro al que se alude en varios fragmentos narrativos que amplían esta descripción[9]. En el texto ofrecido a Gravela, el personaje sufre un proceso de cosificación que remite a los sonetos sarcásticos de Quevedo y a las imprecaciones de Miguel Hernández. La deshumanización de la víctima del ataque no se debe a las condiciones físicas que se le han impuesto desde fuera, como les ocurre a los prisioneros, sino a su propia podredumbre moral. Así, el ayudante se define, sucesivamente, como «hiel surcada de vinagres», «pura pezuña», «matador a mansalva», «costrón infecto de bubas», «borracho de asco de sí», «lambrija que lamecula», «postema, pústula», «rebajador de hombres, úlcera» (Aub 2001: 161-163).

Por último, el paisaje de Djelfa se caracteriza por el sol abrasador, el frío extremo y el viento huracanado. A veces, el horizonte infecundo se equipara a la nada, como sucede en «Desierto I» y en su variación subjetiva, «Desierto II»: «Donde pones el ojo, / pones la nada» (Aub 2001: 134-135). Otras veces, la evocación adquiere matices simbolistas, como en «Djelfa (Paisaje)», poema versicular o prosa poética donde las pinceladas surrealizantes desembocan en la *imago mortis* del desierto: «¡Qué grande es todo! Mas la luz gana contornos y mata distancias. Todos prisioneros» (2001: 113). Por otro lado, el simún infunde su aliento mortal a «Cómo salió», una pieza del ciclo de *Diario de Djelfa* que transcurre en la enfermería del campo. Como en los versos amorosos de Miguel Hernández, el viento animalizado es aquí el agente de la destrucción: «¡El viento! ¡El viento! ¡El viento! / El viento solo remedio / de mil enfermos» (2001: 384). A ese viento «que aterra y entierra» está consagrado «El trabajo», un texto del archivo de Aub que glosa la secuencia anterior:

> ¡La enfermería! Djelfa es el país del viento. El viento entra en la enfermería por todas partes. Nieva. ¡Cuántas veces en la enfermería he tenido que dejar de inscribir enfermos (fui unos meses secretario de la misma), morados los dedos! Tres estufas había en ella, todas vacías. Y toda la parte

---

9. En «El limpiabotas del Padre Eterno», Gravela se describe del siguiente modo: «El ayudante Gravela: la cara comida de viruelas hondas, los dientes holgados, negros, la boina calada cubriendo la frente estrecha, los ojillos azules. Plantado en jarras, la camisa deshilachada, la gran capa de *spahi* abierta al viento, fusta en el puño» (Aub 2006: 303). Y en «El cementerio de Djelfa» se halla una prosopografía casi idéntica: «¿Te acuerdas de Gravela? Cabezota de cono, boina calada, el pelo ralo, desdentado, la chaqueta remendada, botas de montar, la fusta siempre en la mano, la capa parda a los aires en seña de autoridad» (2006: 420).

orientada al nordeste tenía que desguarnecerse cuando nevaba porque las camas aparecían con veinte centímetros de nieve (cf. Núñez 2003: 431).

En otras ocasiones, el esbozo de espacios distintos apunta a un conato de evasión frente a la realidad circundante. Prueba de ello es una colección de poemas, incluida en la segunda edición del libro, en la que el autor recuerda a sus hijas. Estos poemas enfatizan la alienación del entorno y consiguen que el paisaje de Djelfa se transforme en un lugar placentero (Soldevila 1999: 80). Esa suerte de *locus amœnus* protagoniza «Noches», «Amaneceres» y, especialmente, «Cancionerillo africano», donde coexisten la simbología funeraria y la sinestesia cromática. Dentro de este juego escapista destaca también «Impromptu», divertimento en dos partes que exhibe la ingenuidad de un boceto lírico. La aparición fugaz de una bicicleta activa dos marcos semánticos, la imagen de la rueda de la fortuna y la metamorfosis del objeto en el mágico caballo Clavileño: «Ya más que Clavileño, Clavileña / dulce, metálica, sin par sorpresa: / ¡oh noble bicicleta!» (Aub 2001: 114). Más allá del desafío adivinatorio, la plantilla del *Quijote* dota de espesor intertextual al conjunto y funciona como fantasía transfigurativa, en una nueva vuelta de tuerca a la oposición entre libertad y confinamiento (Belbachir 1997: 178).

Mención aparte merece «Paisaje», que actúa como gozne entre la escritura carcelaria y el tema de España. A lo largo de esta composición, Aub subraya las concomitancias entre la pobreza del Atlas y el páramo de Castilla o las mesetas de Teruel: «Tan español el paisaje / como el nuestro bereber» (Aub 2001: 132).

2.3. España, un tema con variaciones

La visión de España desde el exilio es el otro motivo vertebral de *Diario de Djelfa*. En oposición a la vastedad del desierto africano, España se contempla como una cartografía utópica y sentimental, vinculada a la añoranza. La España transterrada cobra relieve en el libro como una presencia constante y obsesiva. Así, España es la *mater dolorosa* o la *matria* unamuniana a la que el poeta invoca desde su abandono con una notable variedad de timbres y acentos. El reencuentro imaginario con la patria muestra una diversidad tonal que impide la uniformidad en el tratamiento de este aspecto (Mamani-Macedo 2006: 47).

Numerosos poemas explotan las conexiones entre la guerra y la ausencia: o bien se retrotraen a la imagen idealizada de España antes de la contienda («Me acuerdo hoy de Aranjuez», «¡Ay, Aranjuez, Aranjuez!»), o bien refieren los desastres de la Guerra Civil. Entre estos últimos, «Lo cierto por lo dudoso» rastrea una genealogía del cainismo en relación con el persistente tópico de las dos Españas: «Sola viene la guerra, / un hombre contra otro hombre, / una tierra contra otra tierra» (Aub 2001: 100)[10]. En la misma dirección, «Recuerdo de Barcelona en el tercer año de su muerte» y «Tres años» son sendas elegías. En «Recuerdo...», la identificación de Barcelona con una arteria sajada por la guerra actúa como metonimia del derramamiento de sangre en toda España. La derrota, equivalente a la muerte en vida, provoca una dialéctica de contrarios (amor/odio) que tendrá peculiar fortuna en la poesía social: «Te quiero más que te quería / porque estando más lejos / la distancia acrecienta / la memoria mía» (2001: 110). En sintonía con este contenido, la crónica de la represión en «Tres años» alcanza densidad dramática a partir de la recurrencia anafórica del sintagma que da título al poema, a la vez amarga salmodia y acta de defunción de un sueño: «España, España, España, España... / Febrero del treinta y nueve. / Tres años de muerte» (2001: 112).

Más interesantes son aquellos textos en los que España se vislumbra desde una distancia perpleja. Es el caso de «¿Dónde estás España?», en el que la humanización de la geografía se intensifica mediante la interrogación retórica, la utilización del vocativo y el esquema paralelístico de pregunta-respuesta. A través de serventesios, pareados y tiradas monorrimas, Max Aub ofrece un retrato robot de la diáspora y avanza los planteamientos de las poéticas realistas del medio siglo (Candel Vila 2008: 118-119):

> ¿Dónde estás España? Por el mundo abierta.
> ¿Dónde estás España? Mía, desparramada.
> ¿Dónde estás España? Monte, río, meseta.
> ¿Dónde estás España? Tierra en tierras, alma
> (Aub 2001: 135).

---

10. En su novela *Campo de los almendros*, Max Aub apunta hacia la raíz psíquica de ese motivo como formante de la identidad nacional: «¡Claro que siempre hubo dos Españas!, pero en cada español. No hay una España liberal y otra reaccionaria. Es una y la misma. Las dos Españas las llevamos los españoles dentro, siempre» ([1968] 1998: 469).

La pregunta por la patria actualiza el corolario del *ubi sunt?* en una tierra baldía, barrida por la hecatombe bélica. La duda sobre el lugar *real* de España se reitera en otros momentos de la trayectoria de Max Aub. Así, en un diálogo con Dámaso Alonso, reproducido en *La gallina ciega*, Aub inquiere a su interlocutor:

> ¿Dónde está nuestra España? ¿Dónde queda? ¿Qué han hecho con ella? No lo sabes, no lo sé, nadie lo sabe. Habría que inventarla ([1971] 1995: 413).

Y, en *Poesía española contemporánea*, el autor reincide en dicha cuestión:

> ¿Qué es España desde hace diez y ocho años? ¿Dónde está España desde hace quince años? España reventó como una granada –como una fruta, como un artefacto guerrero– y tiñó de sangre el mundo (1969: 139).

Ese lamento coral se expone en diversas composiciones que utilizan un paratexto bíblico o mitológico. La España usurpada se perfila como un mapa mudo de la desolación o aparece investida con los atributos de la divinidad, como el dios ausente al que elevan sus protestas los autores expresionistas. En este sentido destaca la relectura de los salmos bíblicos que Aub lleva a cabo en distintos momentos de *Diario de Djelfa*. Por ejemplo, «Salmo CXXXVII» remite a la plegaria del *Libro de los Salmos* en la que el pueblo de Israel invoca a Jerusalén desde el destierro. Esta pieza funciona como un moderno correlato del citado salmo. Al margen de la paráfrasis de ciertos fragmentos y del paralelismo entre las situaciones esbozadas, Aub lanza un grito profético por los españoles en tierra extranjera (los auténticos *prisioneros*) y por los extranjeros en tierra española (los *profanadores* del alma de España):

> ¡Extranjeros, vosotros
> que dormís en nuestras camas!
> ¡Españoles nosotros,
> polvo y tierra de España,
> extranjeros
> en las arenas del Sahara!
> (Aub 2001: 148).

La distribución de los españoles entre vencedores y vencidos polariza «Plegaria a España», que acude a los salmos LXXIX y LXXX como referentes explícitos:

> ¡Oh, España! ¡Oh, mi país contaminado,
> Puesto en montones y en almoneda,
> Carnicería sin fin abierta a los cielos,
> Madre de cuervos!
> (Aub 2001: 152).

La alusión subyacente al refrán «cría cuervos...» («madre de cuervos») tiene continuidad en «España, Prometeo», de ecos unamunianos y leonfelipianos. La plantilla del *Prometeo encadenado*, atribuido a Esquilo, le permite a Aub escenificar la tragedia de España con los mimbres de la mitología griega. La asociación entre el cautiverio de España y la condena de Prometeo se localiza en la orografía de un país ensangrentado, a un tiempo horizonte y calvario. En esta encarnación legendaria, los Pirineos son el nuevo Cáucaso, el límite infranqueable sobre el que se cierne el anhelo del sujeto lírico: «España, Prometeo / de Europa, encadenada / al Pirineo» (Aub 2001: 155).

Junto a la nostalgia por una España que ya no existe, el exilio abre una espera permanente, una expectativa recreada en el soneto «Al son de Lope», precedido por un verso de las *Rimas* de Tomé de Burguillos: «¡Tanto mañana y nunca ser mañana!». El texto de Aub supone una parodia del tópico del amor no correspondido, pues la espera del hablante no termina con la respuesta de la amada, sino que interpela a la misma esperanza: «Duerme, duerme, mañana será todo, / que tú eres tú y mañana es un apodo» (Aub 2001: 152)[11]. Esa espera desesperanzada adquiere un sesgo metapoético cuando la disolución de la patria entronca con la fragmentación subjetiva. En «Grito», del ciclo del *Diario...*, la autonominación conduce a la supresión de la propia identidad: «Cállense todos y déjenme, / que ya no me llamo Aub, / de una vez ya no soy nadie» (2001: 389). En una clave semejante ha de leerse «Poética para todo lo anterior», que podría considerarse la síntesis recapitulativa del

---

11. El tema de la espera diferida conversa con otro poema de Lope de Vega, «¿Qué tengo yo que mi amistad procuras?» (*Rimas sacras*), donde la dilatación de la esperanza requiere una interpretación «a lo divino»: «¡Y cuántas, hermosura soberana, / «mañana le abriremos», respondía, / para lo mismo repetir mañana!».

libro. Esta «Poética» repite ideas esbozadas en el prólogo, como el intento de «decir las cosas / como son» y la voluntad de enunciar «la muda potencia trágica / de los hechos». Todo ello implica, al cabo, un requerimiento antipoético: el sacrificio de la belleza en aras del testimonio y, un paso más allá, la desaparición definitiva del sujeto o la ambición paradójica de escribir sin el *yo*. Así se advierte en el desenlace:

> Quisiera decir las cosas
> como son.
> Escribir sin imágenes,
> como el sol.
> Contar, sin más,
> lo que sucedió.
> [...]
> En el cantar que quisiera
> sobra todo cuanto soy
> (Aub 2001: 387).

2.4. El canon del exilio

Pese a algún desfallecimiento tonal y a ciertas disonancias rítmicas, erraríamos al condenar *Diario de Djelfa* al purgatorio del contenidismo. El *Diario* poético de Max Aub es un libro consciente de su historicidad, donde el autor elimina deliberadamente las fronteras entre el hecho histórico y el hecho cultural (cf. Mainer 1973: 6 y 12). Sin duda, para el escritor total que fue Max Aub no existe una clara cesura entre el testimonio, la narración y el desahogo lírico. Si Miguel Hernández utilizaba la estructura del diario para interiorizar la derrota colectiva en los acontecimientos terminales de su vida, Aub lo hace para irradiar su esperanza o su desesperación a la colectividad. Mientras que el *Cancionero...* mostraba la fuerza gravitatoria de un compromiso centrípeto, *Diario de Djelfa* expone un compromiso centrífugo, que trasciende las convenciones de su soporte textual para iluminar los aledaños del sujeto. Asimismo, se trata de un diario parcial y fragmentario, pues la experiencia de Aub solo puede reconstruirse en su conjunto con la ayuda de sus relatos y de sus prosas acerca del exilio. Aunque la importancia del *Diario...* como una obra significativa de la tragedia española me parece indiscutible, raras veces ha ocupado un lugar relevante en el canon de la poesía contemporánea. En tanto que el itinerario trágico de Miguel Hernández por las cárceles de la patria formaba parte medular del drama de España, el periplo de Aub por los presidios del orbe pertenecía al esquivo margen de esa España peregrina que vivía su historia como una recta paralela al devenir nacional, sin posibilidad de intersección. No es de extrañar que, en un apunte de 1962, el propio Aub lamentara la escasa importancia de la poesía del exilio en los balances y estudios sobre la lírica española:

> Los *oficiales* españoles nos borraron del mapa –nos ningunean, como se dice aquí, tan bien. Coged cualquier libro acerca de España [...], leed sus resúmenes acerca de la actividad intelectual contemporánea. Los que salimos de España por creer que la inteligencia era primero, no aparecemos por parte alguna. Únicamente si muertos allí, aun asesinados, como García Lorca o Miguel Hernández, o traído de vuelta contra su voluntad, muerto, como Juan Ramón, se apropian de sus cadáveres. Existimos en España para una exigua minoría que generalmente no se atreve a pronunciar nuestros nombres. O nos relegan, difuntos de segunda clase, en las historias de la literatura [...]. Y formamos, no es un decir, por lo menos una mitad tan valedera como la otra de la literatura española de este último cuarto de siglo (Aub 1969: 165).

El juicio de Lechner por esas mismas fechas atestigua que la preterición de la poesía del exilio tampoco iba a corregirse en la generación siguiente, la de aquellos «niños de la guerra» que habían crecido bajo la alargada sombra de la contienda:

> Si estos poetas [los autores sociales y del 50] escribían a partir de una actitud disconforme, es de esperar que se acordaran de los exiliados, de tantos españoles que, a la espera de otro contexto histórico, vivían tan provisionalmente como ellos mismos. Pero la España peregrina no desempeña ningún papel en esta poesía (Lechner [1968 y 1975] 2004: 633).

Avanzada ya la posguerra, varios síntomas de aperturismo favorecieron una recuperación de los nombres de la diáspora, si bien el rescate de la figura semiheroica del exiliado a menudo actuó en detrimento de la adecuada valoración de la literatura del exilio. En suma, la reivindicación retrospectiva de la *otra España* no siempre halló una justa correspondencia en la atención dispensada a las obras escritas por los transterrados durante su travesía del desierto.

3. Una autobiografía poemática: *Ganarás la luz*

3.1. *Yo* es otro

La reformulación del *yo* social protagoniza *Ganarás la luz* (1943), de León Felipe. He aquí un «libro de libros» que recopila buena parte de la obra anterior del autor, establece un nuevo punto de partida y redefine el contorno de su universo lírico (Paulino 2004: 1291). En esta *summa* hallamos la razón de la poética profética y de la escritura total hacia la que tiende León Felipe, a medio camino entre el estallido creativo y la iluminación doctrinal (Ascunce 1987: 5).

El subtítulo de *Ganarás la luz* –«Biografía, poesía y destino»– sugiere una identidad escindida en tres ejes: la vida, la obra y la contribución al devenir de la humanidad. Sin embargo, la plantilla autobiográfica del libro no puede relacionarse ni con la historia de una personalidad, ni con el recuento de una serie de circunstancias externas más o menos reconocibles. La biografía a la que apunta León Felipe es más bien un construcción poética, conformada a partir de ciertas estructuras míticas y dirigida a «la plasmación del espíritu a través del canto» (Frau 2002: 84). Los indicios de una biografía verificable –como las referencias a la edad del sujeto o al contexto histórico– se subordinan a un anclaje metadiscursivo. Si los diarios líricos de Miguel Hernández y de Max Aub registraban el conflicto entre la intimidad y el mundo objetivo, ahora esta tensión se desplaza al horizonte de una vida convertida en poesía. En este sentido han de entenderse las declaraciones con las que se abre la primera sección de *Ganarás la luz*, titulada «Algunas señas autobiográficas»: «La poesía se apoya en la biografía. Es biografía hasta que se hace destino y entra a formar parte de la gran canción del destino del hombre» (Felipe 2004: 405).

La pregunta cartesiana «¿Quién soy yo?» constituye el motor de una búsqueda marcada por el desarraigo: «Yo no soy nadie: / un hombre con un grito de estopa en la garganta / y una gota de asfalto en la retina» (Felipe 2004: 408)[12]. Esta constatación le permite al autor asumir un com-

---

12. Esa interrogación fundacional abarca todo el proyecto de la identidad, según plantea Taylor ([1989] 2006: 63): «La definición que hago de mí mismo se comprende como respuesta a la pregunta «¿Quién soy yo?». Y esta pregunta encuentra sentido original en el intercambio entre hablantes. Yo defino quién soy al definir el sitio desde donde hablo, sea en el árbol genealógico, en el espacio social, en la geografía de los es-

promiso que oscila entre la militancia política y la inquisición existencial. No en vano, para León Felipe la alteridad no es sino la forma en la que se concreta una identidad proteica: o bien el tema de España se subjetiviza en la silueta pronominal del *yo* emisor, o bien ese mismo *yo* enunciativo se objetiva en una figura histórica o ficticia (cf. Ascunce 1984: 49-65). En *Ganarás la luz*, León Felipe convoca un baile de máscaras donde se dan cita personajes bíblicos (Jonás, Job, Cristo), héroes mitológicos (Prometeo, Edipo) y paradigmas literarios (Don Quijote), cada uno de los cuales ejemplifica un álter ego o un desdoblamiento especular. Ya no se trata de sellar la equivalencia entre la persona de León Felipe y el escritor homónimo, lo que solo se podría hacer sesgadamente a partir de la escueta información que suministra su obra. Al contrario, el molde de la autobiografía es el vehículo privilegiado para la transmisión de contenidos ideológicos[13]. Este cauce expresivo favorece la apelación a unos destinatarios —«tú», «vosotros», «todos»— ante los que el autor adopta los papeles de gran responsable, maestro de ética o abanderado de una escritura útil.

La articulación de un *yo* amplio y genérico, que comprende a la humanidad entera, justifica la idea de fraternidad universal (Jato 2004: 84) en la que se funda la biografía diseminada de León Felipe. Lanzada al viento de la historia, esta experiencia poemática es una estrategia de autoconocimiento y un medio de comunicación: el reflejo del «vivir esquizofrénico de la época» (Aub 1969: 161) y el anuncio de las inmensas mayorías a las que se consagraría la estética socialrealista (Cano Ballesta 1972: 49). Aunque el análisis de la prosa torrencial y del versículo eléctrico de León Felipe desborda el alcance de estas páginas, señalaré la peculiar metamorfosis de algunos símbolos y mitos en la obra del autor.

3.2. La escritura del Viento

El Viento, con mayúscula inicial, funciona como la imagen de la energía creadora. Si para Miguel Hernández representaba la violencia de la

---

tatus y las funciones sociales, en mis relaciones íntimas con aquellos a quienes amo, y también, esencialmente, en el espacio de la orientación moral y espiritual dentro de la cual existen mis relaciones definidoras más importantes».

13. Esta premisa no está muy lejos de las tesis posmodernas (Eakin [1992] 1994; Loureiro 2000) que defienden que el género autobiográfico no se dirige únicamente hacia la recreación del pasado, sino que constituye una operación creadora de realidad, un acto discursivo y performativo al mismo tiempo.

historia, y para Max Aub la intemperie del paisaje carcelario, en León Felipe muestra una proyección cosmogónica y una manifestación textual, como numen de la poesía y portavoz del poeta:

> Porque el Viento es un exigente cosechero:
> el que elige el trigo, la uva y el verso;
> el que sella el buen pan,
> el buen vino
> y el poema eterno...
> y al fin de cuentas, mi último antólogo fidedigno será Él: el Viento [...]
> (Felipe 2004: 400).

El Viento se eleva en el compilador de un largo poema anónimo, confeccionado con los hilos corales del salmo. Más allá de la «sencilla metáfora del espíritu», como quería Juan Larrea, este símbolo actúa como un principio integrador que incorpora el espacio ritual del exilio (Paulino 1982: 32; Trecca 2010: 299). Si bien su transcripción en mayúscula podría legitimar una interpretación determinista o instrumental, como herramienta de la voluntad de Dios, la voz del Viento solo coincide con la mística en su condición de palabra revelada. Frente al designio superior de la comunión espiritual con la divinidad, León Felipe aspira a una epifanía discursiva: la fusión de su propia escritura con la gramática furiosa del Viento. De ahí que la pulsación versicular del autor adopte en ocasiones una declamación teatral (Gutiérrez Vega 1984: 17). Además, el aquelarre de las distintas fuerzas elementales rubrica el hilozoísmo de un paisaje doliente (Paulino 1980: 270):

> A crecer, a crecer,
> a la tierra otra vez...
> al agua,
> al sol,
> al Viento... Al Viento...
> ¡Otra vez al Viento!
> (Felipe 2004: 575).

3.3. Un poeta prometeico

Si el Viento es el antólogo de la poesía, el apuntador del drama y el narrador omnisciente de la novela biográfica, Prometeo se erige en el personaje principal de la obra. Para Miguel Hernández y Max Aub, Prometeo sintetizaba la imagen del cautiverio, ya fuera como personificación de la experiencia carcelaria (en el primero), o como emanación afectiva de la España ausente (en el segundo). En cambio, la «poética de la llama» de León Felipe se interesa por otro momento en el itinerario del personaje: el instante previo a la condena. Por tanto, el Prometeo que protagoniza estos versos es el modelo del hombre nuevo, caracterizado por el heroísmo salvífico y por la toma de conciencia (cf. García de la Concha 1986: 45-54; Ascunce 2000: 136-142). Solo cuando caiga en las redes de la historia, con el estallido de la Guerra Civil, Prometeo aparecerá crucificado como el «buen ladrón», acompañando a las dos proyecciones alegóricas de España: el sacrificio redentor de Cristo y la locura lúcida de Don Quijote. No obstante, en León Felipe predomina aún el Prometeo romántico de Goethe, Byron o Percy B. Shelley, prefiguración del arquetipo luciferino del creador.

León Felipe consagra la tercera parte de *Ganarás la luz* a perfilar ese mito: «El poeta es carne encendida nada más. Y la Poesía, una llama sin tregua», afirma en «¿Y si me llamase Prometeo?» (Felipe 2004: 464). El robo del fuego se entiende como un acto de rebeldía y un gesto de resistencia contra el acatamiento del destino. El autor desarrolla esa premisa a partir de un conjunto de eslóganes que resumen su programa transformador: «La metáfora prometeica desemboca entonces en la gran metáfora social» (2004: 469), «[p]ero contra la dictadura de las estrellas, la dictadura del heroísmo» (471), «[e]l hombre heroico es lo que cuenta» (476), «el poeta prometeico trabaja con su sangre» (480). Esa retórica inflamada es, en última instancia, un desafío metapoético (cf. Zardoya 1984: 1 y 24), ya que la gesta a la que tiende León Felipe solo resulta equiparable a la del escritor prometeico por antonomasia: Walt Whitman.

El método que permite conquistar la luz es la «Fórmula de Prometeo», basada en el apropiacionismo y la intertextualidad. La lección del haiku, la poesía sin pureza auspiciada por Pablo Neruda y la práctica de Ezra Pound, Wallace Stevens o William Carlos Williams en lengua inglesa refuerzan la tesis de que cualquier elemento puede encontrar acomodo en los versos de un poema:

> Y todo lo que hay en el mundo es mío y valedero para entrar en un poema, para alimentar una fogata. Todo. Hasta *lo literario*, como arda y se queme (Felipe 2004: 478).

Anticipándose a algunas teorías contemporáneas, el autor distingue intuitivamente entre poesía y literatura, pues solo el combustible lírico y el ritmo combativo consiguen alcanzar la temperatura en la que se evaporan los límites entre los diversos géneros (cf. Vivanco [1957] 1971: 160-175)[14].

3.4. La cuestión palpitante

El tema de España, que ya recorría *La Insignia* y *Español del éxodo y del llanto*, se inscribe en la sintaxis de *Ganarás la luz* como complemento circunstancial y como objeto directo. León Felipe arranca de una visión similar a la de Miguel Hernández y Max Aub: la asimilación de España a la entraña de la tierra y el réquiem por una patria desaparecida. El drama de España se manifiesta en dos figuras representativas: «España-Cristo», la víctima que «ofrece toda su sangre por una gota de luz», y «España-Quijote», el defensor de la justicia que se disfraza de loco o de bufón ante los ojos del mundo (Paulino 1982: 27; Fernández Gutiérrez 1984: 24-25). Según León Felipe, la patria del desterrado –realidad paradójica e irrealizada– solo llega a recobrarse mediante la palabra. De ese modo, la nación geográfica se sustituye por la nación poética, al igual que la biografía personal se había reemplazado por la biografía poemática.

Al principio del libro, «Hay dos Españas» incide en el tópico que contiene su título desde un enfoque no muy distinto al de Antonio Machado o Max Aub: «Hay dos Españas: la del soldado y la del poeta. La de la espada fratricida y la de la canción vagabunda. Hay dos Españas y una sola canción» (Felipe 2004: 415). A su vez, «Pero, ¿por qué habla el español tan alto?» postula un tono de voz propio y hondamente humano, entre la llamada cordial y el desgarro profético: «El español habla desde el nivel exacto del hombre, y el que piense que habla demasiado alto es porque lo escucha desde el fondo de un pozo» (2004: 412).

En el quinto apartado de *Ganarás la luz* («Sobre mi patria y otras circunstancias»), el viaje al centro de España se compara con el regreso

---

14. En este sentido resulta sintomático el dictamen de Octavio Paz, que León Felipe reproduce en el «Envío» final de *¡Oh, este roto y viejo violín!*: «Cuando yo escribí mi libro *Ganarás la luz*, tú dijiste que no era un libro de poemas, pero que era un gran libro» (Felipe 2004: 896).

a la semilla. La imagen recurrente de una patria vendida a los mercaderes del templo profundiza en la simbología del país como anatomía interior y cámara mortuoria, más cerca de la ética cristiana que de la moral quijotesca. Así se observa en el comienzo de «Diré algo más de mi patria» y en el desenlace de «Diré cómo murió»:

> La sangre del hombre está no solo hecha para mover su corazón,
> sino para llenar los ríos de la Tierra, las venas de la Tierra,
> y mover el corazón del mundo
> (Felipe 2004: 501).

La aleación explícita «España-Cristo» avanza la posibilidad de la resurrección de la patria en un nuevo territorio global surgido a la sombra del exilio. Se trata de la Hispanidad, que brota de la sangre de España y anuncia un Nuevo Testamento:

> Para crear la hispanidad hay que morirse porque sobra el cuerpo.
> Murió el héroe y morirá su pueblo,
>   murió el Cristo y morirá la tribu toda: que el Cristo redentor será
>   [ahora un grupo entero
>   de hombres crucificados, que al *tercer día* ha de resucitar de entre los
>   [muertos...
> Hispanidad será este espíritu que saldrá de la sangre y de la tumba de
>   [España... para escribir un Evangelio nuevo
> (Felipe 2004: 503).

En definitiva, *Ganarás la luz* podría verse como una autobiografía plural cuyo aliento sobrepasa la anotación subjetiva del diario para transformarse en la conciencia simbólica del exilio: «Es la vida de un poeta cualquiera que nació en España, pero que pudo haber nacido en otra parte del globo, con menos sol, con menos vino y con más ganas de pasear entre los gansos del estanque» (Felipe 2004: 563). No en vano, el autor propone una relectura superadora del tema de las dos Españas, gracias a la dicotomía entre un espacio perdido (España, la *patria ficticia* del desterrado) y un espacio recuperado (la Hispanidad, la *patria verdadera* de la diáspora). El extrañamiento se incardina aquí en un nuevo concepto totalizador que ya no es la España peregrina ni la Antiespaña, sino la tierra de promisión del *yo* social, encarnada en el Verbo.

4. Recapitulación

Bajo la onda expansiva de la Guerra Civil, los libros analizados permiten ilustrar las vinculaciones entre el discurso íntimo y el discurso testimonial. Es cierto que la dimensión diarística de *Cancionero y romancero de ausencias* y de *Diario de Djelfa* se revela como un elaborado trampantojo autoficcional, que oculta una finalidad literaria más o menos encubierta. Por su parte, la autobiografía poemática de León Felipe tampoco se corresponde exactamente con las fronteras del género al que remite: de hecho, el planteamiento metapoético de *Ganarás la luz* acaba por conquistar el terreno cedido a la expresión vital del individuo. Sin embargo, en todos estos títulos se advierte una interesante dialéctica entre la formulación de un *yo* verosímil y la decantación social del sujeto, entre los imperativos de la emotividad y la voluntad de un compromiso cívico. El diario centrípeto de Miguel Hernández remansa la violencia colectiva en la herida de la intimidad, y el diario centrífugo de Max Aub excede la crónica subjetiva para convertirse en la verdadera historia de los vencidos. Por último, la autobiografía coral de León Felipe pretende representar la tragedia de la España ausente a través de una profusa escenografía simbólico-mítica. Más allá de las complicidades que suscita su formato discursivo, los libros comentados favorecen un enriquecedor trasvase de temas y motivos. La vivencia carcelaria *pasa* de Miguel Hernández a Max Aub, con las peculiaridades geográficas que implican sus respectivos confinamientos. Max Aub y León Felipe contemplan el exilio como éxodo, lo que justifica la entonación salmódica de sus versos. Y el mitologema de Prometeo atraviesa la iconografía de los tres autores, con diferente grado de reelaboración metafórica. Asimismo, la imagen del viento, la corporeización de la ausencia y el sempiterno tema de la España escindida se integran en la trama intertextual de la que participan los tres escritores. Estas coincidencias se orientan hacia un nuevo canon del compromiso que desactive las lógicas maniqueas que sostienen la separación entre la lírica sentimental y la poesía social, así como el divorcio entre las producciones del interior y las de la diáspora. Redactadas en apenas un lustro, entre 1938 y 1943, las composiciones de Miguel Hernández, Max Aub y León Felipe comparten la indignación cívica ante «un viejo país ineficiente, / algo así como España entre dos guerras / civiles», como diría Gil de Biedma en «De vita beata». Pero esa es otra historia.

Bibliografía

Bibliografía general

Alberca, Manuel (2007). *El pacto ambiguo. De la novela autobiográfica a la autoficción*, Madrid, Biblioteca Nueva.
Blanchot, Maurice ([1959] 1992). «El diario íntimo y el relato», en *El libro que vendrá*, Caracas, Monte Ávila, pp. 207-212.
Calamai, Natalia (1979). *El compromiso de la poesía en la guerra civil española*, Barcelona, Laia.
Cano, José Luis ([1964] 1979). *El tema de España en la poesía española contemporánea*, Madrid, Taurus.
Cano Ballesta, Juan (1972). *La poesía española entre pureza y revolución (1930-1936)*, Madrid, Gredos.
Eakin, Paul John ([1992] 1994). *En contacto con el mundo. Autobiografía y realidad*, Madrid, Megazul/Endymión.
García Lorca, Federico ([1940] 2008). *Poeta en Nueva York*, Madrid, Cátedra (15ª).
Lechner, J. ([1968 y 1975] 2004). *El compromiso en la poesía española del siglo xx*, Alicante, Universidad de Alicante.
Lejeune, Philippe ([1975] 1994). *El pacto autobiográfico y otros estudios*, Madrid, Megazul/Endymión.
Loureiro, Ángel G. (2000). *The Ethics of Autobiography. Replacing the Subject in Modern Spain*, Nashville, Vanderbilt University Press.
Salaün, Serge (1985). *La poesía de la guerra de España*, Madrid, Castalia.
Scarano, Laura (2001). «Travesías de la enunciación en las poéticas sociales españolas de posguerra», *Cuadernos para Investigación de la Literatura Hispánica*, 26, pp. 265-276.
— (2007). *Palabras en el cuerpo. Literatura y experiencia*, Buenos Aires, Biblos.
Scarano, Laura/Romano, Marcela/Ferrari, Marta (1994). *La voz diseminada. Hacia una teoría del sujeto en la poesía española*, Buenos Aires, Biblos.
Taylor, Charles ([1989] 2006). *Fuentes del yo. La construcción de la identidad moderna*, Barcelona, Paidós.

Sobre Miguel Hernández (*Cancionero y romancero de ausencias*)

Bagué Quílez, Luis (2010). «Entre el himno y la canción: dos visiones del compromiso en la poesía de Miguel Hernández», en *Lectures de Miguel Hernández. La voix poétique du déchirement*, ed. Claude Le Bigot, Rennes, Presses Universitaires de Rennes, pp. 67-81.

Bousoño, Carlos (1992). «Notas sobre un poema de Miguel Hernández: «Antes del odio», en *Miguel Hernández*, ed. Carmen Alemany Bay, Alicante, Fundación Cultural «Caja de Ahorros del Mediterráneo», pp. 215-220.

Cano Ballesta, Juan (1971). *La poesía de Miguel Hernández*, Madrid, Gredos.

Chevallier, Marie ([1974] 1978). *Los temas poéticos de Miguel Hernández*, Madrid, Siglo XXI.

Díaz de Castro, Francisco (2010). «Miguel Hernández y las poéticas del 27», en *Un cósmico temblor de escalofríos. Estudios sobre Miguel Hernández*, eds. Francisco Javier Díez de Revenga y Mariano de Paco, Murcia, Fundación «Cajamurcia», pp. 135-156.

García, Miguel Ángel (2012). «Tanto tigre admitido»: el compromiso feroz de Miguel Hernández», en *La literatura y sus demonios. Leer la poesía social*, Madrid, Castalia, pp. 239-281.

Hernández, Miguel (1992). *Obra completa*, Madrid, Espasa-Calpe, 2 vols.

Iravedra, Araceli (2009-2010). «¿Más humillado que bello»? La gramática urgente de *Viento del pueblo*», *Canelobre*, 56, pp. 120-133.

Le Bigot, Claude (2010). «Poésie et rhétorique chez Miguel Hernández», en *Lectures de Miguel Hernández. La voix poétique du déchirement*, ed. Claude Le Bigot, Rennes, Presses Universitaires de Rennes, pp. 213-244.

López-Casanova, Arcadio (1993). *Miguel Hernández, pasión y elegía*, Madrid, Anaya.

Martín, Eutimio (2010). *El oficio de poeta. Miguel Hernández*, Madrid, Aguilar.

Pérez Bazo, Javier (1993). «Síntesis ética y estética de Miguel Hernández: *Cancionero y romancero de ausencias*», en VV. AA., *Miguel Hernández, cincuenta años después. Actas del I Congreso Internacional*, vol. 2, Alicante/Elche/Orihuela, Comisión del Homenaje a Miguel Hernández, pp. 623-633.

Prieto de Paula, Ángel L. (2009-2010). «Miguel Hernández, una recapitulación», *Canelobre*, 56, pp. 9-19.

Puccini, Darío (1987). *Miguel Hernández: Vida y poesía y otros estudios hernandianos*, Alicante, Instituto Alicantino de Cultura «Juan Gil-Albert».

Riva, Sabrina (2010). «Con tres heridas yo»: Intimidad y tradición popular en *Cancionero y romancero de ausencias* de Miguel Hernández», en *Sermo intimus. Modulaciones históricas de la intimidad en la poesía española*, ed. Laura Scarano, Mar del Plata, Universidad Nacional de Mar del Plata, pp. 97-117.

Salaün, Serge (1996). *Miguel Hernández: tradiciones y vanguardias*, Alicante, Instituto Alicantino de Cultura «Juan Gil-Albert».

Vivanco, Luis Felipe (1978). «Las «Nanas de la cebolla», en VV. AA., *En torno a Miguel Hernández*, Madrid, Castalia, pp. 136-141.

Zardoya, Concha (1992). «Psiquismo ascensional en la poesía de Miguel Hernández», *Ínsula*, 544, pp. 19-20.

— ([1955] 2009). *Miguel Hernández*, Barcelona, Nortesur.

Sobre Max Aub (*Diario de Djelfa*)

Aub, Max (1969). *Poesía española contemporánea*, México, Era.

— ([1971] 1995). *La gallina ciega. Diario español*, Barcelona, Alba.

— ([1968] 1998). *Campo de los almendros*, Madrid, Alfaguara.

— (2001). *Obra poética completa*, Valencia, Institució «Alfons el Magnànim», vol. I.

— (2006). *Relatos II. Los relatos de* El laberinto mágico, Valencia, Institució «Alfons el Magnànim», vol. IV-B.

Aznar Soler, Manuel (2003). «Los nuevos diarios inéditos de Max Aub», en Max Aub, *Nuevos diarios inéditos: 1939-1972*, Sevilla, Renacimiento, pp. 9-18.

Belbachir, Catherine (1997). «El espacio de los vencidos en *Diario de Djelfa* de Max Aub», en *Historia, Espacio e Imaginario*, ed. Jacqueline Covo, Villeneuve d'Ascq, Presses Universitaires du Septentrion, pp. 173-178.

Calles, Juan María (2003). *Esteticismo y compromiso. La poesía de Max Aub en el laberinto español de la Edad de Plata (1923-1939)*, Valencia, Biblioteca Valenciana.

CANDEL VILA, Xelo (2008). *De lo vivo a lo pintado. La poética realista de Max Aub en el ámbito de la Modernidad literaria*, Segorbe, Fundación «Max Aub».

CILLERUELO, José Ángel (1998). «Comprometidos y apócrifos. Los poemas de Max Aub», *Quimera*, 168, pp. 57-61.

CORRALES EGEA, José (1973). «Max, en el recuerdo», *Ínsula*, 320-321, pp. 1 y 14-15.

LÓPEZ-CASANOVA, Arcadio (2001). «Estudio introductorio» a Max Aub, *Obra poética completa*, Valencia, Institució «Alfons el Magnànim», vol. I, pp. 5-49.

MAINER, José-Carlos (1974). «Max Aub: entre la antiespaña y la literatura universal», *Ínsula*, 320-321, pp. 6 y 12.

MALGAT, Gérard (2007). *Max Aub y Francia o la esperanza traicionada*, Sevilla, Renacimiento.

MAMANI-MACEDO, Porfirio (2006). «Max Aub y su *Diario de Djelfa*», *Hybrido. Arte y Literatura*, 8, pp. 46-51.

MUÑOZ MOLINA, Antonio (1999). «Max Aub. Una mirada española y judía sobre las ruinas de Europa», en *Max Aub: veinticinco años después*, eds. Ignacio Soldevila Durante y Dolores Fernández, Madrid, Editorial Complutense, pp. 77-88.

NOS, Eloísa (2001). *El testimonio literario de Max Aub sobre los campos de concentración en Francia (1940-1942)*, Universitat Jaume I. Tesis doctoral, <http://www.tdx.cat/bitstream/handle/10803/10448/eloisanos.pdf?sequence=1>.

NÚÑEZ, Antonio (1969). «Max Aub, en Madrid», *Ínsula*, 275-276, p. 19.

NÚÑEZ, César (2003). «Max Aub en el «país del viento»: algunos poemas del denominado *Ciclo de Djelfa* (1941-1942)», en *Homenaje a Max Aub. Congreso Internacional*, eds. James Valender y Gabriel Rojo, México, El Colegio de México, pp. 362-438.

PACHECO, José Emilio (1995). «Max Aub y la poesía de las dos orillas», en *Poesía y exilio. Los poetas del exilio español en México*, eds. Rose Corral, Arturo Souto Alabarce y James Valender, México, El Colegio de México, pp. 253-257.

PRATS RIVELLES, Rafael (1978). *Max Aub*, Madrid, Epesa.

SICOT, Bernard (2003). «Max Aub, poeta. *Diario de Djelfa* y unos textos inéditos: observaciones y proposiciones», en *Colloque International «Max Aub (1903-1972): enracinements et déracinements»*, eds. Bernard Sicot, Luis Llorens y Joan Oleza, Paris, Université de Paris X/Nanterre, pp. 1-21.

Soldevila, Ignacio (1999). *El compromiso de la imaginación. Vida y obra de Max Aub*, Segorbe, Fundación «Max Aub».

Sobre León Felipe (*Ganarás la luz*)

Ascunce, José Ángel (1984). «El personaje poético en la poesía social. León Felipe como ejemplo», *Letras de Deusto*, 30 (14), pp. 49-65.

— (1987). *La poesía profética de León Felipe*, San Sebastián, Universidad de Deusto.

— (2000). *León Felipe: Trayectoria poética*, México/Madrid, Fondo de Cultura Económica.

Aub, Max (1969). «Poesía soterrada», en *Poesía española contemporánea*, México, Ediciones Era, pp. 160-165.

Felipe, León (2004). *Poesías completas*, Madrid, Visor.

Fernández Gutiérrez, José María (1984). «España en la poesía de León Felipe», *Los Cuadernos del Norte*, 27, pp. 14-25.

Frau, Juan (2002). *La teoría literaria de León Felipe*, Sevilla, Universidad de Sevilla.

García de la Concha, Víctor (1986). *León Felipe. Itinerario poético*, Salamanca, Junta de Castilla y León.

Gutiérrez Vega, Hugo (1984). «León Felipe, la máscara y el rostro», *Cuadernos Hispanoamericanos*, 411, pp. 15-23.

Jato, Mónica (2004). «La visión profética de León Felipe: del éxodo a la tierra prometida», en *El lenguaje bíblico en la poesía de los exilios españoles de 1939*, Kassel, Reichenberger, pp. 71-134.

Paulino, José (1980). *La obra poética de León Felipe (Constitución simbólica de un universo poético)*, Madrid, Universidad Complutense.

— (1982). «Introducción» a León Felipe, *Ganarás la luz*, Madrid, Cátedra, pp. 14-86.

— (2004). «Introducción» a León Felipe, *Poesías completas*, Madrid, Visor, pp. 7-48.

Trecca, Simone (2010). «La poética del éxodo de León Felipe: una lectura intertextual de *Español del éxodo y del llanto* y *Ganarás la luz*», *Castilla. Estudios de Literatura*, 1, pp. 275-309.

Vivanco, Luis Felipe ([1957] 1971). «León Felipe y su ritmo combativo», en *Introducción a la poesía española contemporánea*, Madrid, Guadarrama, vol. I, pp. 145-175.

Zardoya, Concha (1984). «León Felipe y su símbolo parabólico del fuego», *Ínsula*, 452-453, pp. 1 y 24.

Autopoéticas del compromiso en el canon social de la posguerra española

Laura Scarano
*Universidad Nacional de Mar del Plata
CONICET, Argentina*

> *Y canto con voz ronca –yo sé que desafino–
> ante el racimo de supervivientes, de sordos*
> (José Hierro, «Cantando en yiddish»)

La llamada «poesía social» de las décadas centrales de la posguerra española, desde sus prolegómenos en una vertiente «existencialista» hasta la abiertamente «testimonial» y realista, ofrece una plataforma privilegiada para analizar la elusiva categoría de «compromiso» desde parámetros teóricos y discursivos. En este capítulo desarrollaré algunas reflexiones apoyadas en los tres poetas que conforman el canon ya indiscutido de tal formación: Blas de Otero, Gabriel Celaya y José Hierro. No es mi objetivo dar cuenta acabada de esta cuestión en sus obras completas, sino focalizar el espacio de cruce entre metaescritura lírica y metatextos programáticos, en un intento por reconstruir su proyecto creador, desde la óptica de una «estética de la producción literaria», frente a un tenso horizonte histórico-político (el franquismo) que demandaba alineamientos y tomas de posición explícitas.

El complejo estudio del proyecto ideológico y estético de un autor exige un análisis pormenorizado del eje autorreferencial que sustenta su obra, atendiendo a la necesaria interacción entre praxis lírica y soporte ensayístico. Tal espacio configura una matriz decisiva de la ideología del autor, que denominamos aquí «autopoéticas» (Casas 2000a), donde dialogan dos pactos complementarios, el estético y el crítico. Tanto el texto como el sujeto marcado por ese eje («compromiso») devienen objeto distanciado de reflexión. Veremos que el *«ethos autorial»* (Amossy) distintivo de la poesía social consiste en una lucha de modelos y tradiciones en litigio, que permiten reconstruir un espacio de posiciones distintivas –las *autopoéticas del compromiso*–, selladas muchas veces por una proyección biográfica y generacional.

El conocido concepto de «proyecto creador» (Bourdieu), como lugar de cruce entre la obra y sus determinaciones sociales externas, es uno de los más aptos para pensar el modo en que se construye la figura del escritor desde sus postulados *«meta»*. La correferencialidad *texto-metatexto* (Mignolo) se hace evidente al abordar las figuraciones y declaraciones programáticas de los autores estudiados, que constituyen la matriz enunciada, también denominada como «poética de autor» (Zonana), «poética del creador literario» (Rubio Montaner) o «poética de poetas» (Demers). Independientemente del rótulo elegido y superando la mera acepción de «clase textual», nos interesa utilizar esta categoría como un tipo de práctica discursiva, asociada a las «escrituras del yo» y emergente de la suma de diversas especies genéricas. El resultado permite reconocer posiciones y alineamientos específicos del autor en el interior de su campo (frente a la historia, la sociedad y la tradición), expresados mediante un amplio abanico de representaciones. Dicha correferencialidad pone de manifiesto el rol activo del autor, que actúa como analista de sí mismo, se sitúa en un marco institucional diverso e instituye un pacto de lectura integral.

Nuestro uso de la noción de «autopoética» contribuye a dotar de mayor flexibilidad al mentado eje autorreferencial, pues nos permite construir una constelación discursiva que resulta de la amalgama de variadas vertientes de la obra de un mismo autor, en sus diversos modos de emergencia: autoimágenes y contrafiguras, metáforas argumentativas y metalenguajes específicos, declaraciones programáticas, manifiestos, *artes poéticas* propiamente dichas, metapoemas, etc. Su estudio detallado nos permitirá profundizar en las peculiares formas de autoconstrucción y refutación, quiebra o alineamiento, teorizaciones y praxis, que se establecen entre ambos universos discursivos. Las estrategias de autorrepresentación reforzadas por el andamiaje argumental serán puestas en correlación con los circuitos externos que exhiben las relaciones, contradicciones e interferencias entre el escritor estudiado y su campo histórico.

Lecturas del canon social (avatares de la crítica)

> *Hablar es actuar*
> (Jean-Paul Sartre)

El estudio del eje autorreferencial del discurso en la poesía social española de posguerra fue una cuestión central abordada en mi tesis doctoral (Buenos Aires, 1991) y en sucesivos libros y artículos. Si bien algunos autores han restado valor a las innovaciones discursivas que estos tres poetas aquí propuestos introducen, considero que no estaban descaminadas mis primeras intuiciones de los tempranos años noventa sobre dichas radicales innovaciones. No podría haber progresado yo misma en mis sucesivas propuestas sin la certidumbre alcanzada a través de la lectura atenta de estos poetas, con sus contribuciones de peso al debate sobre el compromiso. El desafío aquí planteado es volver a revisitar aquellos nudos programáticos, desde el nuevo siglo y milenio, veinte años después de mis primeras investigaciones y cincuenta años después de la eclosión de dicha formación discursiva en la posguerra peninsular.

Antes de avanzar se hace necesario un breve balance del estado de la crítica en torno al tópico. *Leer a los sociales* es un acto crítico y teórico que ha ido variando a lo largo de estas décadas, pero augura nuevos desafíos y da cuenta de una madurez y riqueza que siempre estuvo allí, esperando miradas menos prejuiciosas y más integrales. En cambio, *leer a los lectores de los sociales* es un ejercicio a menudo desalentador, pues a pesar de la magnitud de los giros teóricos en materia de crítica literaria y cultural, todavía persisten rémoras fundamentalistas y ópticas seriamente reductoras a la hora de aquilatar sus obras. Aún podemos encontrar críticos que insisten con el argumento de que esta poesía sigue fatalmente atada a imaginarios «puristas», a un «inconsciente humanista burgués» (de corte meramente esteticista o lírico/expresivo); o que estos poetas no rompen nunca con el paradigma del «poeta moderno», a pesar de querer disimularlo con ropajes contestatarios. Habría que hacer un verdadero esfuerzo de desmontaje y lectura entre líneas, que desconozca innovaciones formales y proclamas argumentativas, para convencerse de que ese es el caso: la poesía social sería –desde esta visión– una fachada voluntarista que esconde una ideología burguesa y anacrónica. Una falsedad bienintencionada; una involuntaria impostura de un puñado de poetas ingenuos que creyeron jugar en serio al juego del compromiso. Pero ¿desde qué parámetros se ejerce esta crítica? ¿Desde que «pureza» fundamentalista?[1]

Justamente estos han sido los argumentos históricos que han esgrimido los detractores, desde su primera aparición en el horizonte de posguerra, para sostener el rechazo o desautorización de «lo social». Y resultan hoy como ayer tan socorridos como falsos, por su evidente reduccionismo: se los acusa a estos primeros poetas sociales de mantener un redentorismo romántico con la pervivencia del rol del poeta-profeta, de disolver el yo en un «nosotros» humanista abstracto y desencarnado, de esgrimir el compromiso como mera voluntad ética, de no radicalizar una postura marxista, etc. Este rígido esquema fatigosamente reiterado es el responsable de que se haya difundido el equívoco del «falso» compromiso de esta poesía, como un recetario humanista de «buenas intenciones» y nada más, una ingenua opción voluntarista de responsabilidad moral sin otro objetivo político.

---

1. Resultan a mi juicio poco convincentes las argumentaciones de M. A. García en su reciente libro *La literatura y sus demonios: leer la poesía social* (2012). Con el justificativo de estudiar las posturas que configuran lo que es un fenómeno más que evidente (la «demonización de la poesía social»), en la I Parte titulada «Poética del compromiso social de posguerra», tras la estela inequívoca del pensamiento de Juan Carlos Rodríguez, adopta su afirmación de la radical historicidad de la poesía y por lo tanto de su naturaleza ideológica, aunque ese indiscutible apotegma no lo ayuda en sus razonamientos posteriores, que en resumidas cuentas concluyen con algunas mal fundadas conclusiones. Para él los poetas sociales (atados al paradigma humanista) no rompen nunca con «la figura del poeta moderno»: «Tan solo el hueco que deja lo individual es rellenado con lo colectivo» y se alzan «por encima del pueblo», a pesar de los dictámenes revolucionarios o las proclamas marxistas (25). Opera en todos ellos, a su juicio, «el inconsciente de la poesía en sí» (como arte, forma o belleza), y los aparta de «lo social como cuestión de contenidos» (47). Este es el factor que debilita –dice– sus propuestas teóricas, porque no se apartan de ese paradigma en su praxis. Más aún, esto «se revuelve agresivamente contra las posibilidades de una poesía realista y comprometida» y, para García, «este residuo de la ideología burguesa imposibilita una aproximación a lo social en términos materiales y concretos, lejos de los universales y de los idealismos abstractos» (91). Llega así a una de las conclusiones más débiles de su libro: «Al fin y al cabo los poetas sociales (como por lo general la crítica que los lee) no consiguieron doblegar ese inconsciente lírico del que procedían, al que rindieron cuentas pese a su absolutismo político y en el que de forma inevitable terminaron desembocando una vez agotada su etapa propiamente social/realista» (165).

Así es como pervive en la crítica una visión meramente contenidista o lastrada de prejuicios ideológicos, que ignoran de plano las muchas innovaciones presentes en la obra de los mejores exponentes de esta tendencia. A aquellos críticos que aportamos una visión alternativa, desde parámetros de análisis de discurso, pragmática literaria o semiótica social, se nos suele desautorizar bajo el pretexto de que ejercemos una lectura errada, a partir de la dicotomía «simplista» entre forma y contenido (supuestamente deudora de un pensamiento de corte «idealista»), cuando abogamos por revalorizar «la moral de la forma» en expresión barthesiana (como bien lo han expuesto tanto Lanz como Le Bigot, Sánchez Torre y Rodríguez, entre otros). Pero precisamente urge una simultánea atención a la central unidad fondo/forma, como única vía capaz de superar estos falsos argumentos y valorar las decisivas innovaciones retóricas y tropológicas, tanto como las teorizaciones programáticas, que sostienen las «tomas de posición» (Bourdieu) de los poetas sociales en el campo histórico y cultural. Es mi intención desechar esas miradas que, al absolutizar ese tipo de argumentos (tanto los «demonizadores» como los falsamente «materialistas») de modo extremo, aplanan la versatilidad de obras dinámicas como las de Otero, Hierro o Celaya. Porque en ese movimiento reductor, estos críticos inmovilizan en tópicos cristalizados lo que puede ser indiscutible en ciertas fases (gestos utópicos, roles proféticos), pero resulta dinámico en obras en marcha; y lo expanden como dogmas inamovibles para explicar la totalidad de trayectorias mucho más complejas y versátiles.

Mi objetivo nunca ha sido la mera detección de procedimientos discursivos, que conformarían esa constelación categorial del «compromiso», subestimando el plano de los contenidos involucrados. Precisamente porque estoy convencida de la «radical historicidad de la literatura», de la que hace tiempo nos viene hablando nuestro colega Juan Carlos Rodríguez, es que no admito una crítica dicotómica entre análisis «poetológico» y «tematológico». Las innovaciones que los mejores poetas sociales elaboraron para confrontar con el paradigma purista –el hegemónico recibido de la tradición lírica moderna– se apoyan simultáneamente tanto en sus discursos programáticos como en sus estrategias compositivas y matrices de enunciación, como ya lo hemos expuesto en múltiples trabajos. La sistemática desmitificación de la figura del poeta-vate, la relativización del lenguaje como idiolecto sacralizado, las modulaciones colectivas de enunciación y las formas dialógicas de interlocución, la ficción autobiográfica y los usos del correlato autoral, entre otras innovaciones de peso, hablan de un andamiaje procedimental coherente con una toma de posición ideológica de dichos escritores en el campo intelectual, frente al franquismo y de cara al futuro, pero conscientes de la herencia de la poesía moderna que debían rearticular.

Sin embargo, no todas son apresuradas reducciones en el universo de la crítica más reciente sobre estos poetas sociales. Resulta alentador repasar los capítulos del libro que recoge los resultados del congreso celebrado en Granada, con motivo de los treinta años de la muerte de Blas de Otero, entre el 27 y 29 de enero de 2010[2]. Podemos encontrar allí lecturas agudas e integrales, que superan los enfoques temáticos o prejuiciados de décadas anteriores y nos permiten comprobar cuánto se ha logrado en dicho lapso. En homenaje al poeta vasco, encontramos conclusiones de peso que bien pueden extenderse al canon social y exceden el caso puntual del bilbaíno. Por ejemplo, Juan José Lanz recorre con estricto rigor todas las posturas teóricas más decisivas, desde Sartre hasta Adorno, Barthes y Bourdieu, y actualiza la famosa polémica de posguerra entre «poesía como comunicación o conocimiento», ya adelantada en su libro de 2009. Revisa las declaraciones de Gabriel Celaya en torno al «arte en situación» sartreano, los aportes de los propios poetas recogidos en la famosa *Antología consultada* de Francisco Ribes de 1952, y el giro del realismo social a fines de los cincuenta que, sin abandonar el afán testimonial, se repliega para analizar los propios modos de construcción del poema (2010: 53). Recuerda Lanz asimismo que el propio Sartre terminará por situar el compromiso del escritor en el lenguaje mismo (2011: 4), al afirmar que «hablar es actuar» y que «el escritor "comprometido" sabe que la palabra es acción; sabe que revelar es cambiar y que no es posible revelar sin proponerse el cambio» (2010: 56).

Leopoldo Sánchez Torre revisita también en dicho congreso los «argumentos del compromiso» y concluye que es precisamente en ese

---

2. Las actas compiladas por Araceli Iravedra y Leopoldo Sánchez Torre conforman un libro imprescindible, donde pueden leerse algunos trabajos valiosísimos para este debate, como los de Juan José Lanz, Claude Le Bigot, Juan Carlos Rodríguez, Araceli Iravedra, Marcela Romano, Leopoldo Sánchez Torre, entre otros. Yo misma aporto mi propia reflexión sobre el tópico en el artículo «Las voces del compromiso: sujeto social y nombre propio» (Scarano 2010a).

cruce de historia personal e historia colectiva, «entremezclando escritura y reflexión sobre la escritura, superponiendo denuncia y ejemplaridad moral, intercalando compromiso y argumentos a favor del compromiso, como se remata el perímetro ético del último Blas de Otero» (2010: 132). En idéntico sentido, Claude Le Bigot recupera la idea barthesiana de «la responsabilidad de la forma», para romper el círculo cerrado de un compromiso literario fundado solo en las intenciones autoriales o en los contenidos poemáticos. Pone también en duda la adscripción del compromiso exclusivamente a «la dimensión pragmática del lenguaje» (2010: 90), pues a su juicio el compromiso es sobre todo «una cuestión de lenguaje» (ibíd.: 95), de modo que «lo más político de Blas de Otero bien puede surgir desde enunciados sin significado político inmediato» (ibíd.: 100-101).

Baste citar como corolario de este abanico de enriquecedoras reflexiones las palabras de Juan Carlos Rodríguez, quien ya había cuestionado «la raigambre idealista» de esa constelación ideológica: la del «poeta bajando a la calle» desde una ideología burguesa. Pero si aquel realismo socialista soviético «cortó en flor» la problematización de la propia escritura, porque solo «discutía el arte como una cuestión ética», los poetas sociales en sus mejores apuestas rompen con ese límite, avanzando en una «poética materialista», que se plantea desde «el funcionamiento poético a la estructura familiar, desde la conducta sexual a cualquier otro lenguaje o actitud de los englobados en el ámbito burgués de lo privado» (2001: 289, 298). En este sentido, Rodríguez concluye su intervención ratificando que «Blas de Otero fue uno de los pocos (como Brecht) que no tuvo miedo», «se interrogó a sí mismo hasta el fondo e interrogó hasta el fondo a la poesía», sabiendo que «podía hacer con el verso en castellano lo que le diera la gana», sin creerse nunca «un ser previo a la historia» (2010: 215-216), como el imaginario purista había concebido.

Este brevísimo estado de la cuestión nos permite comprobar que leer hoy a los poetas mayores del canon social (y calibrar de paso a sus lectores y críticos) es abrir una puerta para revisitar la categoría de compromiso de modo renovado, desde un nuevo horizonte histórico y epistemológico, desde otro siglo y milenio. Para ello examinaré ciertos postulados programáticos que los tres poetas tienen en común y que permiten definir los alcances de dicha «autopoética del compromiso», enunciada a través de tres ejes:

– un eje minimalista: «poesía con minúscula», «en voz baja», «en tono menor», «anti-literatura» frente a la tradición moderna de la «Metapoesía», con la consecuente figuración humanizada de su sujeto (hasta su aparente disolución en instancias plurales);

–un eje perlocucionario: poesía como «hacer», «labor», «trabajo», «acción», «intervención», que demanda un nuevo léxico y nuevos procedimientos, para poner en funcionamiento una visión de la poesía que intente superar su naturaleza primariamente lingüística o simbólica;

–un eje epistemológico: poesía y «verdad», auto-conocimiento y «testimonio», «saber de sí», que reordena la falsa oposición entre conocimiento y comunicación, desnudando su mutua interpenetración.

Gabriel Celaya: «una apertura de conciencia»

Si hay que romper el sistema, empecemos por romper el idioma

Gabriel Celaya, en su ensayo *Exploración de la poesía*, utilizaba el término «Metapoesía» (con mayúscula) para definir con él a la «poesía becqueriana» (y a partir de ella, a la tradición simbolista que inaugura), en su afán nunca satisfecho por acceder a un absoluto poético. El prefijo *meta* es usado en su estricta significación etimológica (del griego: *más allá*), y el término acuñado define una concepción de índole simbólica, fundada en los albores del Romanticismo y cuya vigencia se extiende hasta el siglo xx. Celaya propugnaba allí un giro radical con respecto a tal tradición que, en su opinión, no era más que la máscara de «un pensamiento típicamente reaccionario»:

> La apelación al misterio, que se busca en el Arte cuando otras evocaciones del más allá parecen poco convincentes, se convierte en una verdadera necesidad para las clases dirigentes y económicamente privilegiadas, que no quieren enfrentarse con una realidad dentro de la cual sus posiciones de ventaja no tienen justificación posible (1979: 12).

Contra ese modelo elaborará, en el mismo sentido que Blas de Otero y José Hierro, un programa argumentativo disidente, que busca naturalizar y «humanizar» el arte, despojándolo de su aura trascendental:

> El peligro consiste precisamente en que, como viene ocurriendo con frecuencia de un siglo a esta parte, hagan del Arte un *ersatz* de la Religión o una seudomística, ya que esta seudomística es mística del hombre que quiere ser como Dios, mística invertida, satanismo. El Arte es una operación humana. Solo humana. No lo desorbitemos. [...] Porque el Arte es un espejismo: Un espejismo deliberado: Una técnica del espejismo (1979: 65).

En una conferencia dada en La Habana en 1968, a modo de evaluación de su trayectoria, Celaya sintetizará la lucha de todos estos poetas por la construcción de una poesía capaz de superar los falsos mitos de la llamada «Metapoesía»:

> Pese a los cambios naturales que con el tiempo se han producido en mi obra, los presupuestos de la poesía social, si entendemos por esta la lucha contra los mitos de la Metapoesía, la inspiración mágica, el prurito de originalidad, el personalismo, el hermetismo, el perfectismo formalista, la inmortalidad literaria, etc., me parece aún válida (1979: 192).

Pero recorramos brevemente su itinerario creativo. A lo largo de su vida Celaya utilizará todos sus nombres de pila y apellidos para firmar sus libros: Rafael Gabriel Juan Múgica Celaya Leceta. De ellos extraerá los tres heterónimos responsables de su obra. A Rafael Múgica le pertenecen los tres primeros libros (*Marea de silencio* de 1935, *La música y la sangre* de 1934-1936 y *La soledad cerrada* de 1947); a Juan de Leceta los libros que en 1961 recopilará bajo el título de *Los poemas de Juan de Leceta* (*Avisos*, 1950, *Tranquilamente hablando*, 1947 y *Las cosas como son*, 1952); y a Gabriel Celaya el resto de la producción. Para él «son verdaderos heterónimos y no seudónimos, pues señalan un cambio radical» en su vida (IP: 13)[3], como bien lo señala en una entrevista con Ángel Vivas:

> Cuando yo trabajaba de ingeniero, el Consejo de Administración me dijo que no era serio que escribiese poesía, entonces empecé a usar el Cela-

---

[3]. Para la correspondencia de las siglas que a partir de ahora empleo en abreviación de las fuentes primarias, véase la bibliografía final.

ya. Pero luego hubo una temporada en que usé el tercer apellido, el Leceta. Fue cuando conocí a Amparo, fue tal revolución en mi vida, tal cambio, que empecé a usar el Leceta. Luego comprendí que aquello no tenía sentido, y todo aquel Leceta quedó incorporado al Celaya (en Vivas 1984: 83).

Esta movilidad de voces le permitió acercarse a una de las utopías mayores de la poesía social: colectivizar la voz hasta el punto de simular el borramiento de la autoría individual, como si fuese propiedad del pueblo, como lo son los cantares y coplas del acervo tradicional. Este carácter anónimo retrotrae la figura del poeta a la del juglar, y así lo expresaría Celaya en la famosa encuesta de Francisco Ribes para su *Antología consultada* de 1952:

> Nuestra poesía no es nuestra. La hacen a través nuestro mil asistencias, unas veces agradecidas, otras inadvertidas. Nuestra deuda –la deuda de todos y de cada uno– es tan inmensa que mueve a rubor. Aunque nuestro Señor Yo tiende a olvidarlo trabajamos en equipo con cuantos nos precedieron y nos acompañan (PyV: 74).

Más de 90 libros publicaría desde su *Marea de silencio* de 1935, enlazando fases que se vinculan mucho más de lo que sus etiquetas describen: surrealista, existencial, social y órfica (RP: 11). Se corresponderían con tres estadios de conciencia poética: el de conciencia mágica (estética surrealista de sus primeros libros), el de conciencia colectiva (etapa social propiamente dicha) y el de conciencia cósmica (estética órfica a partir de *Lírica de cámara*). El primer estadio, al que Celaya acepta denominar surrealista (si bien con modulaciones personales) va a introducir dos elementos que continuarán a lo largo de toda su producción poética (también en la etapa definidamente social): la conciencia del *yo* como otredad, aquí bajo el lema de Rimbaud («Je est un autre») y la consigna de Lautréamont: «La poesía debe ser hecha por todos, no por uno» (RP: 13-15).

Desde la década de los cincuenta, sabemos que esta impronta «social» tiene inequívoca filiación marxista, aunque rubrica su afinidad con el existencialismo, a partir de las lecturas de Jean-Paul Sartre[4]. Nos

---

4. Juan José Lanz aporta datos valiosos sobre la impronta sartreana en Celaya, que fuera temprano lector y comentador del ensayista francés: «Téngase en cuenta que *El existencialismo es un humanismo* (1946) se traduce ya para 1947 en la revista santande-

recuerda Juan José Lanz que el proceso de consolidación de la poesía social de signo de izquierda vino a coincidir «con el intento de reconstrucción de las bases intelectuales del PCE en el interior a partir de 1950-1951», con el «Mensaje» en abril de 1954, y con «el modelo de reintegración nacional que va a proponer en su congreso de 1954. En este sentido, Eugenio de Nora serviría de contacto para que Jorge Semprún, en un viaje a España hacia el año 1950-1951 se encontrara con Celaya y Amparo Gastón» (2011: 9). Las redes entabladas entre todos estos poetas, novelistas y dramaturgos configuran un campo donde la «toma de posición» estética, política e intelectual, a pesar de la dictadura y sus censores, se hizo visible y contundente. Pero este alineamiento persiste a lo largo de las décadas posteriores y no es exclusivo de su fase social. Por ejemplo, en *Dirección prohibida* reúne textos de muy diversas épocas cuya afinidad reside justamente en haber sido prohibidos cada vez que intentó publicarlos; y lo editará en Argentina en 1973, bajo ese sugestivo título, reuniendo cuatro poemarios autónomos: *Las resistencias del diamante* (1957), *Poemas tachados*, *Episodios Nacionales* (1962) y *Cantata en Cuba* (1968). El compromiso de estas primeras décadas es claramente antitrascendentalista e iconoclasta y tiene su mejor expresión en el revulsivo coloquialismo de su Leceta: «Escribiría un poema perfecto / si no fuera indecente hacerlo en estos tiempos» (A: 297).

Después de su incursión en la poesía social como fase acotada (aunque ya vemos la precariedad de esta segmentación), Celaya explica: «Busqué muchos caminos. El primero fue el de la poesía vasca. En aquellos años hasta el 64 el movimiento antifranquista se daba en el País Vasco de una forma mucho más clara y más evidente y más violenta que en el resto de España» (en Vivas 1984: 90). Son de esta etapa poemarios como *Rapsodia euskara*, *Baladas y decires vascos*, *Iberia sumergida*, etc. Y explorando nuevas tentativas para su «compromiso», reconoce que desembocó luego en experimentaciones verbales más radicales, como «otro modo de ir más allá de la poesía social. Esta

---

rina *Proel*, una de las vías de penetración, junto con *Ínsula*, del existencialismo francés». Y da cuenta de dos artículos publicados en *La Voz de España*, de San Sebastián, el 5 de junio y el 2 de diciembre de 1948, donde «dedica Celaya sendos comentarios al existencialismo y a una lectura crítica de *El ser y la nada* (editado originalmente en 1943)». De Sartre también toma prestado Celaya el concepto de arte «en situación», que enlaza con la propuesta de Ortega y Gasset (2011: 6-7).

poesía fue *Lírica de cámara*, un retorno a la física del átomo, a la física nuclear [...]. Era un intento de llevar la poesía social, que ya estaba en decadencia, a otro nivel» (ibíd.: 90, 92).

La revolución que Celaya propugnaba debía partir, según sus propias declaraciones, de la práctica que el poeta mejor domina: su trabajo artístico, por eso entendió pronto que la revolución poética tenía que darse en el terreno del discurso, más que en el plano de las voluntades de autores y lectores. Rechazó el esteticismo, en su propia praxis lírica, abogando por una poesía cercana a los ritmos coloquiales de la prosa. Por eso apoyó la fórmula oteriana de la «inmensa mayoría» como destinatario, expresando la aspiración a «convertir la poesía en un género realmente popular», no solo por sus contenidos sino por su estilo. Coloquialismo y *sencillismo* serían las estrategias claves para lograrlo, y a este propósito responde su formulación de la poesía como *decir*, entendiendo este vocablo en su doble acepción: «como género entre la poesía y la prosa y como resultado de la vivencia asimilada por el artista» (IP: 247). Esta opción por la sencillez, cercana a los tonos de la antipoesía, claramente manifiesta en la fase firmada por Leceta, no oculta su grado de dificultad, ya que existe en Celaya una clara conciencia de la necesidad de rigor y cuidado formal; sin embargo tales esfuerzos debían ir orientados a construir un nuevo lenguaje, rompiendo con normas, retórica y academicismos. Se trataba de proponer una poesía que acortara la distancia entre el «modo de hablar artístico» y el «modo de hablar común» (PyV: 41).

En su ensayo «La poesía coloquial» expresa que ante el evidente «desgaste y extenuación de un lenguaje hiperpoético» y minoritario, su primer objetivo fue precisamente construir una nueva retórica, con eficacia estética y alcance mayoritario:

> Si el lenguaje liso y llano –o prosaico, como decían mis adversarios– me atraía, no era solo por un deseo de facilitar la comunicación con un lector poco dispuesto a esforzarse, sino porque después del metapoético surrealismo y el superferolítico garcilasismo, y de un modo solo aparentemente paradójico, me sonaba a impresionantemente novedoso, me daba el choque poético y la indispensable sorpresa que ya no encontraba en ninguna metáfora, por muy atrevida o sabia que fuera (PyV: 27-28).

Esta nueva retórica era la faz exterior de «una ideología que le caía muy mal al poder» (PyV: 31), porque estaba constituida por diversos componentes cuya amalgama resultó ser una mezcla explosiva para la España de la dictadura: reivindicación de un léxico vulgar y conversacional, con tópicos menores y triviales como materia del enunciado, utilización de modos compositivos revulsivos al lenguaje oficial y un nuevo experimentalismo basado en una neo-vanguardia revolucionaria.

En la persecución de un desmantelamiento del ego cartesiano y burgués, los poemas de sus primeros libros, firmados por Rafael Múgica, ensayan un tono impersonal, donde el *yo* busca ausentarse del texto para volcarse a los objetos exteriores. Exclamaciones, secuencias nominales, enunciación impersonal se corresponden con la declarada afirmación del hablante de constituir una identidad diluida en el espacio exterior. La recurrencia de la enunciación copulativa describe un yo signado por un proceso dialéctico, por el cual se afirma y se niega simultáneamente, produciendo una ambigüedad creciente. La resolución de tal ambigüedad en una instancia plural aparece como aspiración declarada y preanuncia el giro que tomará posteriormente la poesía celayana.

Desde *Avisos de Juan de Leceta*, la definición del *yo* como «hombre a secas» y la consecuente repulsa de la categoría mesiánica de la poesía emergerá claramente; la actividad poética se atribuye a un sujeto definido como «barro sucio», cuyo decir no es poesía (o lo que se entendía en el paradigma de la «metapoesía»), sino lenguaje cotidiano: «Digo lo que dicen las gentes cualquiera» (A: 262). El poeta se presenta como un marginal, y busca ridiculizarse generando una secuencia antitética a la que la tradición ha consagrado: «me complace saberme uno de tantos» (TH: 287). Este proceso de «rebajamiento» ahonda las aristas domésticas y minimalistas del yo escritural: «Soy un hombre vulgar (lo que no es poca cosa), / soy feliz como puede serlo cualquier otro» (TH: 292). El *yo* «representa» un personaje que repudia el rótulo oficial de poeta y reconstruye en su escritura posturas humanas cotidianas, con expresiones como «Todas las mañanas, cuando leo el periódico», «Con las manos en los bolsillos», «Fin de semana en el campo», «En mi cuarto, con el balcón abierto», etc. (TH). Esta proclamación humanista prevalecerá en toda su obra: «Todo lo que intento locamente, / ser ahora y aquí, ser solo un hombre» (LCBA: 359).

La ridiculización de la práctica expresa su rechazo a la concepción anquilosada del arte como actividad de privilegio social y espiritual: «Por ahora aquí sigo / fatigado, indeciso, / tan cerca de la nada que me gusta hacer versos» (A: 263). La «poesía inmortal» nunca roza al hombre, pues «la vida, ya se sabe, siempre es pequeña y sucia». Por ello, la palabra que la expresa debe ser «mortal», «sin maquillaje»: «Así que para andar por casa, uno se queda / con la porquería tierna y terrenal, / solo temporal» (OP: 77). En esta dirección, titula un texto «A la poesía no hay que hablarle de usted», donde establece los predicados nucleares del quehacer poético: temporalidad, perfectibilidad, imperfección, un bien de uso y desgaste: «La poesía se gasta. Solo tiene un momento. / Escribamos de prisa lo imperfecto» (OP: 77). Perfectibilidad que extrema con la analogía de poesía como «violación», en abierto desafío a las connotaciones solemnes y moralistas de la poesía oficial: «Mis amigos se ponen de etiqueta / para hacer el amor [...] / mientras yo, con bajas miras, violo la poesía» (OP: 78).

Uno de los predicados que Celaya da al arte en uno de sus primeros ensayos es justamente el de *representación*, pues, en tanto «modo de hablar», el arte es «siempre hablar para otro», y esto otorga a la poesía un carácter «espectacular» por la necesidad de un espectador: «El artista se inventa al margen de su circunstancia una personalidad especial. [...] Representa. Pero en su obra se hace igual a su representación» (PyV: 55). Esta operación cobrará relevancia en su última etapa, aunque ya estaba en germen en las diversas máscaras y desdoblamientos utilizados desde el principio, tanto por el uso de sus heterónimos como por las mismas estrategias de simulación de la voz. Se exhibe aquí al poeta como un *comediante*: «como yo no soy yo, represento a cualquiera» (OP: 80); «Soy solo un comediante, perdido en sus papeles» (F1XN: 107). Máscaras, fantasmas, apariencias, disfraces, variantes de un *yo* que «no tiene rostro», «alquila su vacío» y «cuanto más se oculta / más se parece a todos» (F1XN: 108).

La destrucción del *yo individual* y la consecuente constitución de un *yo social* no parecen agotar la intención de Celaya por deconstruir la categoría poética tradicional de sujeto, que se problematizará indefinidamente hasta el final de su obra. Primero porque este *yo plural* no será nunca una entidad abstracta; la colectivización de la figura del poeta en su dimensión humana (modulación existencial) se complementa con la ubicación del mismo en una circunstancia histórica concreta (modulación política). Pero, además, este sujeto se definirá étnicamente desde *Cantos iberos* (1955) hasta *Iberia sumergida* (1977), celebrando sus orígenes y convocando a su sangre y a sus antecesores íberos para construir una nueva España (modulación racial), consolidando su perfil histórico.

El proceso de vaciamiento del *yo* de toda categoría humanista se presenta como una necesaria tarea de purificación para desechar y destruir los falsos mitos de la cultura occidental: la razón, el concepto de tiempo, la noción de individuación, la supremacía de lo abstracto sobre lo concreto, la existencia de un absoluto trascendente. A esta ruptura con el humanismo tradicional, Celaya la denominará «poesía órfica»:

> Yo, con conciencia órfica, quiero decir conciencia ecológica, dicho en términos muy simples; es decir, que la conciencia colectiva de los poetas sociales era una conciencia humanista, pero no era una conciencia ecológica, que consiste en comprender que el hombre forma parte de un conjunto que no son solo los hombres, sino que es la naturaleza y, a otro nivel, el cosmos, los planetas, que dependemos de todo y que todo es un conjunto (en Vivas 1984: 91).

En *Reflexiones sobre mi poesía*, Celaya explica cómo, en su estadio de «conciencia colectiva», la poesía produce «un lenguaje que habla impersonalmente a través de él. El lenguaje que se dice a sí mismo: el lenguaje que nos constituye a todos y cada uno como un ser conjunto y colectivo» (RP: 18). Pero esta cuasi disolución del *yo* en un plural (hasta llegar a la ecuación *yo-nadie*), no revierte en la consideración del poema como absoluto autosuficiente. La despersonalización no conduce a una mera impersonalidad, sino a una colectivización de la práctica. El *yo* se declara vacío, pero disponible para ser llenado por cualquiera. Su intento se canaliza hacia la formulación de un nuevo lenguaje, a primera vista profundamente distanciado de aquel transitivo y referencial postulado en la etapa social, pero que nace sin embargo del mismo impulso: «Si hay que romper el sistema, empecemos por romper el idioma» (LdC: 57). Tal objetivo poético-político será permanente en el corpus celayano y confirma la unidad de impulso y consistente continuidad de su producción.

A partir de *Lírica de cámara* explorará técnicas experimentales y la descomposición de los componentes verbales se convertirá en testimonio especular de la realidad histórica fragmentada, de la caída de los valores absolutos. Si el poeta ha sido bajado de su sitial para definirse como «cualquiera», deja de ser alguien escogido para ser igual que «nadie». Y esta categoría lo equipara al «todos», que define a los hombres comunes y anónimos del pueblo. La lexía *nadie* comenzará a adquirir otras connotaciones, como emblema de disolución del *ego* poético: «No somos uno en otro. / Somos nadie, nada más» (LdC: 36). Y avanza más al cuestionar la categoría de autoría individual y postular la propiedad colectiva y anónima, aspirando a un nuevo «mester de juglaría» (que mucho tendrá que ver en sus teorizaciones con los nuevos medios de reproductibilidad técnica): «Los poetas solo duramos en cuanto desaparecemos o nos transformamos en otros que, hasta negándonos, viven de lo que fuimos en cuanto nos presuponen» (LdC: 43). Títulos como «La poesía se me escapa de casa» plantean la difusión y reescritura, el plagio y el prestamo como posibilidades de concretar la aspiración a una poesía colectiva. En «La poesía se besa con todos», el hablante reivindica y reformula estas prácticas de apropiación y otorga mayor importancia a la lectura y recepción del poema que a su producción individual, formas institucionalizadas de la propiedad privada burguesa que ataca (OP: 81-82).

Estos postulados se comprenden en su totalidad si los ponemos a dialogar con su propuesta de la poesía como *labor*, reafirmando la materialidad de la praxis. En un incisivo ensayo titulado «Poesía y Trabajo» (escrito en 1972), Celaya subrayaba el concepto de «trabajo» como uno de los fundamentos de la poesía social:

> Es inútil decir que en Poesía, el trabajo no lo es todo. Ni en Poesía, ni en nada. [...] Quien no comprenda esto y siga creyendo que el poeta es un ser superior y no un obrero, aunque un obrero especial, como especial de otro modo es un médico o un electricista, no entenderá nunca lo que quiere decir Poesía social en su recto sentido (PyV: 193).

> La poesía, como cualquier otra actividad del hombre, está determinada por las bases materiales de la sociedad en que se produce. Y si es así, cambiar radicalmente esa poesía, y cambiar las relaciones de comunicabilidad del poeta con su público posible o real, será cambiar esas bases materiales (PyV: 91).

Sus intentos por formular una poética de corte materialista claramente corroboran los postulados programáticos que ofrece en sus ensayos: «la poesía no pretende convertir en *cosa* una interioridad, sino dirigirse a otro a través de la *cosa-poema* o la *cosa-libro*» (1987: 17). Representatividad histórica, denuncia política y llamamiento a un cambio social son las notas medulares que definen su carácter de «poesía urgente», como titulara uno de sus libros. Asimismo, su difundida proclama de la poesía como «arma» logró coagular este eje asociado al efecto combativo. Pero, más que una directa alusión a la lucha de clases o al llamamiento a la revolución, el propósito fue romper con la imagen del poema como objeto complaciente e inútil, instrumento de evasión y ensueño. «Tal es mi poesía: poesía-herramienta», «Tal es, arma cargada de futuro expansivo / con que te apunto al pecho», sentenciaba en su texto de *Cantos iberos* en 1955. Si nos alejamos de los fatigados argumentos esgrimidos por la crítica tradicional en torno a esta consigna, interpretando «arma» solo en sentido bélico, vemos que el objetivo es convertir la poesía en herramienta de labor, como «trabajo», instrumentalizando un «oficio» y una «esencia-arte» en «cosa», desde un claro materialismo estético. En realidad, la mentada alegoría de la poesía como arma le llega a estos poetas de la declaración del Congreso de Escritores soviéticos, celebrado en Kharkov en noviembre de 1930, con el lema: «Art is a class weapon», unida a la consigna de André Breton, «un arma para transformar el mundo».

Las conexiones que establece entre el poeta y el juglar popular también inciden en esta materialidad del cuerpo y la presencia de la voz anónima fundida con la colectividad. Incluso la versatilidad nominal que despliega en sus figuraciones autoriales no son más que facetas de una misma praxis, la de la poesía colectiva como meta (inalcanzable quizás pero fuertemente argumentada): «Sé que todos formamos uno solo» (PC: 511), «Y en mí hablarán los otros...», en esa «nueva poesía sin autor que amanece...» (ibíd.: 519).

La tematización de tópicos políticos como la guerra, la censura, el exilio, la cárcel, son vistos «desde abajo», no tanto como hechos de la crónica oficial, sino como acontecimientos de la experiencia del «hombre sin atributos» (en palabras de Musil) o, como lo llama Celaya, «del cualquiera», con resonancias brechtianas, y tal como lo estudia ahora la actual corriente historiográfica denominada «history from below». Asimismo, el tono «sencillista» y conversacional, la impronta «antipoética», un estilo entre figurativo y realista, como también sus intentos de deconstrucción verbal o la formas de colectivización de la enunciación (*collage*, polifonía, intertexto, estructuras dialógicas), fueron todos procedimientos de base para configurar un nuevo paradigma discursivo. Sumemos además la atención a las estrategias retóricas para sortear la censura, la experimentación con la elusión y la perífrasis, las metáforas y simbologías que, sin anular el componente de denuncia, pudieran sostenerse como imágenes autónomas. En ese mismo movimiento que intenta identificar al sujeto con «el hombre de la calle», Celaya se afana por producir un discurso que sea representación del pensamiento y decir colectivo, ejerciendo torsiones para «apear» el lenguaje y bajarlo de su «sitial hiper-esteticista», siguiendo el modelo disidente y temporalista de Antonio Machado:

> Seamos como esos poetas [...] que en lugar de hablarnos desde fuera, como en un confesionario, hablan en nosotros, hablan por nosotros, hablan como si fuéramos nosotros y provocan esa identificación de nosotros con ellos, o de ellos con nosotros, que certifica su autenticidad («Nadie es nadie», PC: 501).[5]

Este proceso de descentramiento está indisolublemente atado a la evolución de la categoría de compromiso en su especulación y praxis lírica. No nace de un nihilismo destructivo ni de una negatividad estéril, sino de un impulso siempre constructivo que apunta a liquidar los falsos ídolos sobre los que se erigió la modernidad, para fundar una nueva «conciencia expandida», que busca ser a su vez un nuevo sistema representativo de la realidad: «A cierta edad, uno siente la necesidad de barrer su casa, y dejarla limpia de polvo y paja y de esos trastos con los que uno se divirtió locamente durante muchos años. ¡Buenas noches, Cultura!» (LdC: 42). La filosofía y el arte que concibieron al *yo* cartesiano como centro de lo real son los blancos predilectos sobre los que convergen sus movimientos deconstructores, desde el principio mismo de su obra, proceso del que Celaya es lúcidamente consciente y lo transmite en una autopoética tan coherente como radical:

---

5. El poeta que mejor se ajustaría a ese modelo sería Antonio Machado, y por esta razón, explica Celaya, «la poesía social hizo de Machado su bandera»: como él «también nosotros luchábamos contra la pérdida de la familiaridad comunicativa, contra el egocentrismo y el hermetismo, contra la poesía como magia más que como expresión o modo de hablar, contra el neutralismo y la frialdad de la Poesía Pura, contra la falta de contacto con el hombre de la calle» (PyV: 120). Véase para la relación Celaya-Otero-Machado y el Homenaje de 1959 en Colliure, Scarano (2009).

A veces pienso que, en realidad, todo ha sido igual, y que a mí siempre me ha preocupado lo mismo: una apertura de conciencia. La poesía surrealista no es más que eso: cobrar conciencia de cosas que son inconscientes. Y la poesía social, lo mismo: sentir como propio lo que sienten otros. El ser uno con el otro, el llegar a un estado de conciencia que no es egocéntrico (en Vivas 1984: 92-93).

Blas de Otero: «la alteración del orden, la construcción de la justicia»

No hay otra poesía que los poemas;
una de tantas cosas que hace el hombre sobre la tierra.

La fase primigenia de la poesía oteriana se abre con *Cuatro poemas* (1941), *Cántico espiritual* (1942) y *Poesías en Burgos* (1943). Después de siete años, Otero edita *Ángel fieramente humano* (1950) y *Redoble de conciencia* (1951), que refunde añadiendo 48 poemas inéditos y publica con el título de *Ancia* en 1958. Su etapa social propiamente dicha comienza en 1955 con *Pido la paz y la palabra* y continúa con *En castellano* (1959), publicado en París en edición bilingüe con el título *Parler claire*. La editorial Losada en Argentina va a reeditar su *Ángel...* y *Redoble de conciencia* en 1960 y recopilará los dos poemarios sociales con el título *Con la inmensa mayoría* (1960), siendo estas ediciones las más difundidas por dos décadas en el mundo hispanohablante. En Puerto Rico, publica poco después la antología *Esto no es un libro* (1963), hasta que en 1964 sale a la luz *Que trata de España*, en dos versiones: una mutilada en Barcelona y la original no censurada en París. Después de cinco años, en 1969, reúne una *summa* de su obra en una antología ordenada titulada *Expresión y reunión*, donde incluye poemas de un libro inédito denominado *Hojas de Madrid*, que alimentará durante diez años, variando después su título por *Hojas de Madrid con La galerna* (el cual será editado en 2010 por Sabina de la Cruz). En 1970, publica *Historias fingidas y verdaderas* y el poemario antológico *Mientras*. En la última década de su vida publicará cuatro antologías de autor: *País* (1971), *Verso y prosa* (1974), *Todos mis sonetos* (1977) y *Poesía con nombres* (1977). En 2012 y también al cuidado de Sabina de la Cruz, se publicará al fin su obra completa. En suma, una dilatada obra lírica junto con una escasísima producción teórica. Porque Otero no se dedicó a escribir extensos ensayos, sino breves apuntes y numerosos reportajes y entrevistas, que constituyen un material valiosísimo para leer a contraluz de su poesía y dirimir el estatuto integrador de su autopoética[6].

En su obra poética, Sabina de la Cruz y Lucía Montejo reconocen «un período de formación y tres etapas básicas». El primero incluye «todo lo publicado hasta su primer libro, AFH». De las tres etapas, la primera es la «existencial» (AFH, RC y *Ancia*), la segunda es de «poesía histórica o social» (PPP, EC, QTE) y la tercera (desde HFyV) es para ellas de «meditación integradora, por la serenidad y melancolía de las prosas y los poemas póstumos» (1995: XIX-XX). Nadie mejor que el propio autor para evaluar su travesía, en un poema de su última etapa que titula precisamente «Liberación», donde describe sus inicios: «cientos de poemas / a borbotones», hasta llegar a su «cántico espiritual o mejor dicho / un entretenimiento en una fábrica». Confiesa que «mis libros fluyen / a compás de mi vida. Mi palabra / a compás de los años», y admite fases, evolución, renovación: «va variando / por sí misma, sucediéndose / y revolucionándose». Si algo reivindicará siempre es «que hablé con entera libertad / de todo, de todo al mismo tiempo», «liberando / el pensamiento, la imaginación / y la palabra» (HMcLG: 208).

En su obra hay una permanente reflexión autorreferencial orientada a definir el estatuto de la poesía, desde posturas de minimalismo explícito y clara desmitificación. Una de sus más significativas autopoéticas se titula «Oigan la historia» (de *Mientras*), donde la estrategia de diferenciación opera en todos los niveles, transgrediendo la norma tradicional de las artes poéticas por vía irónica. La irreverencia es la modalidad de comportamiento de este personaje –la poesía– que es dotado de voz, para proclamar, en un movimiento de repulsa y rebelión hacia sus mayores, su independencia de toda norma o sujeción. La lúdica personificación tiñe de humanidad a una entidad sacralizada como absoluto en la tradición del género, y ella misma se autodefine con uno de los neolo-

---

6. En su tesis doctoral, Elena Perulero incluye un valioso Apéndice (III), donde transcribe 19 entrevistas al poeta, muchas de ellas desconocidas por buena parte de la crítica o, al menos, poco accesibles, que han sido inestimables como material de consulta. En las Fuentes solo incluyo las referencias a las entrevistas citadas en este estudio.

gismos más interesantes que acuña Otero, «p o e s í a b i e r t a», con esa separación entre las letras que rompe la normalidad gráfica de la lexía y propone una praxis diferenciada (M: 53-54).

El neologismo «*poesíabierta*» es su más acabada definición de la poesía, como escritura necesariamente fragmentaria e inacabada. No esencia sino materia, constituida por objetos-poemas que, como páginas sueltas, buscan adecuar la palabra a la verdad histórica personal y colectiva. Para ello, la poesía debe evadirse de la tiranía de la institución literaria, atomizando la estructura fija del libro en «hojas» dispersas, y desplazando la atención del poeta a la realidad invocada, como testimonio de una sociedad (y no de un hombre solo). Esta concepción «aperturista» consolida postulados tempranos de Otero, donde se oponía al arte como institución y repudiaba la idea de la literatura como actividad ociosa inmovilizada en libros impresos. Ya había enarbolado esta actitud iconoclasta, desde el poema «Digo vivir» de *Redoble de conciencia*: «Vuelvo a la vida con mi muerte al hombro; / abominando cuanto he escrito: escombro / del hombre aquel que fui cuando callaba» (*Ancia*: 163). Los sustantivos seleccionados –«basura», «escombro», «resto», «escoria»– buscaban producir un efecto de rechazo y condena, gesto que reivindicará a lo largo de toda su producción con la misma virulencia, para oponerse a las concepciones mitificadoras y puristas, que implican una diferenciación social y un aislamiento carismático del poeta con respecto a la sociedad. En una entrevista de 1956, manifestaba que su «rebeldía» surge «frente a la poesía que no se ha dado cuenta todavía que hay cosas más importantes que la poesía en sí», a menudo por «una forma con demasiada hojarasca y un fondo que se anda por las ramas» o «por las nubes» (1956: 78).

Y en *Que trata de España* exponía la imposible coexistencia entre la vida y los libros, en una actitud hiperbólica e irreverente desde el primer verso: «¿Qué tiene que ver la vida con los libros?». La poesía debe ser *antiliteratura*, de forma tal que contenga no meros signos gratuitos, como objetos decorativos o fácilmente consumibles, sino palabras orientadas, donde «la realidad palpita» (QTE: 41). En «Dios nos libre de los libros malos que de los buenos ya me libraré yo», extiende dicho repudio a los libros como falsos mediadores que impiden la experiencia existencial de la literatura. Frente a la impostura de estos, el hablante propone un programa vitalista, que vuelve a equiparar vida-poesía por fuera de la institución: «Para qué tantos libros, tantos papeles, tantas pamplinas», «cómo perder el tiempo en leer, pasar la página, cuidarse las anginas, / cuánto mejor callejear a la deriva, / esto sí que es un libro lo que se dice un libro de tamaño natural / lleno de gente, tiendas, puestos de periódicos, casas en construcción / y otros versos» (EyR: 289).

Pero su definición más rotunda será la que aparece en el prólogo a *Poesía con nombres*, donde define su práctica como «poesía con minúscula» con alcances claramente políticos, reforzando argumentos ya vertidos antes: «He titulado a este libro *Poesía con nombres* porque confío en que el lector encontrará en él poesía –desde luego, con minúscula– y nombres propios», y continúa: «así como había un diletante de la pintura que decía que a él le gustaban "los cuadros con gente", también en los poemas puede resultar eficaz que aparezca el nombre de alguien, que puedo ser yo mismo, o el de al lado». Esta naturalización de los personajes del poema –dentro de su proyecto antiesteticista– conlleva un *ethos* autorial de indudable naturaleza política, que el bilbaíno reconoce: «Pienso que difícilmente habrá nada más humano o político que esto» (PcN: 7).

En una prosa de *Historias fingidas y verdaderas*, por vía irónica, enfrentaba ambos imaginarios estéticos (purista y social): «como es sabido *el bestial elemento se solaza en el odio a la sacra Poesía*» (HFyV: 45). Y dejaba asentada dicha oposición con la diferenciación de grafía (similar a la operada con *España-españa*) al declarar que «esa mayúscula no hay quien la aguante», bautizando por ende su praxis con la minúscula, que reforzará con el vocablo compuesto de «*poesíabierta*». También en el poema en prosa «Vida-Isla» declaraba su repulsa a la institucionalización del arte, tanto por el consumo burgués como por su estatuto academicista: «Por aquí aparece La Habana... confundiéndome los papeles, el dictado y el temor a la falsa literatura (pues no hay otra, en verdad os digo que la literatura me hace reír)» (EyR: 203). Pero esta idea minimalista se relaciona también con su rechazo a la supuesta *fama literaria*, que rodea al artista encumbrándolo como una celebridad frívola y vacía, lo que le permite repudiar a la vez la idea mercantilista del arte como valor de cambio:

> ¿Tú esperas que yo te ofrezca un buen trozo de literatura, algo que tú puedas adquirir por unas pesetas y que quizás incluso sirva para acrecentar un poco el contagio, parecido al prestigio que con tanto esfuerzo llegué

a alcanzar? ¡Valiente billetito falso este de la gloria! Te lo regalo, y además te doy un buen consejo: no juzgues nunca a este hombre a quien le interesa la literatura tanto como andar en yate los domingos. Malditos sean el mar y la vanidad y la envidia y la libertad de los escribientes que están siempre más acá del bien y del mal en nombre de no sabemos qué derechos de expresión no reconocidos ni por la madre que los entintó (HFyV: 36).

Una noción clave para desarrollar esta concepción materialista del poema es la de la poesía como una «cosa» por «hacer», en términos claramente pragmáticos e instrumentales. La mejor autopoética que expone esta constelación ideológica aparece en *Hojas de Madrid con La galerna*, en un significativo texto titulado «Tiempo de poemas», donde se formula la tradicional pregunta: «¿Qué es la poesía?», enigma fundacional del gesto metapoético. Al pasar revista a las eventuales respuestas (plurales y provisorias) se elabora una escena narrativa, donde el hablante establece un diálogo indirecto con el «tú» femenino de aquella conocidísima Rima XXI de Bécquer, que le sirve de hipotexto: «Se me ha acercado una niña, y me ha preguntado: ¿Qué es la poesía? / Y yo le he contestado: La poesía eres tú cuando tengas once años más» (HMcLG: 75). Aquella idealizada mujer responsable de la pregunta por la esencia de la poesía («¿Qué es poesía?, dices...», «Poesía... eres tú»), ha sido sustituida aquí por «una niña», imagen que rompe con ese imaginario romántico de ecuación (la «mujer» encubría valores absolutos como Belleza, Misterio, Absoluto, concebidos como esencias con letra mayúscula). Su primera respuesta a tal enigma es la corporización de la poesía en el tiempo biológico: una niña que ha de ser en el futuro una mujer, etapa en que aflorará su belleza en todo su esplendor. Se rompe con el estatismo e inmutabilidad del arquetipo, para asociar la poesía al ritmo de la naturaleza humana temporal. Pero la poesía no se reduce ya al «tú» del poema. El texto avanza ofreciendo alternativas a la pregunta que se suman a un imaginario existencial y corpóreo, incluyendo tanto la naturaleza como la historia, con sus componentes sociales: «la poesía son las nubes, los árboles, el río, / una metralleta que tabletea / y un obrero parado ante la fábrica». Otero agrega además a estas respuestas ya clásicas de su poética testimonial las referidas a la intimidad existencial cotidiana, que le reporta más gratificaciones: «La poesía es también estar tranquilo / a pesar de todo. / Tomar el aire». Esta rutina de la vida en sus gestos más triviales, pero henchidos de significación emocional, son protagonistas de esta poesía vista como fruto del «trabajo» humano, uno más en el concierto de la sociedad, sin prerrogativas especiales: «Y, sobre todo, la poesía son los poemas, / y los poemas, como ya he dicho en alguna ocasión, es una de tantas cosas que hace el hombre sobre la tierra» (ibíd.).

Idénticas palabras fueron pronunciadas por Otero en una entrevista de 1960 hecha por Manuel Díaz Martínez, donde a la pregunta «¿Que es la poesía para usted?» responde: «Una manera de hablar; no hay otra poesía que los poemas; una de tantas cosas que hace el hombre sobre la tierra» (en Díaz Martínez 1960: 488). La reafirmación del sustantivo «cosa» no parece inocente y su asociación con el ámbito del «hacer» tampoco. Ante la pregunta «¿Hay un misterio poético?», será rotundo: «No hay misterio, ni poético, ni ninguno. Sí cosas desconocidas, que solo se dominan por el trabajo del hombre» (en Fernández Santos 1960: 487-488).

Un paso más en su andamiaje argumental y esta acción devendrá «intervención» en el espacio social e histórico, con lo cual culmina el credo canónico de la poesía social, pero por una vía muy alejada de las trilladas consignas social-realistas, la lucha de clases marxista o el eslogan de turno. La poesía como un «hacer» es tanto un deber como un «don», un talento doble por su condición simultánea de «desgracia» y «salvación». En el poema titulado precisamente «El don», Otero enuncia una verdadera *summa vitae* de todos los universos que contiene su palabra, desde los itinerarios biográficos a los episodios históricos colectivos, desde la naturaleza amada a las ciudades recorridas, aunando aspiraciones existencialistas con compromisos políticos:

> Doy a la poesía mis brazos las gracias mis viajes y mi vida.
> Las alas de la paloma de Picasso caída en Indochina.
> Las alamedas y los almacenes y los juguetes y el primer premio de la lotería.
> Las alucinaciones las asociaciones inverosímiles, los misiles y la mierda de los tratados de paz.
> Las algas de larguísima cinta de la costa las olas alardeando de imprevistas simas, las alimañas y las mariposas y los volquetes y el amarillo de las autopistas.
> A la poesía las alquimias del verbo el laboratorio de las palabras y las piernas con o sin rima, la espaciosa y triste España el pálido rostro de Checoslovaquia y la plaza de Santa Clara en Las Villas.

Las almas de Dostoievski y los tropezones de Kafka y el *Retrato del artista adolescente*, la altura de los aviones bien avenidos la destreza de la juventud y su alegría.
A la poesía la alteración del orden y la construcción de la justicia.
A ti poesía mi compañera mi camarada de quince años mi desgracia más grande y mejor recibida
(HMcLG: 294).

Inevitablemente, el campo léxico referido a la lucha y la resistencia política se asocia al tópico instrumental, con la tradicional analogía del poema como «arma», que integra un paradigma léxico cuya base de sustentación teórica es la eficacia pragmática. Había comparado ya las palabras del poeta en libros anteriores con «un tiro / único, abierto en paz sobre el papel» (EC: 134), asemejando su acción a la de «puñetazos puros» (PPP: 9). Esta imagen instrumental como forma de intervención en el campo social nos remite a los postulados del realismo socialista, abocado a tres ejes fundamentales: la referencia histórica concreta y circunstanciada (la insistencia en «el aquí y el ahora»), una clara actitud de denuncia y el llamamiento a la revolución.

En un texto que evoca la tragedia de Vietnam, reconoce la actualidad de tal consigna, definiendo la poesía como un modo de contribuir a la paz, entre muchos otros: «Y simplemente escribo porque comprendo la eficacia de otras formas de lucha que, inexorable y pausadamente, conducen al mismo fin» («La eficacia y el aire», HMcLG: 55). La «utilidad» aparece enmarcada en su concepción política y social: «Tu palabra siempre a punto de brotar para resguardar la vida y la justicia y la dignidad / y la paz y la violencia que necesitan los pobres del mundo con los que ya hace muchos años echaste tu suerte para no retroceder jamás» («Me complace más que el mar», HMcLG: 106). Las lexías «justicia», «paz» y «libertad» constituyen el paradigma predicativo fundamental de las «funciones» de la escritura: «Sembré la libertad con la palabra», «Seguí la libertad con la palabra, / en libertad me fundo y he de hundirme» («Abierta», HMcLG: 241). Aunque aquí deliberadamente desliza en esa enumeración «pacifista» el vocablo «violencia», como excepción cuando se trata de la lucha de los oprimidos frente a los opresores, como bien lo justifica su credo marxista.

Pero al definirla como herramienta de denuncia de las injusticias históricas (y por ende, suscribir un virtual llamado a la acción contestataria), Otero coincide en resaltar su función referencial y apelativa. En «Verbo clandestino» recupera ese adjetivo crucial para condensar el carácter transgresor (HMcLG: 133). No es «clandestino» por voluntaria marginación, sino como resultado fatal de las condiciones políticas y sociales que rodean su emisión, especialmente la represión y censura, que obligan al poeta a recurrir a la elipsis y el circunloquio, el rodeo verbal, la ironía y hasta la autocensura. Ya lo había dejado explícito desde sus primeras obras. La vieja antinomia entre realidad y lenguaje (persona y obra, vida y escritura) se resuelve falaz: clandestinidad y vocación dialógica se complementan.

Ante el debate sobre el posibilismo del arte en tiempos de represión, Otero no duda en suscribir una postura activa: «Yo les respondo que todo sirve, que toda poesía –dijo Paul Eluard– es de circunstancias» (HFyV: 47). Por eso se ve atraído por el *collage* de discursos, mediante un montaje heterodoxo donde no siempre es fácil discernir las fuentes: discurso ensayístico, historiográfico, de arenga política, del romancero de combate, de ensayos marxistas. La poesía se convierte en versión estética de hechos pasados con una función análoga a la de la historia pero, a diferencia de esta, se arroga la capacidad de incidir en las conciencias para influir en los comportamientos. Estas y otras manifestaciones canalizan una reflexión acerca de su función pedagógica, de naturaleza opuesta al didacticismo de signo reaccionario de la literatura patrocinada por el franquismo, cuyos propósitos de adormecimiento del lector estaban muy lejanos de la incitación a la crítica y el disenso que propugnaba esta escritura de signo contrario.

Blas de Otero declaró en la entrevista que le hiciera Luis Suñén, con respecto a este rol «revolucionario» de la poesía, que «el poeta no puede creer que él solo transformará el mundo. Pero debe saber que su colaboración para ello es decisiva», porque «evidentemente la poesía es un medio para transformar el mundo. Y su contribución a esa lucha por transformarlo se verificará de dos formas: directamente, tratando temas relacionados con la situación histórica o por incidencia en la conciencia individual» (en Suñén 1956: 17-19). Conviene recordar con Blanco Aguinaga que «tanto las declaraciones históricas de Blas de Otero, como la problemática que se plantea [la función histórica de la poesía] se inscriben categóricamente en un pensamiento y una praxis que se reconocen a sí mismos históricamente con dos nombres complementarios: materialismo histórico y materialismo dialéctico» (1977:

196). Pero esta filiación no será nunca ni simplista ni mecánica. En una entrevista de 1977, realizada cuando Otero asiste a un mitin político del PCUC en Barcelona, terminada la dictadura y sin censura alguna, reflexiona sobre la figura del «poeta militante»:

> El poeta militante tiene el deber de ser libre y hacer poesía que a mí me gusta llamar histórica, la que se refiere al hombre en el tiempo y lugar determinado, pero no debe olvidar que la poesía es un ente estético y que si no alcanza este valor sería como hacer guerrillas (y que conste que no soy partidario de la violencia ni aquí ni en ninguna parte) con una escopeta de madera (en Bastardea 1977: 510).

De «cosa» a «arma», la dimensión utilitaria se irá consolidando a lo largo de su obra hasta cuajar en analogías cada vez más caseras y domésticas, que abandonan los conceptos prestigiados por la tradición y sus definiciones solemnes. Por ejemplo, la poesía como «silla», presente en una autopoética titulada en tono dubitativo «¿Eso será la poesía?» (HMcLG: 169), refuerza su carácter instrumental, tanto referido al acto de escribir («es este lápiz», «un cartel clandestino, una proclama») como al imaginario bélico («una pistola», «un tiro»). El énfasis en la acción supone creer en la utilidad del oficio de poeta. Las analogías con el arma limitarán el ingenuo utopismo de los primeros años aligeradas por el tono humorístico, como cuando a la pregunta del título, se responde: «Una pistola con las cachas / de marfil y un cañón único» (HMcLG: 169).

En *Historias fingidas y verdaderas* Otero ya comenzaba a postular esta capacidad de intervención en la realidad, porque «en la entraña misma del concepto» de poesía late «la realidad en lucha consigo misma». Por ello su función –dice– es «real-izarse por encima de todo», destacando el peso de la realidad en esa ecuación, y atribuyendo el movimiento ascendente al acto poético («izar» lo real). Es en el momento de su actualización cuando se produce el nacimiento verbal de la experiencia, modificada y enaltecida por el lenguaje poético: «He aquí por ejemplo una expresión en que he realizado exactamente lo que quería decir: el prodigio de la palabra reproduciendo literalmente la realidad» (HFyV: 47). Pero ¿es posible «reproducir literalmente la realidad»? No hay en Otero una ingenua confianza en la fluida transitividad entre lenguaje y mundo. La poesía logra establecer un estadio dialéctico superior que resuelve aquella contradicción. Si el poeta logra «*expresar* digna y escuetamente cuanto *ha experimentado* a través del tiempo presente, pasado y futuro», podrá «solucionar la aparente contradicción» (HFyV: 48, el destacado es mío). Esta indisoluble unidad de forma/fondo/acto se apoya en la certeza de que «la imagen representa lo expresado, *es más que lo expresado*, o bien la única vía de conocimiento de algo *que sin esa imagen nos quedaría por siempre vedado*» (HFyV: 41, el destacado es mío). Entre lo real y su «reproducción» artística, Otero localiza la «experiencia» vital, la existencia cotidiana, el «hacer».

Esta idea del arte como acción sobre el mundo se corresponde con la frase de Mao: «la revolución no la hacen los poetas, pero tampoco puede hacerse sin ellos» (Blanco Aguinaga 1977: 173), asumiendo la palabra como un modo de hacer, con los materiales verbales propios de la literatura. La tan buscada incidencia social (o «efectividad perlocucionaria») convierte la escritura, en palabras de Juan José Lanz, en «un modo de acción dentro de la sociedad a través del lenguaje», ya que «la mera enunciación de la utopía superadora del estadio histórico desde el que se constituye el sujeto poético como "voz" textual, supone su actualización, su *performación*» (2003a: 24). Por otro lado, Otero rechaza la anacrónica división entre contenido y expresión; cuestiona la ingenua teoría del reflejo y se alinea en una visión constructivista. Asimismo desautoriza con su programa y su praxis la falsa oposición entre la poesía como conocimiento o comunicación, como se hace evidente en muchos de sus poemas: «La poesía es entreabrir / los ojos...», «La poesía es un cartel / clandestino, una proclama / contra todo», «un estado / de excepción dentro del alma» (HMcLG: 169).

La interrogación por el sentido del oficio ya había aparecido con insistencia en obras anteriores. Ante la clásica pregunta «¿Qué será de la poesía?», Otero proponía en sus *Historias fingidas y verdaderas* la actitud de «espera de la palabra», aquella que sea a la vez «precisa, universal, imprevisible» (HFyV: 52). No le preocupa tanto su contenido (¿qué decir?), sino su forma (¿cómo sonará?): «¿Qué ritmo la mueve, qué vocablos la colman, de qué sintaxis se sirve?». Este cuerpo apreciado y vislumbrado es el resultado de una cuidadosa criba sobre el desmesurado continente de la «literatura» y el hablante reconoce la urgencia de un «escrutinio» saneador: «Por todas partes, libros. Literatura, literatura [...]. Por todas partes paredes de papel». Frente a esa avalancha impresa el sujeto reivindica su actitud liberadora: «He derribado montones de libros que me impedían andar», porque solo así puede encontrar en unos pocos de ellos las «verdades que presentía» (HFyV: 51). Retoma aquí otra vez la interrogación becqueriana y la resalta en cursiva, frente a las nuevas ofertas de la sociedad capitalista: «Cinematógrafos, televisión, revistas ilustradas, periódicos como escombro... (¿Qué es poesía?). Y esperamos la palabra. Porque no ha muerto» (HFyV: 52).

En uno de sus últimos textos, de la serie *La galerna*, titulado «Poética», Otero realiza una verdadera *summa vitae* de lo que significa el compromiso poético integral, el del actor social en su historia, pero también el del hombre biográfico en su intimidad doméstica. Y lo propone como imperativo a las conciencias libres que lo escuchan. Que «El verso sea como...» «una persona pensativa» o «una muchacha sonriente», «el electroshock instantáneo» y «el movimiento raudo de la galerna», «el ruido brutal de las batallas» y «el silencio del campo al atardecer». Frente a la sociedad de consumo, que define como «el engaño masivo», aboga por una poesía que sea «la verdad defendida con la muerte», «el viento largo largo de la estepa» y «la revolución de Octubre». Su alineamiento político y su vocación poética se ven atravesados por la revalorización del ámbito privado, que es su material más preciado, sus viajes, sus gustos estéticos, su rutina, su conciencia, sus amores (hasta llegar a su pequeño perro, denominado con su nombre, Blas, en euskera): «mis paseos a la deriva por París», «la litografía diabólica de Goya», «la serenidad un poco inclinada / el ondear de la belleza estática / el llanto / de un niño // el ladrido de *Bladi*» (HMcLG: 379)[7].

José Hierro: «una poesía rota...»

Importa, más que el poema, el poeta.
Más que el poeta, los hombres.

El caso de José Hierro es representativo de esta zona de litigio discursivo por formular un canon poético antagonista al del paradigma mo-

---

[7]. Véase el extenso estudio sobre la etapa final de su obra que le dedico en mi libro de 2012, *Ergo sum. Blas de Otero por sí mismo*.

derno. Hierro fue un poeta crítico frente a las políticas del franquismo, perseguido, censurado y encarcelado, y fue elaborando un corpus metatextual que refrenda su praxis poética, denominada alternativamente como «social», «testimonial», «*engagée*». En la obra lírica, una serie de textos autopoéticos dan muestra de una preocupación sostenida por estos tópicos en sus distintas fases cronológicas, del humanismo existencialista de los cuarenta al realismo social y crítico de los cincuenta y sesenta, hasta las modulaciones más experimentales de los setenta en adelante. Su teoría poética está dispersa en especies ensayísticas varias y, sin ser extensa, es rigurosamente coherente. La única pieza reconocida como tal es *Reflexiones sobre mi poesía*, editada en Madrid en 1983 por la Universidad Autónoma, que reproducía una conferencia de 1982, y que en rigor de verdad no es más que una variación de los prólogos y prefaciones a sus *Poesías completas* recogidas en 1962 y 1974. Algunas conferencias y reportajes han sido editados en 2002 por Luce López Baralt con el sugerente título *Guardados en la sombra*.

La crítica coincide en observar un entretejido de fases sucesivas en su poesía completa. La primera abarca sus tres primeros libros, *Tierra sin nosotros* de 1947, *Alegría* de 1947 y *Con las piedras, con el viento* de 1950; la segunda profundiza la veta existencial con *Quinta del 42* de 1952 y *Estatuas yacentes* de 1955; la tercera se inaugura en 1957 con *Cuanto sé de mí*, que abre la puerta a elementos irracionalistas, sin abandonar su afán testimonial, consolidándose esta veta mixta claramente en *Libro de las alucinaciones* de 1964. Un silencio de más de 25 años antecede a sus dos últimos poemarios, *Agenda* de 1991 y *Cuaderno de Nueva York* de 1998, que confirman no obstante un rumbo coherente en todas sus fases.

Dos notas resultan iluminadoras de su peculiar concepción de la «metapoesía» en clave desmitificadora: la necesidad de fundar una poesía «en voz baja» y «tono menor» y la vocación mayoritaria de su praxis, nacida de su matriz generacional/plural/histórica. A la figura tradicional del poeta-vate, Hierro siempre contrapone la del hombre afincado en su tiempo en pie de igualdad con el resto: «El poeta es un hombre sometido a circunstancias temporales, zarandeado por los hechos, igual que los demás hombres. El poeta es una hoja más entre los millones de ellas que forman el árbol de su tiempo». Su única distinción radica en ser «una hoja que habla entre hojas mudas», ser productor de un discurso que, por su condición representativa y por sus «raíces comunes», convierte el mensaje en testimonio colectivo: «Lo que dice de sí es válido para los demás» (1974: 12). La nueva poesía se caracteriza pues por «desdeñar la belleza abstracta, el poema como hermoso objeto fabricado, la evasión de la realidad circundante». Frente a la torre de marfil, Hierro opone el testimonio; frente a los universales abstractos, la historia concreta; frente al objeto ornamental, un discurso social.

En sus poemarios esta proclama del arte como acción histórica va de la mano de su necesidad por articular una expresión colectiva, casi siempre en cifra generacional. Las marcas plurales de la enunciación poética dibujan un sujeto que asume la primera persona del plural, involucrando a los otros (sus compañeros de armas, los republicanos que sobrevivieron a la Guerra Civil, su generación). En ese sentido, todo el libro titulado *Tierra sin nosotros* es paradigmático. Un *yo* desplazado, ausente, expulsado, fractura la dicción por su destierro del espacio común. El título de la primera sección, «Nosotros», refiere el discurso a esta entidad plural en la que el hablante individual busca fundirse; y el título del primer poema, «Generación», especifica la naturaleza de este colectivo, trazando un autorretrato de este sujeto: «Porque nacimos bajo el signo del cerebro. Pero ya todo / se vino abajo una mañana» (1974: 43). Se trata de una generación escindida por la guerra, devastada por la muerte, pero fortalecida en el dolor y la lucha común: «Pero vivimos. Llevan nuestras aguas la esencia / de las muertes y vidas de vivos y muertos» (ibíd.: 44).

Quinta del 42, desde su mismo título, retoma el concepto de un hablante colectivo en que se incluye el poeta actualizando la noción generacional[8]. La dialéctica soledad (individuo)-compañía (colectivo) aparece desplegada en el enunciado como una disyuntiva que el hablante busca superar, raíz de los males que lo aquejan: «Lo que no deshojamos juntos / no podemos llamarlo nuestro» (1974: 191). Esta aventura colectiva de devastación, guerra y luchas por la liberación no

---

8. Recordando las circunstancias históricas que rodearon la composición de este libro, Hierro explica: «El título del libro se debe a lo siguiente: la quinta del 42 fue la última movilizada con motivo de la guerra española. Para mí representa esa quinta la juventud que soportó la tragedia de la guerra civil, sin que tuviera la posibilidad de salvarse por medio de la acción, pues no llegó a entrar en fuego. Me pareció el signo del fracaso pues su vida fue truncada, su destino torcido, y no le quedó ni un recuerdo heroico» (carta de Hierro a Douglas Rodgers, del 26 de marzo de 1962 [1964: 216- 217]).

se comprende si no es emprendida desde una instancia histórica plural: «Primero, no había nadie, / luego estábamos nosotros. / Entre el "primero" y el "luego", / todo un sueño loco» (ibíd.: 281).

La correlación de estas tesis con el muy citado poema «Para un esteta», que prologa *Quinta del 42*, no puede ser más notoria. Este poema-proemio propone una verdadera *ars poética* fundante de muchas consideraciones posteriores de Hierro sobre la tan trajinada oposición de los sociales al arte «puro»[9]. El poema opone ambas instancias mediante la representación de los dos productores: el locutor configurado como un *antiesteta* y el interlocutor aludido en el título, el *esteta* paradigmático. Quedan constituidos así dos paradigmas opuestos, derivados de la situación de interlocución, que diseñan respectivamente autoimágenes y contraimágenes del poeta, aunque el enunciado está volcado mayoritariamente al tú, a quien corresponden «bellas palabras», «agua transparente», «belleza», «palabras maravillosas», «vino en copa de plata», «poeta»/«dueño», «Mi obra». Frente a este, se alinea el referido al sujeto: «palabras sin aroma», «aguas rojas», «muerte», «poeta»/«hermano menor», «vida/muerte como obra» (2009: 161-162).

La nueva preceptiva consiste en proponer una poesía que no ponga orden en el caos de la realidad, sino que venga a «nombrar las cosas». Un nombrar que no es creación *ex nihilo*, sino común unión: «comulgar con ellas / sin alzar vallas a su gloria». Una poética *indicial*, que da nombre para conocer y comunicar; y se opone a una estética de dominación de las cosas por los signos (convirtiendo a estos en objetos autosuficientes). Aflora un concepto instrumental del lenguaje; la palabra es un signo referencial y denotativo; aunque el poeta lo cargue de sus propias emociones, nunca deja de significar. Frente a las tradiciones nominalistas y metafísicas, Hierro define la poesía como un puente con lo real, donde las palabras edifican una relación insustituible. Permiten conocer y comunicar; aportan un saber y una expresión.

Por otra parte, el poeta nunca será «dueño», porque no hay tal propiedad privada de la poesía; no hay pertenencia sino vínculo: «Nada te

---

9. Arturo Casas dedica un trabajo a la poesía de Hierro, donde destaca la funcionalidad de estos poemas-proemio «como un testimonio autorial de compromiso metapoético», situados en «un limen pragmático» que vincula el *yo poético* con «una instancia ficcional intermedia», una especie de «*autor implicado*» (2000b: 55), que corrobora nuestra construcción de Hierro como sujeto ideológico responsable de estas afirmaciones.

pertenece», «te crees dueño, no hermano menor de cuanto nombras». La concepción fluyente de lo real reside en una consideración primariamente temporal de esta relación hombre/cosas, poeta/mundo. No es «Mi obra», argumenta, porque «Tu fin no está en ti mismo». Frente a la tentación de un arte ensimismado, el hablante opone los reclamos de la realidad y sus demandas existenciales: «olvidas / que vida y muerte son tu obra». El perfil «normativo» de la alocución se expresa con enunciados negativos referidos al esteta: «No comprendes», «Nunca jamás pensaste», «No sabes», «Lo has olvidado», «No has venido», «Nada te pertenece», «Tu fin no es…». Estas antifiguraciones sostienen por su negación el perfil que el hablante edifica como antiesteta. Vida y muerte se imponen frente a arte y belleza y la autopoética deviene reflexión existencial, que delata una obsesiva necesidad de poner límites a un dogma esteticista desvinculado de la lucha cotidiana del vivir. Frente a una poética falsamente ordenadora o uniformadora, que somete a las cosas a su arbitrio, enmarcando la realidad y dominándola, según patrones previos y abstractos de intelección (con dogmas de todo tipo, religiosos, políticos y aun estéticos), Hierro proclama una poética que se amolde al ritmo natural de lo real, que «talla y dispone» para la muerte, y que se subordine al imperativo temporal de las cosas, que viven un día y luego desaparecen. Por eso, la poesía es un discurso siempre transitorio, modesto, provisional: «El cantar que hoy cantas será apagado un día / por la música de otras olas» (2009: 162).

Para estas mismas fechas Hierro dará una serie de conferencias y entrevistas que edita en 2002 Luce López Baralt, a quien Hierro le confiara varios manuscritos como cuenta la autora en la Introducción. Me referiré brevemente ahora a estos tópicos centrales que construyen una autopoética explícita, y permiten ver el lento pero perseverante proceso intelectual del santanderino, en esos textos allí recogidos, de invalorable utilidad, y otros complementarios.

En una charla que probablemente diera en 1952, ya que alude a «los poetas que rondamos los treinta años», parte de una figura emblemática como Hölderlin (aunque su análisis excede en mucho el caso del poeta alemán) para expresar: «Mi poética [será] hablar del momento vivido. Este explicará y justificará aquella» (2002: 38), aunque cerrará el discurso reconociendo que «ni yo sé qué es eso de la poética [porque] son normas éticas las que hay que dar, y no normas estéticas» (ibíd.: 46). Abre la discusión sobre el clásico «¿qué es la poesía?» becqueriano y lo enlaza con la afirmación de Hölderlin: «El lenguaje fue dado al hombre para que atestigüe lo que es» (ibíd.: 35). Su afán epistemológico (*saber de sí*, conocerse) se complementa con ese vocablo, «atestiguar», que será nuclear en su pensamiento: «atestiguar lo que el hombre es» (ibíd.: 43). En un movimiento opuesto al posterior afán de Gil de Biedma por ser «poema» más que «poeta», Hierro declara: «Importa, más que el poema, el poeta. Más que el poeta, los hombres» (ibíd.: 42).

El paradigma predicativo del arte se corresponde pues con el del hombre histórico, atravesado por una fractura (existencial y social) que el poeta no puede desconocer y que fatalmente expresará su poesía. Por eso no es inocente su uso del campo léxico referido a la «rotura»: frente al orden, dice, «he pretendido ser caos», en «una poesía rota que huye de la música de los oídos» y «tiene sabor de documento» (ibíd.: 42). Un poema de *Alegría* («El recién llegado») plantea esta naturaleza de la poesía:

> Pero yo estoy mirando en las aguas
> el cielo ya roto, mi imagen ya rota,
> y temo que tú, así comprendas
> que es rotos como hay que mirarnos, huyendo en el tiempo,
> cayendo a otras manos que no son las nuestras
> para ver la alegría madura y saber que el destino se cumple (1974: 104).

Por eso Hierro extrema la dicotomía arte-vida y confiesa, para huir del fantasma evasivo: «Pretendo hacer una poesía que no sea arte, sino vida» (2002: 43), «no es arte sino vivencias de cada uno», para lo cual «he pretendido ser honrado, ser sincero». Historicismo e impronta ética se subsumen, por eso insiste tanto en su «sinceridad», hasta recurrir a una *captatio benevolentiae*, encaminada a mostrarse como un hombre limitado, corriente, que solo aspira a una poesía útil para los demás: «Queremos construir una poesía constructiva, sin exquisiteces, que al hombre le sirva», y para eso declara una acción generacional (en plural): «estamos rimando un caos», «frente a un mundo de fábula que se desvanece» y «empezamos a vivir, a pensar, a actuar por nuestra cuenta». La indudable conexión con el poema «Para un esteta» es notoria: «lo nuestro es cosa transitoria», por eso se hace urgente «mostrar nuestro paisaje interior. Esta es la tierra de que nace nuestra poesía» (ibíd.: 43-44).

Al hacer un balance de la «Poesía española actual», calibra las reacciones de esa poesía «rehumanizada» frente a los excesos lúdicos del arte por el arte vanguardista. Su desacuerdo con el que llama «arte de evasión» es radical: «El poeta ya no es el ser que dialogaba a solas con la belleza, sino un hombre que *además* hace versos» (ibíd.: 71). Por eso juzga que la poesía española en los últimos años es «la historia de un arte que va ensanchando su horizonte» y busca «ponerse al alcance de todos los lectores» (ibíd.). El esteticismo al final de la guerra sucumbe arrasado por la realidad: «El tablado del arte por el arte, se hunde definitivamente bajo el peso de un millón de muertos. El cielo sigue siendo azul, pero están turbios los ojos que lo miran» (ibíd.: 72). Por eso se explica que la poesía debe ser «más vida que arte, más testimonio que creación», ya que «lo humano es arranque y meta del poema».

Esta es su propuesta de una «conciencia colectiva», ya que «el poeta no puede desertar de su tiempo» y «aquel arte que era un juego, ahora es un sombrío testimonio» (ibíd.: 74, 75). De esta plataforma ideológica nace su aguda preocupación por el lector, no solo teorizada en poemas sino vuelta reflexión explícita en sus declaraciones programáticas. Su objetivo es «hacer que el lector sienta lo mismo que el poeta» y lograr una identificación que le otorgue «una nueva –momentánea– personalidad» (ibíd.: 60), de tal modo que sea real ese trasvase: que «la palabra poética modele el cuerpo de la experiencia» y que ambos –poeta y lector– se den allí cita. Porque esa es «la extraña peculiaridad de la poesía: que nos pone en contacto entrañable con el poeta», como si «en el contacto lírico no existiesen más criaturas que el poeta y el lector» (ibíd.: 51). Por eso resiente todo alejamiento entre poeta y público, y admite que «aceptada la situación de divorcio, es al poeta a quien corresponde dar el primer paso» (ibíd.: 91). Incluso reivindica el uso de «los medios de difusión –radio, televisión–, porque el libro ya no basta». La conciencia de los que puede aportar la industria cultural con sus nuevos circuitos a la comunicación entre poeta y lector no es una cuestión baladí en su reflexión, como no la fue para sus pares Celaya y Otero.

En un repaso por los derroteros de la poesía social en décadas posteriores, Hierro admite: «Ahora le ha llegado la hora a la poesía social de sentarse en el banquillo», pero con clarividencia nos exhorta para que distingamos: «Se la juzga por los errores de los falsos poetas. Comienza a olvidarse no solo la razón histórica de su existencia, sino, lo que es peor, sus logros poéticos» (ibíd.: 80). Y su coherencia es indiscutible: «Los desaciertos de la mala poesía social no han de servir para borrar el tema del cuaderno de las posibilidades líricas». Si algo reconoce como falta es su desconocimiento «de eso que llamaban pueblo»: «hablaron *del* pueblo, pero no hablaron *al* pueblo. En eso consistió el fracaso» (ibíd.: 81). Poesía «conceptual, de brocha gorda», que creyó que «el pueblo era incapaz de captar los matices más delicados». Y ya en tono hiperbólico, ironiza: «El poeta en un rapto de generosa renunciación, hablaba para débiles mentales. Por ser claro quitó el misterio a la poesía, le quitó el espíritu. Una equivocación semejante a la de quien hablara silabeando a un semianalfabeto [...], o a la equivocación de quienes hablan a gritos a los extranjeros» (ibíd.: 81-82).

En «Definición, apreciación y ruta de su poesía» (sin fecha, probablemente de la década del cincuenta), la necesidad de dirimir una utilidad para el oficio se hace evidente: «No sé qué es poesía. Ni la mía ni la ajena. Tengo una vaga idea de para qué sirve» (ibíd.: 56). Y dicha función se fundamenta en una teoría del arte que estará apoyada siempre para Hierro sobre la suma de razón y vivencia. Adelantándose por décadas a su metáfora final del poeta como «embalsamador de cadáveres» de su libro *Agenda* (1991), aquí recurre a la pedestre imagen de una «lata de conservas» para la poesía, pues «su misión es preservar de la putrefacción la vida que encierra» (ibíd.: 57). Le preocupan sus efectos, no su ornamento: «será mejor poeta no aquel que mejor decore la lata –las palabras– con litografías bonitas, sino el que sepa soldarla adecuadamente para que el contenido parezca fresco en el momento de comerlo» (ibíd.).

Hierro expresa, aunque de forma asistemática, una teoría y práctica de la acción, con su conocido lema (reescritura de una frase de Pedro Salinas que hace suya y reelabora con nuevos sentidos): «La poesía dice y hace: hace lo que dice» (1974: 16). Este *hacer* es, en términos culturales, revolucionario: «La poesía transforma siempre, pero lentamente, la sociedad», «cambiando la sensibilidad de la gente» (Pujol/Uceda 2000: 34). No se trata de derribar estructuras institucionales o políticas, sino de minar las bases del imaginario social que las sostiene. Por eso Hierro, en su afán por despejar el enigma de la poesía, siempre opta por enfatizar sus funciones; la interrogación metafísica por las esencias se convierte en preocupación por sus usos: «Todo consiste en plantearse la pregunta ¿qué es la poesía? Y si convenimos en que no hay respuesta válida para esa interrogación, el poeta deberá conformarse con preguntarse para qué sirve la poesía. Y una vez contestado, actuar» (2002: 77). El testimonio que persigue es su resultado. En esta poesía como «instrumento para modificar el mundo», «no solamente su contenido es ético, sino que quiere serlo su acción» (ibíd.: 78). Y esta conciencia del arte como intervención en el espacio social va de la mano de un posicionamiento del artista frente a la sociedad: «desconfío de todo arte que nace de espaldas a la mayoría» (ibíd.: 79).

La defensa de una figura del poeta-testigo, frente a la tradición del arte puro y lúdico, se completa con esta convicción del arte como acción sobre el mundo: «el poeta es el archivo y cantor del acontecimiento interior, quien da fe de un estado de alma, mirado desde el terreno de la historia» (2002.: 45). Un abanico de imágenes contrapuestas aparece en su texto «El poeta destronado», en un recorrido histórico-literario necesario, porque «la poesía ha perdido hoy su prestigio ante el público» (ibíd.: 53). La desmitificación es absoluta y sus figuras y contrafiguras extremas. Ha pasado de ser un «rey» a «un ser que oculta, vergonzosamente, su vicio». De sentirse imbuido de una «alta misión» a la «vergüenza», cuestionado su rol social, casi «como un asesino que oculta su condición ante las personas decentes». En «Unos versos pedidos» (Q42), a modo de balance, el hablante ausculta en su fracaso poético («soñar sin saber cantar») para concluir con esa imagen invertida: «Ya no soy rey de mí mismo. / Caído de mi alto trono / sin resurrección, hundido...» (2009: 196).

Esta clarividencia sobre sus límites personales es una sombra que siempre oscurece los afanes testimoniales y elabora de modo explícito una aguda conciencia de fracaso: «Ya veis si es absurdo mi intento, ya veis si soy consciente del fracaso que me espera...» (ibíd.: 45). Repetición monocorde que atraviesa poemarios enteros y casi todas sus manifestaciones ensayísticas, edificando una matriz dialéctica a la que ya me he referido en estudios anteriores (Scarano 1994, 1996, 2012). Este *mea culpa* histórica –el apartamiento del poeta de los problemas de la sociedad– es también explicado en clave personal con un enfático *sermo humilis* que ahonda en una especie de estigma: «mi inseguridad personal», acompañado de un constante pedido de disculpas. Hierro admite una y otra vez que sus libros fueron «tentativas fallidas de expresarme», que «nada vale el papel en que está escrito, a pesar de que puse en él mi mejor voluntad», pues «sospecho que no atinaré jamás»

(2002: 56-58). Aludirá en la década del setenta, cuando todos dictaminan que «lo social» ha pasado de moda, a la escasa rentabilidad de sus libros: «nunca he estado en la línea de moda. Tampoco en contra de ella, que es otra manera de estar en ella» (2009: 39).

Pero esa decepción es subvertida por vía generacional en forma de programa poético: para volver a ser realmente «popular» se hace necesario hablar de los problemas de la gente (2002: 55). Y en prólogos, declaraciones y entrevistas Hierro insistirá en este condicionamiento de lo individual por lo colectivo, en la existencia de un «denominador común» en cada época. El conocimiento que genera el poeta no es mero autoanálisis, sino conocimiento del hombre en su dimensión genérica. Las consignas «hablar en plural», «hablar del tiempo que a uno le ha tocado vivir», corroboran su defensa de una poesía que comunique y refiera las realidades del entorno. En las declaraciones de la *Antología consultada* dirá: «Entre el hombre-poeta y su momento histórico se verifica una constante interacción; el compromiso del sujeto con su tiempo es inalienable y su obra ha de ser fatalmente el testimonio de dicho compromiso». Y lo repite en el prólogo a sus *Poesías completas*: «Mis versos no podrán dejar de ser un testimonio, un diario, una suma de instantes vividos con intensidad» (1974: 43).

Testimonial representa una categoría mixta, de confluencia, para armonizar lo que la historia de la poesía parecía condenar al binarismo, entre lo social/político y lo intimista/lírico, entre forma y contenido. Ni poesía evasiva ni panfleto poético: «El poeta denuncia. Es testigo de la defensa o de la acusación». Hierro siempre buscará cultivar una posición de equilibrio: ni puramente social ni químicamente puro, de ahí su preferencia por el adjetivo «testimonial». Y en la encuesta de Leopoldo de Luis sugería la dificultad de clasificación de su obra: «Probablemente parezca demasiado intimista para ser llamada social. Pero también es verdad lo contrario: que más de una vez se me ha dicho que era demasiado social para ser intimista» (De Luis, 1965: 197). Como bien lo ha estudiado Marta Ferrari, «ni el formalismo clasicista de la revista *Garcilaso* ni el tremendismo declamatorio de *Espadaña*, sino su pertenencia a la santanderina revista *Proel*» son sus señas de identidad. Del mismo modo, en el marco de la polémica entre comunicación y conocimiento, «parece justo reconocer el difícil sentido del equilibrio que preside las reflexiones de José Hierro acerca de la figura del poeta, a quien ve constituido por un ensamblaje entre el lógico y el inspirado en un proceso de plena y mutua colaboración» (2012: 244).

Hierro se planta también, frente a la falsa oposición de conocer o comunicar, con un título elocuente (primero para un poemario y luego para sus primeras poesías completas), *Cuanto sé de mí.* Este *saber de sí* mismo implica siempre para él la necesidad de comunicarlo a los otros, ya sea como exorcismo catártico de sus propios demonios, ya sea para articular un sentido frente a los otros. Y reconoce: «Poesía para confesarse en voz alta, para que su mensaje se oyera donde él no estaba, o cuando él ya no fuese» (1957: 24), para reafirmarlo años después: «El poeta habla de lo que le preocupa para entenderse y objetivar lo que le rodea. Yo no he escrito para el pueblo, sino para entenderme yo» (1981: 28). En esa línea reivindica el apóstrofe goethiano «*Si tienes un demonio, escríbelo*», afirmando: «Uno escribe su demonio y lo entiende, pero hace falta que se comprenda». Y en ese juego de mismidad y alteridad, *saber de sí* es reconocerse en los otros: el poeta «escribe para entenderse a sí mismo, que es la única manera de que puedan entenderlo los otros, ya que somos una porción de esos otros»; «Solo puede hablarse para los demás cuando se habla para uno mismo. Pero antes hay que haber vivido para los demás» (2002: 82).

En una especie de autobiografía en tercera persona (sin título ni fecha), Hierro se retrata distanciado y reconoce: «Nuestro artista se dijo: Es preciso aprender en uno mismo. [...] Aunque me encuentre solo siento en mí una voz común», «un grito que alguien desde mi sangre me impele a que articule» (ibíd.: 99). Esta otredad es social e histórica pero también estética; es el reconocimiento de una genealogía literaria, de la fuerza de la tradición, del legado de sus maestros que constituyen «un poder mayor» (ibíd.). Para Hierro el sentido final del arte es esta conciencia de su incidencia social y existencial: «él tendría que dividirse entre la acción y la creación y convertirse en uno de los que recogiese aquel grito caliente y lo hiciese arte», «fue el tiempo de la acción» (ibíd.: 100-101).

Una meditación tensada entre la impotencia personal y la demanda social aflorará también en sus últimos poemarios. En «Teoría y alucinación en Dublín», de *Libro de las alucinaciones*, el vocablo «acción» excede la eficacia pragmática y parece oponerse al mandato tradicional de la lírica como construcción de belleza por el lenguaje: «Él no puede dar vino, / nostalgia a los demás: solo palabras. / Si les pudiese dar acción» (2009: 247). Frente al hombre que palpita, «los henchidos de acción» –«felices, bienaventurados»– «no necesitan las palabras», por eso su autorretrato está traspasado por el dolor. En Madrid (lejos de la ensoñación de Dublín) es «un hombre / sin nostalgia, sin vino, sin acción», «un espectro» que persigue el pasado para poder cantar, «para sentirse vivo» (ibíd.: 249). También en el poema prologal de *Agenda* insiste en este autorretrato derrotado, un poeta reducido a «entomólogo», mero «maquillador y embalsamador de cadáveres», que solo puede hablar de sí «a los 65 años de mi vida», «a los 67», porque «No queda tiempo ya» (ibíd.: 283-284). Pero persiste esperando el milagro y entra «en la seda del poema roto» para saber de sí. Un paso más y otro proemio, el de *Cuaderno de Nueva York*, lanza al poeta en busca de un idioma que le pertenezca, remontando la atávica cadena de la especie («millones de años después de que los dinosaurios se extinguieran»). Es solo un hombre, erigido en sus dos piernas, que contempla el ondular de las palabras por el aire, «ávidas de que alguno las recoja / siglos después de pronunciadas» (ibíd.: 305-306). Su fe en una palabra que permita conocer y comunicar no ha claudicado[10].

Hierro es este hombre «discreto», «gris» y «sin estridencias» (Morales Barba/Yubero 1988: VIII), que cultiva el perfil bajo y se ubica siempre en un segundo plano; un «ser inferior», un «ser de segundo grado» que se autodenomina «poeta menor»: «Mi poesía está concebida por un gran poeta, pero expresada por un miembro de la honrada clase media lírica» (1974: 39). Este escritor, que confiesa que su obra «si nunca estuvo de moda, tampoco molestó demasiado», es el protagonista de la fundación de un modelo discursivo que el momento necesitaba para derribar los mitos mesiánicos y carismáticos que la lírica había entronizado por décadas. El suyo fue el tiempo de la acción y Hierro supo pulsar esa demanda, social y artística. Sus autopoéticas despliegan un abanico de calificaciones que consolidan ese giro imprescindible en la historia de la poesía española, con tanta humildad como autocrítica. Este «pulso herido», al decir de Lorca, late en toda

---

10. No parece descaminada la sugerencia de un «irracionalismo realista» en la fase final de la poesía de Hierro: «La convivencia de las razones irracionales de la vanguardia con los sentimientos conscientes del realismo [fue] el reto que la literatura de la segunda mitad de este siglo [tuvo] ante sí para modificar de veras la vieja teoría del mundo. José Hierro lleva a cabo esa conjunción» (Diego Jesús Jiménez, en Pujol/Uceda 2000: 89).

su obra y palpita en estas afirmaciones, recogidas en un esbozo del Discurso de Ingreso en la Real Academia Española que no llegó a concretar, y que bien pueden resumir su trayectoria: la consistente edificación de una figura heterodoxa de escritor comprometido, con todo los claroscuros que atañen a la condición humana[11]:

> Todo poeta, al perennizar las cosas, debe someterlas a un orden. Mi poesía carece de él, es una poesía sin solución de continuidad. Más que armonía, conscientemente, he pretendido ser caos. He expuesto lo que yo creía del alma mía sin buscar una compensación en otro plano. *Es una poesía rota*, que huye de la música de los oídos, acaso porque cree tanto en ella que piensa que es preciso llegar a su lado con toda pureza, limpio de sentimientos turbios; he pretendido, ante todo, ser honrado, ser sincero. Y mi honradez y mi sinceridad consisten en mostrarme tal cual soy. He querido cantar, día a día, lo que hay en mí, en vez de resumir mis experiencias en un solo poema que ya estuviese prendido a la armonía. Creo, ante todo, en la vida.

UNA POLÍTICA POÉTICA DEL COMPROMISO

Literature does politics as literatur
(Jacques RANCIÈRE)

Sin duda, este programa teórico hecho praxis activa en la obra de estos poetas representó el primer desafío organizado en lengua española por intervenir en la historia a través de una *política poética* y una *poética política*. Tras los ecos de Sartre o Maiakovski, estas estéticas que abogaban por una palabra «testimonial» con «utilidad social», configuraron lo que hoy entenderíamos con Jacques Rancière como un arte abocado a la intervención en la esfera pública, con una clara autoconciencia de su incidencia política, en el más amplio sentido del vocablo, y también de los límites de su utopía. Al definir «the politics of literature», señala Rancière: «This syntagm does not refer to the politics held by its author, but

---

11. Hierro no llegó a leer su propio Discurso de Ingreso en la RAE y esta impotencia se relaciona con ese rebajamiento permanente de su propia condición y valor: «Yo siempre me resistí a ingresar en la Academia, entre otras cosas porque no me apetecía nada, pero llegó un momento en que por presiones sentimentales accedí. El no tener el discurso hecho puede parecer una chulería por mi parte, y ese no es mi estilo […], quiero estar a la altura, quiero aportar algo, pero no sé qué» (Del Arco 2001: 46).

instead to the way literature does politics *as* literature» (2010: 20). En su razonamiento, sin duda la relación entre política y arte es decisiva, pero más que las intenciones políticas del artista que se reflejan en su obra de arte, importa la política que hay en la estructura estética misma de la obra de arte. Su principal tesis de que hoy arte y política están signados por «an ethical turn», bien merecería revisar nuestra visión del estatuto «revolucionario» de estas obras de la posguerra (ibíd.: 21). El carácter emancipador del arte se revela en su capacidad para reivindicar cambios sociales, aunque sepamos que «nunca serán perfectos ni definitivos, porque todos los hechos históricos son ambiguos, precarios y sometidos al desacuerdo y las reivindicaciones de los otros», en palabras del filósofo francés (2004: 11). Y esto debería resguardarnos del peligro de la «constante crítica e incluso laminación de los ideales utópicos de emancipación» (ibíd.: 10), que sirve a concepciones del arte puramente tropológicas, retoricistas o inmanentes.

Los mejores poetas del canon social vieron con claridad esta dimensión de *política poética* y su apuesta se encaminó a convertir el poema en lenguaje que interpele las bases del contrato social. El mentado «compromiso» reside en este «otro modo» de entender la poesía y configurar a su poeta, a partir de los tres ejes abordados:

–Un «minimalismo» de carácter revulsivamente desmitificador, que proponía la poesía como un «trabajo» más en la sociedad, desde una mirada de cuño «materialista», operación que si bien los últimos coletazos de las vanguardias históricas habían intentado (el giro civil de Rafael Alberti, revistas como *Octubre* y *Hora de España*, la poesía de combate de Miguel Hernández) no se habría de imponer como formación articulada y orgánica hasta la década de los cincuenta.

–La comprensión del poema como «acto», dentro de una poética apelativa, perlocucionaria y anclada en los efectos, en directa relación con los debates en torno a la función y utilidad del arte, proscriptos en el paradigma purista de raigambre moderna y vanguardista. Poesía como «acto de sentido» por un lado (de cariz gnoseológico), y como «acto histórico» por el otro, que reivindicó el valor comunicativo de la palabra y su estatuto social (denuncia, protesta, testimonio, apelación).

–La poesía como conocimiento de sí mismo y de los otros, expresión del yo y de la alteridad social, vía de aprehensión de una verdad colectiva que no era un a priori absoluto, sino una entidad a constituir desde presupuestos colectivos e históricos.

El compromiso en la poesía social no fue entonces ni solo una propiedad retórica anclada en su estilo, ni tampoco un repertorio temático, basado en «consignas» lexicalizadas. Ambas dimensiones tejen y entretejen un programa de escritura, que si bien no depende de las opciones voluntaristas y los alineamientos biográficos de sus agentes, sí promueve una semiosis particular, orientada por estrategias compositivas, evaluaciones sociales y elecciones de estilo. La intencionalidad autorial, que el texto vehicula y hace emerger en interacción con el lector, vuelve por sus fueros y demanda nuestra mirada crítica. Sin recaer en forzadas interpretaciones genéticas, el «gesto ideológico» del canon social reclama una atención cuidadosa al eje autorreferencial, a las elecciones retóricas y al andamiaje procedimental. La voluntad autorial se proyecta como condensado ideológico en todos los niveles, pero especialmente en las posiciones de sujeto que elabora y el lector es invitado a cooperar en la cocreación de dicha imagen.

Como el ejercicio del matiz suele ser la mejor herramienta hermenéutica para abordar los encasillamientos fundamentalistas con que se ha leído a menudo a estos poetas del canon social, a la luz de estas reflexiones podemos preguntarnos si cabe aún hablar de «compromiso» *stricto sensu*. Y sin duda debemos contestar afirmativamente, pues una vez aplacadas las fiebres revolucionarias y superados los lemas más extremos que poblaron el imaginario *engagée*, estos poetas irán profundizando una poética de claro corte social, introduciendo la necesaria heterodoxia y autocrítica que los tiempos exigían. Sin utopías redentoras, sin ingenuas profecías, sin trillados eslóganes; con maduradas convicciones, renovando tramas y estrategias, imprimiendo nuevos aires a ritmos y temáticas; construyendo una posición enunciativa e ideológica que suma –sin restar– los aciertos de la modulación más ortodoxa del pasado.

Bibliografía

De Gabriel Celaya

Obra poética (se consignan solo las obras citadas, por la edición de 1969, Poesías completas, *Madrid, Aguilar [PC])*
(1947). *Tranquilamente hablando*, San Sebastián, Norte. (TH)

(1950). *Avisos de Juan de Leceta*, en *Deriva*, Alicante, Ifach. (A)
(1951). *Las cartas boca arriba*, Madrid, Adonais. (LCBA)
(1953). *Paz y concierto*, Madrid, El Pájaro de Paja. (PyC)
(1955). *Cantos iberos*, Alicante, Verbo. (CI)
(1960). *Poesía urgente*, Buenos Aires, Losada. (PU)
(1961). *Rapsodia euskara*, San Sebastián, Biblioteca Vascongada de Amigos del País. (RE)
(1965). *Baladas y decires vascos*, Barcelona, El Bardo. (BDV)
(1969). *Lírica de cámara*, Barcelona, Saturno. (LdC)
(1971). *Operaciones poéticas*, Madrid, Visor. (OP)
(1973). *Dirección prohibida*, Buenos Aires, Losada. (DP)
(1973). *Función de Uno, Equis, Ene*, Zaragoza, Fuendetodos. (F1XN)
(1975). *Itinerario poético*, Madrid, Cátedra. (IP)
(1978). *Iberia sumergida*, Madrid, Hiperión. (IB)

Ensayos
(1959). *Poesía y verdad*, Pontevedra, Litoral. (PyV: citado por la edición de 1979, Barcelona, Planeta.)
(1964). *Exploración de la poesía*, Barcelona, Seix Barral.
(1972). *Inquisición de la poesía*, Madrid, Taurus.
(1987). *Reflexiones sobre mi poesía*, Madrid, Universidad Autónoma. (RP)

De Blas de Otero

Obra poética (se enumeran solo las obras citadas según las ediciones aquí consignadas)
(1960). *Ángel fieramente humano* [1950]. *Redoble de conciencia* [1951], Buenos Aires, Losada. (AFH-RC)
(1960). *Con la inmensa mayoría (Pido la paz y la palabra* [1955] *y En castellano* [1959]), Buenos Aires, Losada. (PPP-EC)
(1963). *Esto no es un libro*, Río Piedras, Universidad de Puerto Rico. (ENEUL)
(1970). *Mientras*, Zaragoza, Javalambre. (M)
(1971). *Ancia* [1958], Madrid, Visor.
(1980). *Historias fingidas y verdaderas* [1970], Madrid, Alianza. (HFyV)
(1981). *Expresión y reunión (A modo de antología)*, ed. Sabina de la Cruz, Madrid, Alianza. (EyR)

(1981). *Que trata de España* [1964], Madrid, Visor. (QTE)
(1983). *Poesía con nombres*, Madrid, Alianza. (PcN)
(1995). *Poesía escogida*, ed. Sabina de la Cruz y Lucía Montejo, Barcelona, Vicens Vives.
(2010). *Hojas de Madrid con La galerna* [1969-1975], ed. Sabina de la Cruz, Barcelona, Galaxia Gutenberg. (HMcLG)
(2013). *Obra completa (1935-1977)*, ed. Sabina de la Cruz, Barcelona, Galaxia Gutenberg.

Entrevistas

BASTARDEA, Enric (1977). «Blas de Otero habla a la inmensa mayoría», *Diario de Barcelona*, 10 de junio. Recogida por Perulero (2012: 509-510).

DÍAZ MARTÍNEZ, Manuel (1960). «Con Blas de Otero», *Lunes de Revolución*, 25 de abril. Recogida por Perulero (2012: 487-488).

ENTRENA, Enrique (1976). «Blas de Otero, el poeta vivo...», *La Verdad*, 28 de mayo. Recogida por Perulero (2012: 507-509).

FERNÁNDEZ SANTOS, Fernando (1960). «Con Blas de Otero, en París», *Tribuna socialista*, 1. Recogida por Perulero (2012: 488-490).

NÚÑEZ, Antonio (1968). «Encuentro con Blas de Otero», *Ínsula*, 259, p. 3.

OTERO, Blas de (1956). «Me revienta el yo, yo; me interesan ellos», *Destino*, 14 de julio. Recogida en *Ancia* II, 4, 2004, pp. 77-79.

PERULERO, Elena/HERNÁNDEZ, Mario (2008). «Una entrevista inédita de Eliseo Bayo a Blas de Otero» [1968], *Boletín de la Fundación Federico García Lorca (Monográfico en Homenaje a Blas de Otero)*, 43, pp. 175-190.

PINDADO, Jesús (1973). «Blas de Otero, no es fácil llegar a la inmensa mayoría», *El Diario Montañés*, 3 de septiembre. Recogida por Perulero (2012: 502-503).

SUÑÉN, Luis (1956). «Blas de Otero, con los ojos abiertos. Poesía social», *Índice*, 93, p. 22. Recogida en *Ancia* II, 4, 2004, pp. 81-84.

De José Hierro

Obra poética
(1947). *Tierra sin nosotros*, Santander, Proel. (TSN)
(1947). *Alegría*, Madrid, Adonais. (A)

(1950). *Con las piedras, con el viento*, Santander, Proel. (CPCV)
(1952). *Quinta del 42*, Madrid, Editora Nacional. (Q42)
(1955). *Estatuas yacentes*, Santander, Proel. (EY)
(1957). *Cuanto sé de mí*, Madrid, Agora. (CSM)
(1962). *Poesías completas. 1944-1962*, Madrid, Giner.
(1964). *Libro de las alucinaciones*, Madrid, Editora Nacional. (LA)
(1974). *Cuanto sé de mí*, Barcelona, Seix Barral. (Pc)
(1991). *Agenda*. Madrid, Prensa de la Ciudad. (Ag)
(1998). *Cuaderno de Nueva York*, Madrid, Hiperión. (CNY)
(2009). *Poesías completas. 1947-2002*, Madrid, Visor. (PC)

Obra ensayística
(1950). «Carta-Prólogo» a CPCV, pp. 11-13.
(1952). «Algo sobre poesía, poética y poetas», en *Antología consultada de la joven poesía española*, ed. Francisco Ribes, Valencia, Mares, pp. 99-107.
(1953). «Poesía y poética», *Arbor*, 24, 85, pp. 26-36.
(1957). Prólogo a *Poesía del momento*, Madrid, Afrodisio Aguado, pp. 7-13.
(1957). «Poesía pura, poesía práctica», *Ínsula*, 132, pp. 1 y 4.
(1958). «Testimonio de Vicente Aleixandre», *Papeles de Son Armadans*, 32-33, pp. 240-244.
(1960). Introducción a *Poesías escogidas*, Buenos Aires, Losada, pp. 7-10.
(1962). Prólogo a *Poesías completas 1944-1962*, Madrid, Giner, pp. 11-18.
(1965). «Poética», en *Antología de la poesía social*, ed. Leopoldo de Luis, Madrid, Alfaguara, pp. 217-220.
(1972). «Mi poesía es una poesía frustrada», *Alerta*, 18 de agosto, s. p.
(1974). «Palabras para la presente edición», en *Cuanto sé de mí*, Barcelona, Seix Barral, pp. 7-9.
(1981). «José Hierro: Premio Príncipe de Asturias», *ABC*, 5 de julio, p. 28.
(1983). *Reflexiones sobre mi poesía*, Madrid, Escuela Universitaria de Formación del Profesorado de E.G.B. de la Universidad Autónoma. (RP)
(2002). *Guardados en la sombra*, ed. Luce López-Baralt, Madrid, Cátedra.

Entrevistas y otros textos del autor

Bedoya, Juan (1971). «José Hierro: en pintura estamos a la altura de cualquier país», *Alerta*, 11 de agosto.

De la Fuente, Jaime (1970). «José Hierro: no he rectificado mucho», *El Diario Montañés*, 8 de marzo.

Del Arco, Antonio (2001). «José Hierro: Me molesta la gente que juega a ser muy moral», *El Semanal*, 8 de abril, p. 46.

Morales Barba, Rafael/Yubero, Fernando (1988). «José Hierro: desde el silencio», *Diario 16*, 30 de enero, p. VIII.

Pereda, Rosa María (1974). «Conversaciones con José Hierro», *Informaciones*, 26 de diciembre, p. 7.

Prieto Hernández (1958). «José Hierro: una vida verso a verso», *El Español*, 495, 31 de marzo, p. 8.

Pujol, Sara/Uceda, Julia (eds.) (2000). *José Hierro: Mi voz en la voz de los otros*, Ferrol, La Barca de Loto.

Bibliografía crítica general

Amossy, Ruth (2009). «La double nature de l'image d'auteur», *Argumentation et Analyse du Discours*, 3, <http://aad.revues.org/662>.

Blanco Aguinaga, Carlos (1977). «El mundo entre ceja y ceja: Releyendo a Blas de Otero», *Papeles de Son Armadans*, 85, pp. 146-196.

Bourdieu, Pierre (1971). «Campo intelectual y proyecto creador», en Jean Pouillon y otros, *Problemas del estructuralismo*, México, Siglo XXI, pp. 135-182.

Bürger, Peter (1987). *Teoría de la vanguardia*, Barcelona, Península.

Casas, Arturo (2000a). «La función autopoética y el problema de la productividad histórica», en *Poesía historiográfica y (auto)biográfica (1975-1999)*, eds. José Romera Castillo y Francisco Gutiérrez Carbajo, Madrid, Visor, pp. 209-218.

— (2000b). «Topografía de una niebla. Sentido del lugar en *Cuaderno de Nueva York*», en *José Hierro: Mi voz en la voz de los otros*, eds. Sara Pujol y Julia Uceda, Ferrol, La Barca de Loto, pp.53-63.

De Luis, Leopoldo (ed.) (1965). *Antología de la poesía social*, Madrid, Alfaguara.

— (1970). «Primera suma poética de Gabriel Celaya», *Revista de Occidente*, 29, 87, p. 322.

DEMERS, Jeanne (coord.) (1993). «La poétique de poète», *Études françaises*, 29, p. 3.

FERRARI, Marta (2012). «El poeta como crítico. Las autopoéticas de José Hierro», en *Homenaje a la amapola. Estudios sobre José Hierro tras diez años de ausencia*, ed. Elia Saneleuterio Temporal, Barcelona, Anthropos, pp. 239-262.

GARCÍA, Miguel Ángel (2012). *La literatura y sus demonios: leer la poesía social*, Barcelona, Castalia.

IRAVEDRA, Araceli/SÁNCHEZ TORRE, Leopoldo (eds.) (2010). *Compromisos y palabras bajo el franquismo. Recordando a Blas de Otero*, Sevilla, Renacimiento.

LANZ, Juan José (2003a). «La construcción de la voz y del sujeto ético en la trilogía social de Blas de Otero», *Ancia*, I, 1-2, pp. 23-62.

— (coord.) (2003b). *Ínsula [«Blas de Otero. Nuevas lecturas críticas»]*, 676-677.

— (2009). *Conocimiento y comunicación. Textos para una polémica poética en el medio siglo (1950-1963)*, Palma de Mallorca, Universitat de les Illes Balears.

— (2010). «Palabra de poeta: Poesía y compromiso hacia el medio siglo», en *Compromisos y palabras bajo el franquismo. Recordando a Blas de Otero*, eds. Araceli Iravedra y Leopoldo Sánchez Torre, Sevilla, Renacimiento, pp. 39-60.

— (2011). «El compromiso poético en España hacia mediados del siglo XX», *Revista www.izquierdas.cl*, 9, pp. 1-20, <http://www.izquierdas.cl/revista/wp-content/uploads/2011/07/Juan-Jose-Lanz1.pdf>.

LE BIGOT, Claude (2010). «La responsabilidad de la forma o la piedra de toque del compromiso poético», en *Compromisos y palabras bajo el franquismo. Recordando a Blas de Otero*, eds. Araceli Iravedra y Leopoldo Sánchez Torre, Sevilla, Renacimiento, pp. 83-102.

MIGNOLO, Walter (1982). «La figura del poeta en la lírica de vanguardia», *Revista Iberoamericana*, 118-119, pp. 131-148.

PERULERO, Elena (2012). *La poesía histórica de Blas de Otero*. Tesis doctoral, leída en mayo de 2013, Universidad Autónoma de Madrid.

RANCIÈRE, Jacques (2004). «The Politics of Literature», *SubStance*, 103, 33. 1, pp. 10-24.

— (2010). *Dissensus. On politics and aesthetics*, London, Continuum.
RIBES, Francisco (ed.) (1952). *Antología consultada de la joven poesía española*, Valencia, Mares.
RODGERS, Douglas (1964). *A study of the Poetry of José Hierro as a Representative Fusion of Major Trends of Contemporary Spanish Poetry*. Dissertation, University of Wisconsin.
RODRÍGUEZ, Juan Carlos (2001). *La norma literaria*, Barcelona, Debate.
— (2010). «El riesgo de una poética esencial: Blas de Otero», en *Compromisos y palabras bajo el franquismo. Recordando a Blas de Otero*, eds. Araceli Iravedra y Leopoldo Sánchez Torre, Sevilla, Renacimiento, pp. 197-220.
RUBIO MONTANER, Pilar (1990). «Sobre la necesaria integración de las poéticas de autor en la Teoría literaria», *Castilla. Estudios de literatura*, 15, pp. 183-197.
SÁNCHEZ TORRE, Leopoldo (2010). «La palabra repartida: Los argumentos del compromiso en la poesía última de Blas de Otero», en *Compromisos y palabras bajo el franquismo. Recordando a Blas de Otero*, eds. Araceli Iravedra y Leopoldo Sánchez Torre, Sevilla, Renacimiento, pp.119-134.
SANELEUTERIO TEMPORAL, Elia (ed.) (2012). *En Homenaje a la amapola. Estudios sobre José Hierro tras diez años de ausencia*, Barcelona, Anthropos.
SARTRE, Jean-Paul (1950). *¿Qué es la literatura?*, Buenos Aires, Losada.
SCARANO, Laura (1991). *La poesía de Blas de Otero, Gabriel Celaya y José Hierro: una escritura en diagonal (La constitución de una nueva práctica poética en la España de posguerra)*. Tesis doctoral, Universidad de Buenos Aires.
— (1994a). «La poesía de José Hierro: Crónica de la escritura como acto frustrado», *Celehis*, 3, III, pp. 71-84.
— (1994b). «La voz social. Figuraciones de una enunciación en crisis (Celaya, Otero, Hierro)», en Laura Scarano et al., *La voz diseminada. Hacia una teoría del sujeto en la poesía española*, Buenos Aires, Biblos, pp. 69-107.
— (1996). «Escepticismo poético y retórica desmitificadora en la poesía de José Hierro», en Laura Scarano et al., *Marcar la piel del agua. La autorreferencia en la poesía española contemporánea*, Rosario, Beatriz Viterbo, pp. 77-98.

— (1998). «La construcción de un sujeto social en la poesía de Gabriel Celaya (Alternativas de una fractura ideológica)», *Cuadernos de Investigación de la Literatura Hispánica*, 23, pp. 299-309.

— (2008). «Me llamo José Hierro: Una voz social con nombre propio», *Cuadernos Hispanoamericanos*, 697-698, pp. 109-124.

— (2009). «Tras los ecos de Colliure: Machado revisitado por los poetas sociales», en *1959. De Collioure a Formentor*, eds. Carme Riera y María Payeras Grau, Madrid, Visor, pp. 87-108.

— (2010a). «Las voces del compromiso: sujeto social y nombre propio», en *Compromisos y palabras bajo el franquismo. Recordando a Blas de Otero*, eds. Araceli Iravedra y Leopoldo Sánchez Torre, Sevilla, Renacimiento, pp. 221-238.

— (2010b). «Voy a contar la historia de mi vida... La intimidad histórica de Blas de Otero», en *Sermo intimus. Modulaciones históricas de la intimidad en la poesía española*, ed. Laura Scarano, Mar del Plata, Eudem, pp. 139-167.

— (2011). «Cien años de Gabriel Celaya: el compromiso revisitado», en *Diálogos transatlánticos. Memoria del II Congreso Internacional de Literatura y Cultura Españolas Contemporáneas*, vol. IV, dir. Raquel Macciuci, La Plata, FAHCE-UNLP, pp. 1-12, disponible en <http://congresoespanyola.fahce.unlp.edu.ar>.

— (2012a). *Ergo sum. Blas de Otero por sí mismo*, Binges, Orbis Tertius.

— (2012b). «La construcción dialéctica del discurso en la poesía de José Hierro», en *En Homenaje a la amapola. Estudios sobre José Hierro tras diez años de ausencia*, ed. Elia Saneleuterio Temporal, Barcelona, Anthropos, pp. 263-299.

Vivas, Ángel (1984). *Lo que faltaba de Gabriel Celaya*, Madrid, Anjana.

Zonana, Víctor (2007). *Poéticas de autor en la literatura argentina (desde 1950)*, Buenos Aires, Corregidor.

«Después de este desorden impuesto» o las voces del posfranquismo

(El canon del compromiso y el compromiso con el canon)

Araceli Iravedra
Universidad de Oviedo

> *El gran problema de la crítica es siempre el análisis de lo presente y de lo cercano. No es extraño. Lo actual es el momento en que las cosas carecen para nosotros de contornos precisos, y en que, obligados a vivirlas, no podemos juzgarlas. Todas las épocas, aun las más creadoras, han sido torpes para juzgarse a sí mismas, y no siempre infecundas en previsiones de lo futuro. Por esta misma razón la crítica suele manejar conceptos atinados cuando señala lo que falta en las obras de arte y rara vez acierta a señalar lo que tienen. Dicho sea todo esto en descargo anticipado de conciencia, por errores probables en cuanto vaya a decir.*
> (Antonio Machado, «Proyecto de un discurso de ingreso en la Academia de la Lengua», 1931)

¿Qué compromiso?

Un inicial acercamiento a las condiciones sociales, políticas y filosóficas en que emerge la nueva poesía tras el desmoronamiento del franquismo, a cargo de las promociones que se dan a conocer en nuestra transición democrática, conduce de entrada a concluir que no son buenas aliadas de los compromisos poéticos. Y ello por cuanto cabe pensar que, superado el «desorden impuesto» por la dictadura, la normalización de la vida política dispensa al poeta de seguir proponiéndose como conciencia moral de una sociedad que, hasta entonces y a falta de otros cauces, había reclamado su vigilancia o su beligerancia (canalizada, de hecho, entre la última generación de posguerra bajo la túnica del malditismo, la excentricidad estilística y la rebeldía estética frente a los códigos al uso). En la nueva situación socio-política, restablecidas en España las libertades públicas, canceladas las expectativas utópicas del mayo francés y consumada la asimilación por el sistema de quienes habían protagonizado la «revolución de los jóvenes», la poesía parecía retirarse de los proyectos colectivos en aras de la revalorización del ámbito privado. Asistíamos así a un proceso de «reprivatización de la literatura» (Mainer 1994) traducido, si no en el retorno de la palabra «virgen» –como quería Alberti en el célebre poema de *Entre el clavel y la espada* aludido en nuestro título–, sí en el regreso de la literatura del yo con sus fuertes anclajes en la experiencia biográfica, que, en un escenario despoblado de certezas, se erigía en única evidencia y precario norte moral: «La voz de los poetas –resume cabalmente Prieto de Paula– debía acomodarse a un mundo relativista y adogmático, hedonista, transigente, refractario a la épica y a los proyectos de realización colectiva vertebrados por un espinazo nacional» (Prieto de Paula 2010: 20).

Juan Carlos Rodríguez, por su parte, ha argumentado con su habitual lucidez que el «pacto de normalización» que acompañó a la transición democrática resulta inseparable de la desustancialización filosófica y política que se aprecia en los años setenta y sobre todo en los ochenta –«política y filosofía se desustancializaban para convertirse en vida normal» (Rodríguez 1999: 265)–, y que implica hablar de la famosa muerte de las ideologías en el sentido de lenguajes políticos; algo que, por cierto, sucedía no mucho después de que primero en América y luego en Europa comenzase a difundirse la idea del fin de la modernidad, de su historia y de sus utopías constitutivas. La conciencia de la provisionalidad de las certezas concordante con el relativismo de los tiempos, y la desconexión de cualquier apriorismo, promueven uno de los rasgos capitales de la nueva escritura: el desplazamiento del valor de verdad al ámbito de las experiencias precarias del sujeto, que pasan a ocupar el lugar desmantelado de las viejas certidumbres, con la consiguiente hipertrofia del yo biográfico; pues, sometidos los valores y creencias a un cuestionamiento heredero de los embates románticos, solo la biografía o la experiencia puede dictar unas pautas morales susceptibles de alumbrar débilmente un territorio desprovisto de absolutos (Prieto de Paula 2010: 28). De hecho, como un corolario de la desconfianza posmoderna en los metarrelatos de la modernidad, y de un escepticismo refractario a toda clase de dogmas, se ha venido aceptando para la poesía que nace con la democracia un generalizado descrédito de las utopías.

Sin embargo, tales planteamientos no se relacionan necesariamente con el conformismo ni con una abdicación de los ideales colectivos. Por ello no es extraño que algunos cultivadores de la nueva poesía se hayan rebelado contra una muy citada afirmación de Jaime Siles, según la cual aquella, «por lo general y con muy pocas excepciones [...], renuncia a criticar el mundo» (Siles 1991: 168). El hecho es que, para no pocos de los nuevos autores, ni el desencanto y las sospechas ante «el cambio» orquestado tras la salida del régimen franquista, ni la caída del socialismo real que parecía dejar al planeta en las manos únicas del capitalismo plenamente triunfante, ni los desequilibrios de una globalización económica despreocupada de sus consecuencias sociales, podían alentar el repliegue del poeta a sus galerías interiores ni la idea de la literatura como estricto «placer privado» (Mainer 1994). Por el contrario, a los ojos de muchos, hacía falta una poesía a la altura de las nuevas circunstancias. Ocurría, ahora bien, que si la mencionada desustancialización de la política y el generalizado desfondamiento ideológico no supusieron la cancelación del compromiso, sí determinaron un nuevo y extendido modo de encararlo, congruente con la orientación general de la poesía y la instauración de un nuevo paradigma en las letras españolas. Por un lado, la condición escéptica de la posmodernidad no favorecía los entusiasmos excesivos en torno a las posibilidades de la poesía como herramienta útil al cuerpo social, pero no se le negaba a esta su operatividad ideológica en la transformación del sujeto. Por eso, la aceptada renuncia a las utopías sociales se efectuaba en nombre de la aspiración más modesta a la reconquista de los espacios individuales, a la salvaguarda de un «rostro propio» frente a las dinámicas de homologación, una y otra cosa alentadas por la clara conciencia de que «solo transformando el ámbito del comportamiento privado se lograr[ía] la transformación del sistema» (Lanz

1996: 28); de ahí, en parte, el regreso al yo y la incidencia en los avatares biográficos, que, de otra parte, se constituían en la inestable certeza del nuevo *hombre sin atributos* morales. Por otro lado, el señalado pacto de normalización política se veía acompañado de una voluntad de normalización artística que postulaba una revisión «tranquila» de la tradición, un nuevo talante frente a esta que implicaba la superación de la ideología vanguardista y de la tradición de la ruptura. Para sus valedores, cuestionar el prestigio del lenguaje vanguardista suponía un intento de desacralización poética que, renunciando al orgullo elitista de la estética novísima, buscaba la superación del divorcio con el público y la restauración de los vínculos entre poesía y sociedad; para sus detractores, la institucionalización de la «normalidad» tejía peligrosamente un imaginario canónico ajeno a cualquier disonancia, que sancionaba como «no asimilable» toda «aquella poesía adherida a lo que se conceptúa […] como opacamiento del discurso poético, […] en nombre de la inteligibilidad y de un paternalismo que minimiza las capacidades interpretativas del lector» (Pont 2005: 266). Como sea, tal normalización artística tuvo unas consecuencias bien reconocibles (y concordantes con el decretado proceso reprivatizador) en el terreno retórico, donde el lenguaje renuncia a su protagonismo en busca de los discretos tonos personales:

> Frente al heroísmo del 68, manifiesto en la literatura y el arte en una voluntad de estridencia plegada muchas veces a estrechos códigos estilísticos, el escritor y el artista de los ochenta […] intenta pasar desapercibido, camuflarse, no sembrar estridencias dogmáticas, sino buscar un estilo verdaderamente personal en el que expresarse libremente sin coerciones (Lanz 1996: 28).

Estos planteamientos definieron la actitud más común del sujeto de la poesía de la experiencia; pero ya antes lo habían sido de una serie de propuestas ideológicas de izquierdas que, a comienzos de la década de los ochenta, reabrieron el debate sobre el compromiso en el campo de la lírica: desde presupuestos teóricos marxistas y los postulados del realismo poético, los autores que impulsaron «la otra sentimentalidad» granadina promovieron el cultivo de una *épica subjetiva* fundada en la proyección de lo privado sobre lo público. El compromiso poético de los primeros años del posfranquismo se encarnó mayoritariamente en esta fórmula, que restablecía el supuesto de la continuidad identitaria entre realismo y compromiso, y que bien podría ilustrarse con la escasamente conocida antología *1917 versos* (1987), publicada por Vanguardia Obrera setenta años después de la Revolución Rusa. Bajo la advocación de Rafael Alberti, la nómina masculina de la otra sentimentalidad unía sus voces contra la amenaza militarista que representaba la permanencia de España en la OTAN, enfatizando un posicionamiento político que tensaba en realidad unos ideales teóricos renuentes a la formulación explícita de la protesta.

Sin embargo, este modo de encarar las relaciones entre poesía e historia no tardó en ser contestado por otras voces críticas de distintas latitudes; sobre todo, a medida que la poética materialista del grupo granadino diluía sus planteamientos en el eclecticismo ideológico de la poesía de la experiencia, evaluada muy a menudo como el correlato estético del «proceso de desideologización seguido por el postfranquismo en el interior del marco cultural de la desmemoria histórica» (Pont 2005: 268). A esta perspectiva hermenéutica obedece, de hecho, la publicación en 1997 del ensayo *Poesía y poder*, donde el Colectivo Alicia Bajo Cero elabora una crítica del «tradicionalismo formal» que condujo a esos discursos pioneros del compromiso poético en el posfranquismo a confluir con las que el equipo considera «vertientes más conservadoras del panorama contemporáneo», esto es, las poéticas figurativas hegemónicas entre 1985 y 1995 (Méndez Rubio 2002: 42). Y, mediando otros diez años, en el decurso de estos debates vuelve a ser significativa la publicación de la antología *Once poetas críticos en la poesía española reciente* (2007), a cargo de Enrique Falcón. En el trabajo introductorio, su compilador acierta a sugerir la pluralidad de registros ensayados por una nueva poesía de latido crítico a comienzos del milenio, a la vez que identifica el postulado tal vez central que, a modo de denominador común, apuntala este compromiso renovado:

> Los registros aquí experimentados [...] se mueven del objetivismo documental a la deriva libertaria, de la poesía de la conciencia al torrencialismo irracional, del vanguardismo crítico al realismo más contundente, del relato narrativo al discurso atomizado, de la historia de la memoria al ejercicio de la ironía, del impulso visionario a las prácticas saludables de la lucidez, y –en fin– de las tácticas disidentes de la sugestión a las estrategias materialistas del extrañamiento. De ninguna de estas opciones, sin embar-

go, cabría deducir que «lo personal» y «lo político» pudieran constituirse como esferas separadas, por mucho que el discurso neoliberal imponga falsamente en nuestro tiempo una brutal separación entre lo público y lo privado (Falcón 2007: 12).

Al amparo de estas palabras, la muestra incorporaba a poetas tan dispares como Jorge Riechmann y Antonio Orihuela, Isabel Pérez Montalbán y David González, Antonio Méndez Rubio y el propio Enrique Falcón, en cuya voluntad no está contar con ninguno de los discursos de adscripción experiencial, que quedarían del lado de lo que en esta misma introducción se denominan «escrituras literarias ideológicamente tranquilizantes» (ibíd.: 13). Y sin embargo, esa negación de la oposición burguesa entre lo privado y lo público que congrega según el antólogo a las voces contempladas había sido postulada mucho antes por ese foco germinal de la poesía de la experiencia que fue la otra sentimentalidad, «avanzadilla provincial y políticamente comprometida» (Bagué Quílez 2006: 46) de las propuestas figurativas.

Antes de revisar el proceso de formación de un canon del compromiso poético en la escena posfranquista, conviene atender a los planteamientos ideológicos y estéticos que sostienen sus principales formulaciones líricas, y examinar cómo y por qué se relacionan y discuten del modo en que lo hacen los diversos agentes de esta poesía crítica en las últimas décadas. Ya se sabe que al fondo de las querellas líricas a menudo se agazapa la batalla por la supremacía y se dirime la conquista de un lugar de privilegio en el campo literario. Pero tampoco merecen desdeñarse las razones de otro orden que animan sin duda las disputas más serias: en ellas se enfrentan asimismo posiciones ideológicas y, también, posturas ante el lenguaje que inciden de manera definitiva en la elaboración retórica del poema.

La voz común

Decía que fue en el entorno de la otra sentimentalidad donde comenzó a denunciarse, a principios de los años ochenta, esa falsa división entre lo privado y lo público que Enrique Falcón imputaba al discurso neoliberal, y en la que los granadinos encontraban precisamente subsumido un sistema de oposiciones –pureza/impureza, esteticismo/compromiso, poesía/historia– perteneciente al imaginario ideológico del pensamiento burgués. El teórico marxista Juan Carlos Rodríguez había iniciado a sus jóvenes discípulos de la Facultad de Letras en un tipo de reflexión sobre la literatura, familiarizada con el marxismo althusseriano, que permitía concebirla como una forma –radicalmente histórica– de producción ideológica. Este era el discurso que sostenía la fundamental *Teoría e historia de la producción ideológica* (1975) del profesor Rodríguez, cuyas dos tesis básicas –la literatura como «discurso ideológico», la «radical historicidad de la literatura»– procuraban ese fuerte desgarrón teórico que iba a cambiar por completo el modo de pensar las relaciones entre la historia y la poesía, y que nutría la especulación y la praxis de Javier Egea, Luis García Montero, Álvaro Salvador, Ángeles Mora o Antonio Jiménez Millán (entre otros autores más o menos afines). Aceptar la radical historicidad de la literatura implicaba haber aceptado la historicidad asimismo radical del sujeto que la crea, también un «efecto de la historia» o de un determinado horizonte ideológico. Y era, así pues, esta premisa la que forzaba la ruptura con la antigua paradoja burguesa de lo privado y lo público y, en consecuencia, invalidaba la consabida dicotomía «pureza vs. compromiso»: cualquier palabra está comprometida en su raíz con un inconsciente ideológico, luego las relaciones de la literatura con la historia se hallan por encima de las decisiones del autor. Complementariamente, desmantelar la idea de la poesía como una «esencia previa» para pensarla como «artificio» o «producción histórica» conducía a desterrar cualquier planteamiento coyuntural del compromiso; y a buscarlo, antes bien, en un discurso materialista capaz de indagar en su propia raíz ideológica y la del sujeto que lo enuncia, de desvelar sus razones históricas para intervenir sobre ellas, para abrir una brecha en el horizonte ideológico dominante en busca de la forma de «decir» o *producir* otra moral.

Desde estas bases teóricas, la otra sentimentalidad libraba la batalla del compromiso en un frente cuando menos doble: contra las distintas poéticas novísimas, que desplazaban el problema al ejercicio desenmascarador de la función metapoética y la crítica del lenguaje; y también contra la clásica poesía social que canalizaba su compromiso de izquierdas mediante la enunciación explícita de contenidos políticos. Respecto a los planteamientos de la estética novísima, herederos de Adorno y de la Escuela de Frankfurt, solo podían ser rechazados por quienes trataban de decir *no* a la historia dominante o a las relaciones establecidas, y en consecuencia, a la imagen de la sustantividad poética promovida por el sistema a cambio de la desustancialización de la política: el trascendentalismo poético de fondo que sostenía la estética novísima, la ideología de la «palabra poética», se combatía con el arma de una «palabra histórica» que permitiera desvelar las relaciones invisibles que nos constituyen (Rodríguez 1999: 268-270). Respecto a los planteamientos de la poesía social, herederos del realismo socialista, la lógica interna de la otra sentimentalidad establecía que el verdadero compromiso no se inscribe en la verbalización de las relaciones entre poesía y realidad: mucho antes que en el tema del poema, lo *político* se juega en el modo de plantearlo, ya que cada discurso produce «su propia experiencia de significación» (ibíd.: 36). Si por el contrario se trataba de hacer una poesía de indagación y de transformación moral, no podía bastar el viejo modelo de la poesía comprometida, con su ilusoria aspiración a controlar con tesis programáticas y denuncias coyunturales la ideología social; había que investigar en las raíces ideológicas del yo y los sentimientos, operando sobre el campo de juego de las vivencias concretas una crítica de acento moral, mucho antes que explicitar una denuncia política.

La lectura de Althusser, que conducía a la otra sentimentalidad a distinguir política e ideología a la hora de establecer las relaciones entre poesía e historia, intervenía por último en la articulación de un concepto de utilidad distinto de la «vieja y conocida» noción de utilidad como «rentabilización inmediata», esa que determinaba que «la lucha por el futuro quedase marginada a los bienes materiales, a los sindicatos o los partidos políticos» (García Montero 1993a: 37). La lucha por el futuro podía ser también una lucha ideológica para el que cree en el carácter «real» de la ideología; y para el que cree en la entidad ideológica de la literatura, esta es la lucha que cabe a la poesía y en ella reside su utilidad, otra clase de utilidad: la poesía no es inútil –precisa Juan Carlos Rodríguez– porque es «*un útil* ideológico», y «transformar el mundo significaría ante todo la posibilidad de transformar nuestro propio inconsciente ideológico» (Rodríguez 1999: 125).

Las cortezas del fruto (1980), de Álvaro Salvador, *Paseo de los tristes* (1983), de Javier Egea y *El jardín extranjero* (1983), de Luis García Montero fueron los inaugurales exponentes prácticos de unos ideales programáticos que se sistematizarían a su vez en el librito *La otra sentimentalidad* (1983). Sin embargo, según acepta el animador teórico del proyecto, estos planteamientos iniciales –«radicalmente marxistas»– acusan de inmediato una «inevitable pérdida de dureza», tal vez como un efecto del desencanto político en conexión con el fracaso de la utopía comunista; o tal vez, sencillamente, por la dificultad de sujetar la práctica poética, que solo podía partir de los efectos concretos de la vivencia cotidiana, a los rigores de una teoría que exigía desenmascarar lo invisible de un complejo entramado social (Rodríguez 1999: 46). Ello no obstante, y aun contando con la evidente moderación ideológica que debilita sus implicaciones combativas, Francisco Díaz de Castro defendía hace unos años la vigencia en lo esencial de aquel programa, invocando la orientación renovadamente crítica de los últimos poemarios de Álvaro Salvador, Luis García Montero, Antonio Jiménez Millán, Ángeles Mora o Benjamín Prado (2003: 10). Tal cosa aún podría afirmarse, según nuestro criterio, de la trayectoria delineada desde entonces por *Vista cansada* (2008) y *Un invierno propio* (2011), de Luis García Montero, *Bajo la alfombra* (2008), de Ángeles Mora, *La canción del outsider* (2009), de Álvaro Salvador, *Clandestinidad* (2011), de Antonio Jiménez Millán, o *Marea humana* (2006), de Benjamín Prado. Pero si ha existido en este tiempo un teatro de operaciones sobre el que sancionar o refutar la validez de esta aserción, este ha sido el pensamiento poético de Luis García Montero, en su matizada evolución del *núcleo duro* de la otra sentimentalidad a la poesía de la experiencia o «de los seres normales», de los planteamientos «radicalmente marxistas» al horizonte burgués de la Ilustración, o de la utopía revolucionaria a la reforma *desde dentro* de la norma social.

Tal vez puedan servir como síntoma de este desplazamiento los sucesivos matices que han ido modulando la idea de utilidad reiteradamente teorizada por García Montero en los años noventa, y que habrá de constituirse en uno de los formantes del ideario de la experiencia desde que el poeta se alzara con este enunciado deliberadamente ambiguo: «La primera obligación del artista es que su obra sea útil artísticamente» (García Montero 1994b: 24). Todavía a la zaga del pensamiento de Althusser, en el texto al que pertenece este aserto el poeta predica una noción de utilidad que debe comprenderse no tanto en su dimensión política como en su dimensión ideológica, y que se emplaza a medio camino entre el concepto materialista de conciencia cívica y el concepto ilustrado de moral privada (Bagué Quílez 2006: 58). Esto es, la poesía deviene un género útil si sabe participar en la elaboración de una respuesta al fracaso de nuestros contratos sociales, pero no mediante la verbalización de una postura política, sino mediante el análisis de las determinaciones ideológicas que conforman nuestra subjetividad; pues la posibilidad de intervención de la poesía en la fabricación de *otra* historia pasa por la construcción de una intimidad de inquietudes distintas, y ello por el cuestionamiento de «las relaciones imaginarias que los individuos establecen con ellos mismos y con sus condiciones de existencia» (García Montero 2002: 20), que no otra cosa es la ideología en el sentido althusseriano.

Sin embargo, las aspiraciones cívicas que laten en este programa de transformación del sujeto tenderán a diluirse en el esfuerzo de García Montero por acomodar la noción de utilidad a la horma poética de sus compañeros de aventura figurativa, tal y como ya puede apreciarse en su emblemático texto «La poesía de la experiencia»: «Un poema útil no es el que sirve para propagar ideales, sino el que consigue otorgarle a las palabras un aspecto de necesidad» (1998: 19). Esta escuela lírica hace, en efecto, residir su utilidad en la recreación estética de experiencias susceptibles de involucrar a los lectores, en la fabricación de argumentos relacionados con la vida, *necesarios* por cuanto, al promover una valoración moral de la experiencia, procuran al lector una problematización de su mundo personal. En el prólogo a la *Poesía* de Felipe Benítez Reyes, Luis García Montero se pronuncia a este respecto sin equívocos: «Demostrar que la poesía es útil para pensar y sentir debe ser una de las tareas principales de los poetas y el único modo que tienen los poemas de justificarse, de sentirse necesarios» (1992: 24). Sin duda el poeta se hace eco del sustrato común del ideario de la experiencia; solo que, en este trayecto, la noción de utilidad ha desdibujado la ambición transformadora inscrita en el inicial proyecto de (auto) crítica ideológica, cuando todo pasaba por asumir la propia condición de clase para enfrentarse críticamente a las contradicciones de la sentimentalidad burguesa.

No obstante, es abundando en esta idea de utilidad lírica como llega Luis García Montero a su discutida defensa de una *poesía para los seres normales*; no en vano, ambas nociones se hallan teorizadas en un ensayo sintomáticamente rotulado «¿Por qué no es útil la literatura? Observaciones en defensa de una poesía para los seres normales» (1994). En pocas palabras: la utilidad de un poema que aspira a procurar al lector mejor conocimiento de su intimidad y de las leyes que rigen su vida social, con el fin de ofrecer una respuesta al fracaso de la historia, solo puede cumplirse a través de una voz ubicada en la historia. O lo que es lo mismo: un yo objetivado, una individualidad perfilada con rasgos cívicos, una *persona normal* o una *voz común* que se reconoce en la concreción de unos valores históricos y utiliza las palabras de la tribu. Desde esta perspectiva, el alejamiento de la ruptura vanguardista es el corolario de la desconfianza del poeta en el sujeto escindido de la modernidad negativa, que ha buscado su sacralización consoladora en la autorrepresentación como héroe al margen de la sociedad, traducida retóricamente en la creación de un ámbito de autonomía estética que fractura el diálogo con la realidad y la historia. Pero comoquiera que, donde uno propugnaba *desacralización*, otros vieron *estandarización* u homologación de matices, Luis García Montero ha debido esforzarse en explicar que su propuesta es consecuente con una voluntad de compromiso progresista: en la sociedad contemporánea, la insurrección del yo marginal haría insuperablemente el juego a los intereses del neoliberalismo más reaccionario, que aspira a apartar al individuo de los proyectos colectivos y a anular su fuerza transformadora en los centros de decisión que regulan la convivencia. En el discurso argumentativo de García Montero, la impugnación de la diferencia significa un deseo de indagación en el contrato social boicoteado por las rebeldías autoexcluyentes. En suma, en un escenario amenazado por el desmantelamiento de los espacios públicos, que expulsa a los ciudadanos hacia sus márgenes, el poeta elige en la lucha contra el capitalismo una defensa de los vínculos: he aquí el trasfondo ideológico de su poética de la normalidad (2000 y 2002).

La defensa de la representación y la palabra poética figurativa hallan su sentido, desde este ángulo, en una misma voluntad de intervención en la historia; y no solo como forma de mantener abierto el diálogo con ese ciudadano que es el lector. En efecto, ya Jaime Gil de Biedma, uno de los referentes de la otra sentimentalidad, había subrayado la irrenunciabilidad de este cometido al reclamar la consideración del lenguaje *antes que nada* como «un bien utilitario del patrimonio público» (1994: 272); pero, sobre todo, en el realismo crítico del cincuenta aprendieron los discípulos de Juan Carlos Rodríguez el uso del lenguaje como «literalidad vital» y cotidiana frente a la trascendencia anterior: una lección congruente con su pretensión de decir *no* a la sustantividad poética para asumir la contingencia de la palabra histórica (Rodríguez 1999: 270-71). Precisamente la idea de la literatura como representación o simulacro que sustenta este realismo *singular*, que ya postulaba la otra sentimentalidad, alienta la posibilidad de trabajar en la construcción del simulacro histórico que deseemos tener. Lo decía también Juan Carlos Rodríguez: «Si la poesía es artificio y si, en consecuencia, la podemos producir o leer en su propia historicidad, quiere decirse con ello que también podemos transformarla. Transformar la poesía o la historia en bloque» (1999: 89).

El pensamiento poético de Luis García Montero no solo puede hacerse extensivo a la familia de la otra sentimentalidad granadina, que mantiene su personalidad diferenciada en la pluralidad ideológica de la poesía figurativa; además, la poética de los seres normales, despojada de adherencias marxistas, emblematiza la postura de aquellos proyectos líricos que encuentran en el cuidado de los nexos y las formas de complicidad la clave última de la utilidad de la poesía. En general, es el talante del modelo comunicativo de la poesía de la experiencia, que, en su voluntad de adecuación a la realidad inmediata, promovió no pocas veces una superación de la introspección sentimental inicialmente propugnada y la expresión de un compromiso ideológico sin premisas dogmáticas. Existen algunos casos obvios entre los poetas de mayor edad que comienzan su andadura en la era democrática: el ejercicio de «poesía civil» de Jon Juaristi –así bautizada por la crítica con el asentimiento del autor–, o la «poesía entrometida» de Fernando Beltrán, que señala una indiscreta voluntad de merodeo en la conciencia de la sociedad actual. Sin embargo, tal vez sea más necesario subrayar la eficaz veta satírica a menudo atrincherada tras la entonación displicente de algunos autores que, de entrada, parecen asentir a postulados más acordes con el relativismo posmoderno. Pensemos, por ejemplo, en los tópicos del desencanto, el resignado escepticismo o el tedio vital que se dan cita en el personaje del Juan Bonilla de «Treintagenarios» (*Partes de guerra*, 1994), quien ni siquiera renuncia a la cínica declaración insolidaria; y, sin embargo, sin falta de salir del mismo libro, poemas como «En el refugio», una desolada elegía de la guerra, o «Fumar en Sarajevo», que pone rostro a la devastación en una acre denuncia de la tibieza occidental ante el conflicto de los Balcanes, desvelan la incontestable conciencia crítica que late bajo el distanciamiento irónico, congruente con la reticencia al efecto de las grandes palabras –«Mi pa-

tria está en el cuerpo de Patricia»–, la certeza de «Lo inútil» del canto
–«Tantas cosas que no sirven de nada, / como estos versos míos / o los
golpes de sol en los ojos de un ciego»– o el agnosticismo contemporáneo –«Nihilismo y cuenta nueva» (*El Belvedere*, 2002)– antes que con
un connivente encogimiento de hombros.

La ambigüedad irónica de los versos de Bonilla, entre la voluntad
crítica y la distanciada complacencia, vale como ejemplo de que las
heridas de la perplejidad del yo lírico de la experiencia no son incompatibles con el compromiso cívico. De la declinación de los grandes
relatos y el descrédito de la razón trascendente resulta una suerte de
cinismo de estirpe manuelmachadiana en el que no siempre ha de verse
una anuencia con los postulados de la realidad; antes bien, a menudo
ha de interpretarse como un estado de sospecha ante cualquier apriorismo y fundamento dogmático que no excluye la consternación. De
hecho, algunos de quienes se mostraron en sus comienzos más proclives al refugio hedonista en el ámbito íntimo y a las posturas indolentes, han abandonado el ensimismamiento acrítico para reflexionar últimamente sobre las cicatrices del presente. Es el caso del Felipe Benítez
Reyes de *Las identidades* (2012), que, ajustando la temática colectiva
a su personal modo elocutivo, deja atrás los testimonios en sordina
en favor de una determinación crítica –sobre el interés mercantilista
de la guerra en «El precio de un soldado», la institución monárquica en «Real sitio» o la ley de extranjería en «Playa de Rota, octubre de
2003»– sin lugar para la oblicuidad. Si acaso, el descrédito de los utopismos o el relativismo político actúan como freno del acento conativo o de la energía movilizadora; pero no de la elaboración transitiva
del contenido social ni de la expresión de una censura ejercida desde la
soberanía irrenunciable de la conciencia individual, que se sobrepone
tanto a las consignas colectivas como a la falacia patética.

La voz conflictiva

Sin duda, esa realidad plural y proteica que ha resultado ser la poesía de la experiencia desaconseja las estimaciones generalizadoras y
los juicios globales. Sin embargo, contra este modelo comunicativo
sin distingos, y con especial rigor contra su principal valedor teórico, se alzaron a partir de los años noventa otras voces críticas que, si

compartían con la propuesta de los sentimentales de Granada algunos presupuestos esenciales, disentían de su *debilitamiento* en las distintas formas de la vertiente figurativa. Lo que comenzó por denunciarse fue la trivialización de una noción de experiencia que se desentiende de la transformación del sujeto, así como la escualidez de una poesía realista que no se mide con la realidad entera: «A quien se declara realista / hay que preguntarle lo primero / realista de qué realidades». Esta sentencia de Jorge Riechmann (*La estación vacía*, 2000), que se hace eco de una imputación cada vez más clamorosa, ya le conduce a cuestionar la proclamada utilidad de la poesía de la experiencia:

> Yo también estoy a favor de la poesía *útil* (aunque me parece que el adjetivo *practicable* abarca más cosas). Pero cuando se habla de *poesía útil* hay que preguntar enseguida: ¿útil para quién? La poesía tiene que medirse con la realidad entera, sin amputaciones. Con mayor razón en la cámara de tortura, en la sociedad escindida, en el planeta que agoniza. Cuando la poesía no mira de frente a las luchas de clases –y al resto de las luchas sociales donde se decide la suerte de nuestro mundo–, acaba perdiendo la cara (Riechmann 1998: 134).

Correlativamente, las censuras recaen sobre el egotismo complaciente de un sujeto emisor «autosuficiente, robinsoniano, ontologizado como categoría» (Méndez Rubio 2002: 42); y tampoco tardará en discutirse la singular materialización retórica a la que esta vertiente lírica encomienda su potencial utilidad. Muy especialmente, los aglutinados en torno a la Unión de Escritores del País Valenciano y, más en concreto, quienes se ocultan bajo el nombre de Alicia Bajo Cero, han visto animada su actividad especulativa tanto por la voluntad de promover el compromiso poético como por la refutación del paradigma estético dominante. El hecho es que no resulta difícil identificar en el modelo teórico de Enrique Falcón, Antonio Méndez Rubio o Virgilio Tortosa, entre otros, algunos de los fundamentos prestados por Juan Carlos Rodríguez al programa de la otra sentimentalidad: también estos autores conciben el poema como «un artefacto implacable de afirmación ideológica» (Tortosa 2000: 59); de ahí que contesten asimismo la supuesta relevancia de la «intencionalidad del autor», en la medida en que todos somos productores de ideología; y que denuncien, por último, la ficticia separación de lo privado y lo público en que se funda el extendido prejuicio de que la poesía de designio revolucionario excluye la dimensión individual. Sin embargo, y pese a que tales convicciones revelan en efecto una elemental sintonía con las bases de que parte la otra sentimentalidad, corresponde a este colectivo la crítica más virulenta de la poética de la experiencia y en concreto del discurso de Luis García Montero, el protagonista más popular de la propuesta granadina. Hay que ver en ello, sin duda, el peaje obligado de un liderazgo que emplaza a este autor en el centro del campo lírico (no solo por la singularidad de un estilo que ha creado escuela de imitadores, sino por la lucidez de una labor ensayística que le otorga un alto grado de *canonicidad dinámica*); pero actúa también el componente de «traición» apreciado en el desplazamiento más arriba descrito (del proyecto marxista al horizonte burgués) por quienes buscan la «reconstrucción de una cultura radical de izquierdas» (en Iravedra 2010a: 58), así como la reprobación de un posibilismo que se niegan a aceptar quienes formulan una enmienda a la totalidad sobre las estructuras vigentes.

En el citado ensayo crítico *Poesía y poder*, la textualidad de la poesía de la experiencia es sometida a revisión sistemática. Y ello conduce al Colectivo Alicia Bajo Cero a denunciar en este discurso la difusión de mensajes de signo «narcisista», «indiferentista» y «totalitario» y, en consecuencia, la encarnación de una ideología conservadora que muestra su conformidad acrítica con el statu quo (Colectivo 1997: 51). Narcisismo, por cuanto reconocen en el protagonista de la poesía de la experiencia a un sujeto que, lejos de pensarse en su constitución comunitaria, se afirma como sujeto ensimismado y exhibe una privacidad autosuficiente. Indiferentismo, porque sus axiomas supuestamente idealistas promueven una percepción de la realidad como ente abstracto e inmutable que cancela cualquier proyecto transformador. Totalitarismo, en fin, a causa de la naturalización de las estructuras asentadas y la aceptación de su irreversibilidad. No es otro el motivo de que Alicia Bajo Cero desconfíe de la poética de los seres normales de Luis García Montero, al apreciar en esta propuesta una sugerencia de estandarización, de acomodo y no-resistencia a la integración en los patrones sociales hegemónicos. Tal *normalización* acarrearía la consolidación del discurso establecido, la legitimación de lo mayoritariamente aceptado, y desplazando cualquier perspectiva diferenciadora, escondería «una estrategia del discurso del poder en su proceso de reproducción ideológica» (ibíd.: 56-57). De ahí que, a juicio de este colectivo y sus correligionarios de la UEPV, los signos textuales de la poesía de la experiencia sean «conservadores, a veces reaccionarios, o incluso nada reales con la realidad actual del mundo» (Tortosa 2000: 71).

Las impugnaciones de Alicia Bajo Cero, que cabe sin duda contemplar para las expresiones más complacientes de la poesía de la experiencia, pierden en cambio solidez si se miden con la conciencia ideológica y radicalmente histórica que sostuvo y aún sostiene al grupo de Granada. La épica subjetiva de la otra sentimentalidad, o el *realismo singular* de Luis García Montero, que invocan una noción de sujeto *hecho de* historia, y sitúan el compromiso literario en una indagación de las razones sociales de la intimidad, guardan los argumentos más infalibles contra las acusaciones de egotismo narcisista. Por otra parte, ya se sabe que la otra sentimentalidad se funda en una concepción materialista de la poesía que niega el tradicional esencialismo y el idealismo lírico, y que la idea de la literatura como *producción* (opuesta a la mitología de la *expresión*) alienta las posibilidades de una palabra susceptible de transformarse y de transformar la historia. Por último, el propio García Montero se animará a contestar el sesgo supuestamente totalitario y conservador de su poética de la normalidad, invocando la singularidad irreductible de los ciudadanos que eligen el escenario del «contrato» como el único lugar desde el que redefinirlo (1994b, 2000).

Claro que la poesía de los seres normales resulta también impugnada en su vertiente formal; pues, para Alicia Bajo Cero, el sometimiento a los pactos lingüísticos que propugna la figuración experiencial, clausurando el sentido del texto bajo la exigencia de inteligibilidad, promueve la inercia crítica y aborta toda posibilidad de cuestionamiento ideológico. De ahí que la enunciación realista de la poesía de la experiencia –su *legibilidad*, al fin– sea percibida como un discurso anestesiante que propicia el afianzamiento de «lo de siempre» burgués. En rigor, lo que Alicia Bajo Cero discute sin nombrarlo, pero tocando la línea de flotación de la poesía de la experiencia, es lo que dio en llamarse el «pacto realista», o un planteamiento estético que unos consideraron cómplice y los otros complaciente. Lo que tal categoría designa, con palabras de Laura Scarano (2004: 210), es «una textualización consensuada de lo real, apoyada en un código ideológico y retórico común a emisor y receptor, que asegura la legibilidad del mensaje por las referencias a un sistema de valores institucionalizado». Bajo la refutación de esa «textualización consensuada de lo real», a la que algunos aplicaron la etiqueta de *gratificacionista* (Suñén 1994), late en el fondo la denuncia de la versión «realista» de la realidad que supuestamente ofrecen los poemas de la experiencia, y en la que sus críticos no aprecian sino la representación de su versión «socialmente concordada» (Ortega 1994: 10); tal como ya se habían adelantado a sugerir una serie de autores *perturbacionistas* adscritos a «otra vía» familiarizada con la vanguardia (Suñén 1994), que tuvieron su base de operaciones en una serie de iniciativas editoriales radicadas en Valladolid –las revistas *El signo del gorrión* y *Un ángel más*, la antología *La prueba del nueve* (1994)–.

En esta misma estela, Alicia Bajo Cero orientará su praxis discursiva «hacia una relación dialéctica, no tranquilizadora, con los discursos legitimadores de la *realidad* establecida» (Colectivo 1997: 15), por medio de una alternativa retórica situada en las antípodas del figurativismo. Pues no se trata de cumplir, sino de romper las expectativas de lectura, regresando a la estrategia vanguardista del extrañamiento de la forma, en busca de la construcción de un texto «intolerable» que revele su resistencia al discurso que lo explica. Por un lado, renunciar a la servidumbre referencial de una palabra lírica «colonizada» por el poder se concibe como el único modo de fundar un pensamiento que cuestione eficazmente el discurso de la realidad. Por otro lado, frente a la continuidad de la lengua social, se entiende que el recurso al fragmento y a lo inacabado no solo atestiguarían mejor la catástrofe histórica de un mundo hecho pedazos, sino que abrirían el poema a la intervención crítica de un lector que la propaganda social quiere pasivo y desmemoriado (Méndez Rubio 2004a: 140). En fin, contra lo que califica como conformismo estético e ideológico, este equipo crítico defiende una *tradición libertaria* que ha tendido a quedar invisibilizada por el canon historiográfico oficial.

Aunque la UEPV no niega la pertinencia de otras materializaciones retóricas, es esta tradición libertaria la que concita las mayores adhesiones a la hora de «intentar no seguir hablando el lenguaje del poder», que tal es en sustancia su programa enunciado a través de una consigna de Jorge Riechmann. De manera que las propuestas más elaboradas –en las voces de Antonio Méndez Rubio o Enrique Falcón– comparten una misma resistencia a concebir el lenguaje como mero instrumento transparente al servicio de la comunicación de significados estables. Incluso, la radicalización de este programa conduce a autores como

Méndez Rubio a construir su territorio poético en las afueras de la referencialidad. Si para este sector crítico la poesía de la experiencia trasladaba una noción ideológicamente asentada de la realidad, esto es, «el lenguaje del poder y no del deseo», Antonio Méndez Rubio explicará sus textos como una provocación a la hegemonía de la Realidad con mayúscula (de ahí un título tan elocuente como *Un lugar que no existe*, 1998). Según este autor, una acepción radical de lo poético no puede permanecer subordinada a una realidad determinada a priori, sino que esta debe comprenderse como cosa inseparable de los efectos de sentido que el lenguaje proyecta, construyéndola entonces y no reflejándola. Y aquí reside la potencia del discurso poético para hacer saltar la inercia de la historia: pues ya no se trata de retratar lo Real, sino de hacer emerger «lo (im)posible» (el deseo o la utopía), y también lo invisible (lo desaparecido ante las tácticas propagandísticas de desplazamiento). Naturalmente, el propósito crítico de esta escritura no se confía tanto a la subversión del significado como a la investigación de un marco distinto de enunciación: una palabra no instrumental, y por ello, no instrumentalizable, que no elige la clausura del sentido sino su apertura y su movilidad. El «descontrol» y el desvío lingüístico sustituyen entonces al discurso referencial y la denuncia explícita es solo la punta del iceberg de un movimiento de *alteración* significante: he aquí el camino para una poesía radicalmente insumisa, capaz de poner en crisis cualquier concepción dogmática de la realidad o del significado (Méndez Rubio, en Correyero 1998: 212-218; 2002: 44). En suma, la crisis de la realidad se traduciría como crisis de la representación; con Wittgenstein, los límites de un lenguaje son los límites de un mundo, y de ahí que la escritura precise abandonar la representación por la producción para asomarse a la utopía.

Ya se ve que el núcleo poético del País Valenciano postula también –como el grupo de Granada– una revisión de los planteamientos tradicionales que han venido desplazando la presencia del compromiso al *mensaje* del poema; y rechaza las teorías del reflejo y la expresión en nombre de la producción, de tal modo que podría decir, con Brecht, que «el arte no es la copia de la realidad, sino el martillo con que se la forja». Sin embargo, su análisis desemboca en soluciones alejadas de la crítica ideológica en el interior de un discurso concebido como artificio: piensan estos con Adorno que una poesía crítica dudosamente puede articularse sin una puesta en crisis del lenguaje que media en las relaciones de dominio; por eso, *práctica poética revolucionaria* es «la operación por la que el conflicto, la tensión significante, impida reducir el sentido a su dimensión instrumental» (Méndez Rubio 2004b: 97).

El contrasentido que revelan esta clase de discursos llevados a su extremo puede ser, ahora bien, el de la discontinuidad entre la teoría y la praxis; pues, como ya se ha sugerido acerca de Antonio Méndez Rubio, el designio revolucionario de esta poesía acaba por mostrarse como un propósito voluntarista sin una respuesta programática claramente expresada en los versos (Bagué Quílez 2005: 330). Parece muy revelador, a este respecto, que tanto los poemas de Méndez Rubio como los de Enrique Falcón se acompañen de notas al margen que inciden en la intención crítica de la escritura; por más que Méndez Rubio se anticipe a precisar que no han de interpretarse como «una concesión a la transparencia ideal del significado del texto», sino como un contraste lingüístico que busca «hacer añicos el aura de la poesía» y, así, desacralizarla (1998: 8), el recurso no oculta su función contextualizadora. El propio Enrique Falcón ha subrayado de hecho la paradoja que atenaza a la palabra «disidente» (o sea, intransitiva), por cuanto, situándose al margen de la palabra «oficial» (o sea, funcional) y resistiéndose a ser absorbida por ella, pierde su oportunidad de proyección pública y revela su ineficacia como agente transformador: «La *palabra disidente* que pronuncia el texto no es, desde luego, una norma paralela a la palabra oficial que la amenaza: no puede destruirla, puesto que está al margen; su paradoja es la de no poder ser dicha con efectividad pública y social» (en Iravedra 2010a: 243-244). La autocrítica concuerda por cierto con las advertencias, a cuenta de los partidarios de los pactos, sobre la ingenuidad última que encierra la defensa de un margen social y estético ignorante de su efecto fortalecedor del orden que lo implica (García Montero 2000: 103).

Aunque Méndez Rubio también se ha preguntado por los riesgos que esa palabra incondicionalmente libertaria plantea a una ideología crítica (en Correyero 1998: 218), acaba por cerrar filas frente a imputaciones externas. Y además de defender la tarea sutil de testimonio de un orden opresivo y una realidad despóticamente normalizadora que cumplen estas propuestas, ha llamado la atención sobre el contexto de movilización social en el que nace Alicia Bajo Cero, como argumento que se quiere infalible contra las acusaciones recibidas sobre la renuncia a los vínculos sociales:

> Si este colectivo, en la práctica, defendía a la vez la formación de redes de movilización y crítica social y la recuperación del «compromiso» poético no necesariamente figurativo, ¿estaba entonces oponiéndose a todo vínculo social o (mejor sería decir) al vínculo institucional –es decir, a la forma propia que tiene el poder establecido de entender lo social–? (Méndez Rubio 2004a: 141)

Otras propuestas líricas del panorama poético español sintonizan con los planteamientos del colectivo valenciano. Es el caso de Jorge Riechmann, que si parte de la adhesión teórica a una «poética antisimbolista del realismo irrestricto», regida por la transitividad expresiva y el imperativo de legibilidad (*Poesía practicable*, 1990), desemboca en un «realismo de indagación» desengañado de «la ilusión de un lenguaje transparente» (*Canciones allende lo humano*, 1998). Esta fórmula, que atiende al desvelamiento de lo real antes que a su reflejo, nombra el afán de combatir los procesos de tipificación de la realidad, y conduce al poeta a cuestionar el referencialismo estético de la convención figurativa para propugnar una palabra «no administrada» que libere al lenguaje de las mistificaciones de la ideología. Con todo, y si Riechmann busca en la ruptura vanguardista su probada resistencia a ser utilizada como discurso de poder, su *hiperrealismo crítico* no es siempre solidario con esta clase de registros; antes bien, despliega un generoso abanico de modelos discursivos –de la concentración aforística a la expansión expresionista, de la palabra fragmentaria a la sintaxis de la crónica, de la imagen surreal a la dicción funcional de la doctrina– cuyo cruce se establece, como bien ha visto Miguel Casado (1995: 120), entre dos voluntades igualmente tensas: la de expresión –e indagación– y la de comunicación. No en vano Jorge Riechmann ha teorizado sobre las categorías complementarias de «poesía vertical» –aquella que «*indaga* en el revés del mundo» buscando su cara oculta– y «poesía horizontal» –la que «se sabe compañera de todo lo existente» y *da testimonio* de lo que pasa– y ha postulado una solución integradora, en la que se juega hoy su búsqueda lírica (2003a: 18). Pese a que la que llama «poética de la extrañeza» haya sido cada vez más la latitud visitada; no por azar, «decir lo que no sabes decir» viene a ser ya, para Riechmann, el momento más profundo de la poesía política (2003b: 260).

La voz periférica

La tarea de «hacer visible lo invisible» que tradicionalmente se ha asignado a la poesía, en un momento histórico en el que prevalecen las formas más sutiles de dominación, ha conducido muy a menudo a un análisis de la poeticidad que habilite nuevas formas de lenguaje. Si los unionistas y otras voces «conflictivas» alentaban la ruptura de los pactos lingüísticos, concediendo a la dislocación resultante una virtualidad transgresora y un poder revelador muy superiores a los del lenguaje normatizado, no desdeñaban otros modelos de representación lírica. De hecho, en las jornadas de debate «Poesía y conflicto» (1994) admitían también las que llamaban «estrategias de la culpa social», caracterizadas por la toma de una (mala) conciencia revolucionaria enunciada desde los registros del realismo: un realismo «convulsivo» y «salvaje», alejado del lenguaje «aseado» de la poesía «oficial», cuya fuerza «delictiva» quedaba confiada no solo a la carga crítica de los significados, sino a la agitación de las conciencias mediante el quebrantamiento de los usos de la tradición (en Iravedra 2010a: 244). Aunque no resulta la primera opción de los unionistas, esta clase de estrategia realista es aceptada en su componente de *culpabilidad* (por oposición a la supuesta autocomplacencia del realismo de la experiencia). Y es precisamente la fórmula retórica elegida por los llamados «poetas de la conciencia», vinculados al colectivo onubense Voces del Extremo, así como por una serie de nombres instalados en la órbita del «realismo sucio», algunos de los cuales se articulan con el colectivo mencionado a través de los encuentros anuales celebrados en Moguer bajo la batuta de Antonio Orihuela.

Concordantes con los supuestos ideológicos del núcleo valenciano, las Voces del Extremo –que reúnen a autores como Antonio Orihuela, Eladio Orta, Manuel Moya o Isabel Pérez Montalbán – abanderan por un lado, desde su mismo nombre propio, una postura de marginalidad o periferia respecto de los valores establecidos y el orden vigente (y respecto del discurso que suponen anuente de la poesía «canónica»); y por otro, encaran la tarea artística como una crítica al neoliberalismo desde presupuestos marxistas o humanistas. Con Alicia Bajo Cero, los poetas de la conciencia afirman la naturaleza ideológica de la escritura y predican un discurso irreductible a los sistemas representativos del pensamiento dominante (Orihuela, en Correyero 1998: 230). Solo que, en este caso, tal designio crítico no elude la formulación directa de contenidos sociales –antes al contrario, asume la razón fedataria y la denuncia incisiva– y no apea la enunciación realista: funda, ahora bien, su contestación de los códigos al uso en el cultivo de una poesía limítrofe o decididamente antipoética.

En efecto, la postulación a cargo de Francis Vaz del ideal modelo lingüístico en que ha de verterse la voluntad denunciadora sitúa a las Voces del Extremo en las antípodas retóricas de Alicia Bajo Cero. En los encuentros poéticos de 2000, Vaz impugnaba la expresión «gratuita» y libérrima de las vanguardias y apelaba a un «uso claro, conciso, sin ambigüedades» del lenguaje, a la estabilidad de una palabra instrumental atenida a los usos del diccionario como forma de combatir la manipulación de los significados y, sobre todo, como garantía de la comunicación (Vaz 2000: 5-24). Las Voces del Extremo heredan, así pues, de las poéticas comprometidas de treinta años atrás una palabra narrativa de extraordinaria claridad referencial, rigurosamente transitiva y rayana en el prosaísmo, garante de una eficacia comunicativa entendida, igual que entonces, como potencia revolucionaria. La novedad, en cambio, reside en un componente de provocación solidario con una concepción de la poesía como «acto de *terrorismo cultural*» (Bagué Quílez 2006: 161): no en vano Antonio Orihuela abandera una vocación de «dinamitero» que concuerda con su anhelo de que los poemas tomen un destino de bombas (en Correyero 1998: 230). Y la detonación perseguida se confía por igual a la virulencia del mensaje y a la acritud de un vehículo lingüístico impertinente y estéticamente anárquico, que aspira a irritar al lector mediante el desconcierto de expectativas.

El discurso metapoético de algunos de estos autores deja expresa constancia del propósito perseguido con esta clase de representación lírica. Por ejemplo, Eladio Orta, que juega –como él mismo acepta– «en la frontera de la poesía/antipoesía» o incluso «fuera de los límites», elabora continuas advertencias sobre las pretensiones que animan su «estética de la resistencia», tal como propone en *Resistencia por estética* (1998): una vocación francotiradora que aspira a denunciar la realidad («no esperes [...] que me muerda la boca / cuando deba dispararla») y la búsqueda de la provocación y de la irritación de los lectores («se equivoca si busca relax entre sus páginas»). Por ello se opone a una poesía edulcorada y complaciente («no espere que este libro de poemas / le transporte el ánimo desde cabo cañaveral / a martes o la luna»), a «un arte domesticado» en las convenciones del género, lo que implica no solo la renuncia a los dispositivos retóricos tradicionales (los tropos o las «metáforas dulces», las pautas métricas y rítmicas), sino también a las normas de la ortografía y la gramática (comenzando por la vulneración de la ortografía de su firma: Heladio Horta); y se reconoce «rompiendo versos / a pedazos / escribiendo mal a conciencia, / porque bien ya otros lo hacen y no ha ocurrido nada». Esto es, expresa una renuncia a la belleza estética en nombre de un compromiso ético que elige la transgresión como mecanismo desenmascarador. El corolario es una poesía desnuda de afeites que arroje verdades a cara descubierta: «las verdades a medias [...] y el maquillaje en tu rostro» han sido reemplazados por los «insultos» de un «verso negro, sucio, maleante» –es decir, antipoético– que se niega a «morderse la boca» porque tal cosa equivaldría a aceptar los postulados del sistema en un tiempo inicuo (cuando «las estrellas queridísima lectora / se están lavando los pies en los charcos»). Reescribiendo el célebre aserto de Celaya, «la poesía –reza otro título– es un arma brutal»; y la deliberada ausencia de concesiones al buen gusto, y la ruptura con una retórica decorativa y fútil, funcionan como principales municiones.

En consecuencia, lo que ahora resultará impugnado en el modelo poético de la experiencia (aparte su retraimiento temático al ombligo de lo personal) no será su condición referencial sino su concierto «anestesiante» con las pautas de la clasicidad, con una convención poética en la que no solo se aprecia un resabio conservador, sino también su inoperancia para la representación de una realidad compleja e injusta. No son otros los planteamientos que conducen a Antonio Orihuela a legitimar la naturaleza antipoética (incluso, no-poética) de un discurso lírico que de nuevo subordina los requerimientos estéticos al imperativo ético de desvelar la *verdadera* realidad:

> Sí, puede que mi poesía ya no sea poesía,
> porque llega un momento en el que ya no se puede seguir siendo
> por más tiempo un cómplice, silencioso,
> de lo que R E A L M E N T E pasa (*Edad de hierro*, 1997).

Claro que, a la larga, este talante antirretórico no deja de generar una retórica de otro signo, que al ir cristalizando y formalizándose, convirtiéndose en fórmula estereotipada y previsible, acaba por perder su eficacia desautomatizadora y la funcionalidad transgresora en que halló su sentido (Sánchez Torre 2002: 50). Ello sin contar con que, en los casos menos acertados, la radicalización de la voluntad antipoética configura un discurso que adolece de laxitud imaginativa o se vuelve salvoconducto para la falta de rigor; por «olvidar las oscuras golondrinas» y «llamar a las cosas por su nombre» (Muñoz Álvarez, en VV. AA. 1999: 16), ocasionalmente nos hallamos ante una poesía a punto de diluirse en las maneras de la prosa, no tanto por su prosaísmo estilístico como por la univocidad de su mensaje, más cerca del artículo de opinión que del poema. En sus momentos más desafortunados, los resultados de las Voces del Extremo se resienten de la desvitalización lingüística en que incurrió el socialrealismo más epigonal; en cambio, el desembarazo irónico o un fértil humorismo crítico son algunos de los mejores resortes de este hiperrealismo que interpone una gruesa lente de aumento –a la vez distanciadora y deformante– entre la realidad y su testimonio fiscalizador.

El prosaísmo descarnado no es, con todo, sino el registro más pulsado por las Voces del Extremo (que hallan, a cambio, en la tonalidad expresionista de Isabel Pérez Montalbán una dicción compatible con los procedimientos retóricos clásicos); pero es el que viene a conectarlas con la trinchera lírica del «realismo sucio». Esta fórmula importada del mundo anglosajón fue saludada como un modo de «ruptura interior» del modelo experiencial (Villena 1997), que radicalizaba sus postulados de cotidianidad, narratividad y coloquialismo léxico hacia la degradación referencial, el desaliño estético y la insolencia expresiva. Y en efecto, a la vez que acogía las relaciones problemáticas del sujeto contemporáneo con el nuevo espacio urbano, atendiendo a sus parcelas menos complacientes, buscaba la revitalización del figurativismo dominante en la intensificación de los elementos coloquiales y las formulaciones antipoéticas. Así pues, por un lado, el decorado que erigen los poemas atenidos a este rótulo contesta el rostro amable y cómplice de la ciudad dibujada en los poemas de la experiencia, para recortarse muy a menudo como el paisaje inhóspito de una cosmovisión apocalíptica, emblema de «un tiempo epigonal y de una cultura de vaciamiento y atrofia» (Scarano 1999: 220). Por otro lado, este realismo «manchado por la vida» opone a un registro que juzga supeditado al «corsé retórico de la *literatura*» (Wolfe 1997: 133) una aspereza lingüística y un giro prosaico consonantes con la sordidez del universo poetizado, y un discurso de naturaleza limítrofe que confía al componente desautomatizador de los elementos extrapoéticos su mayor eficacia para la representación de lo real.

Roger Wolfe, introductor de esta tendencia en España, encarnó en los años noventa la postura más cercana al referente anglosajón. Sus poemas se aplican a retratar con despiadada crudeza *el vértigo de lo cotidiano*, sin exclusión de los bajos fondos de la vida social y personal. Y si aquí dice detenerse un proyecto que aspira a «constatar lo obvio» (Wolfe 1997: 85), sin la menor voluntad de implicación en una ética de orden constructivo, la ausencia de sesgo programático no disminuye el vigor de la denuncia: Wolfe proyecta una mirada poco complaciente sobre la indigencia moral y material de la sociedad de nuestros días, a la vez que pone en juego un provocador cuestionamiento crítico de aquellos valores supuestamente inmaculados, asentados en la *doxa* social como lugares comunes irrebatibles (Scarano 2009: 13). De hecho, en la condición misántropa y antisocial que exhibe su personaje se adivina un estado de alerta frente a los imperativos de la corrección y las coartadas hipócritas de la sociedad bienpensante. Es lo que desvela la pieza «Compromiso» (*Arde Babilonia*, 1994), que si, de entrada, pareciera zanjar la relación del hablante con esta noción en la displicencia del epígrafe inicial –«–*¿Eres político, Lou? / –¿Político? ¿Con respecto a qué? Dame un tema, / te daré un pañuelo, y me limpias el culo con él...*»–, acaba por formular una denuncia del tan inoperante como pretencioso voluntarismo de sus colegas, en su afán de implicarse en otra realidad distinta de la pegada a la piel del sujeto que escribe:

> Hay escritores
> que se empeñan
> en que los libros
> siempre están
> *en otra parte.*
> [...] cualquier
> jodida parte
> menos donde ellos
> estén.

No en vano la poesía de Wolfe, entre el anecdotario cotidiano y la reflexión civil, aparece crecientemente atravesada por una demoledora revisión de nuestro presente colectivo, en una suerte de «poemas-artefacto» cuya supuesta neutralidad documental no oculta la voz autoral, pese a que la irreverencia irónica resguarde el discurso de cualquier vehemencia proselitista. Con todo, ni el escepticismo ni el exhibicionismo displicente deben confundirse con la indiferencia en un proyecto lírico que decide cobijarse bajo la célebre máxima de Juan de Mairena: «La poesía es el diálogo de un hombre con su tiempo» (*Noches de blanco papel*, 2009). Y ese diálogo se acoge a una dicción expresionista que no es incompatible con la concisión epigramática, y exige una retórica de mínimos que no rehúye el feísmo. El despojamiento «de una lírica / que se construye / en el vacío» (*Mensajes en botellas rotas*, 1996) subraya el radical escepticismo con que se contempla la vida y el nihilismo del sujeto enunciador.

Con todo, la etiqueta aglutinadora de «realismo sucio» no designa una entidad compacta, ni por lo que se refiere a su fórmula retórica ni al emplazamiento que elige su sujeto, en un lugar inestable entre el cinismo y la consternación. La ambigüedad moral del personaje de Roger Wolfe se define de hecho hacia la resuelta voluntad de compromiso en la poesía de David González. La terca negación de la belleza es tal vez el rasgo más inmediatamente distintivo de esta escritura, de la que también puede decirse, con palabras que Alfredo Saldaña (1996: 264) dedica a Roger Wolfe, que el solo tratamiento de lo feo acarrea la condena de un mundo capaz de generar tanta fealdad. Sin embargo, más allá de la denuncia sorda, esta poesía fronteriza entre el realismo degradado y la militancia cívica enarbola sin complejos una disposición combativa que promueve una crítica directa, y procura detenerse en el aleccionamiento moral. No obstante, la conmoción lograda en los poemas mejores no debe su temblor a la declaración voluntarista del hablante, sino al verismo de la crónica de su vida marginal. A cumplir con el precepto de verdad o realidad se halla precisamente destinado el lenguaje aristado que conforma su registro expresivo, tal como desvela el precepto de Lao Tse que preside sus *Sparrings* (2000): «Las palabras que dicen la verdad no son hermosas, / las palabras hermosas no dicen la verdad». La premisa del vigor comunicativo heredada de los autores socialrealistas interviene, por último, en la elección de un prosaísmo desprovisto de vuelo imaginativo que privilegia la claridad y la concisión.

Frente a la compulsión expresionista de Roger Wolfe o el confesionalismo tremendista de David González, el realismo *frío* de Pablo

García Casado bucea en las zonas periféricas de nuestro presente colectivo –*Las afueras* (1997) es el título de su primer poemario– desde una temperatura «a muchos grados bajo cero» (en Correyero 1998: 127). No es más complaciente su retrato de esa otra realidad arrinconada en las cunetas del progreso que también alojan nuestras opulentas sociedades; pero una cuidadosa profilaxis (que suspende el juicio crítico) y un distanciamiento calculado (que confía a la frialdad compositiva el poder perturbador del testimonio) ponen el sello distintivo a estas estampas hiperrealistas fronterizas entre el poema y el relato. La temperatura perseguida para la fabricación de tales atmósferas promueve un realismo seco y despojado, heredero del minimalismo carveriano, que busca en la fidelidad del dato la «emoción objetiva», en el uso de materiales extrapoéticos el factor de extrañamiento y en la premisa de la comunicabilidad la seducción del receptor. Pese a que la transitividad comunicativa pierda inmediatez –y gane poder de sugerencia– en la elaboración de una narratividad sincopada y elíptica, que deviene en la fragmentación de planos y en la superposición de imágenes y sentidos (Andújar Almansa 2007: 36).

La diversidad tonal del realismo sucio aún encuentra otro registro muy distinto en la voz de Manuel Vilas. Recientemente compilada bajo el significativo rótulo de *Amor* (2010), la poesía de Vilas se entrega a una paradójica celebración de la vida en su más rotunda materialidad, pese a no desconocer la trivialidad contemporánea. No en vano, bajo esa exaltación gozosa trasparece una energía rebelde y libérrima y una irreverente mirada crítica, que indaga en los mitos de la cultura urbana y en los iconos del consumo socavando las premisas de la sociedad que los alienta. De ahí que el enamorado himno al dinero, a los coches, a la prostitución o a los MacDonald's –«barata la carne, / barata la vida, baratas las patatas. [...] Si Lenin volviera, MacDonald's sería el sitio» (*Resurrección*, 2005)– esté atravesado por un corrosivo sesgo paródico, humorístico o satírico en el que sea adivina un designio quebrantador de la disciplina pequeño-burguesa y de su orden estético y moral. La facundia vitalista de este discurso, donde la entonación prosaica no es ajena a los destellos líricos y aun a las fulguraciones hímnicas, precisa para decirse el cauce del versolibrismo, cuando no toma la forma del poema en prosa, muy adecuada a la libertad expresiva que exige la propuesta y a la utilización de un lenguaje «sin prestigio vertical». En último término, el cultivo de este género híbrido obedece en

Manuel Vilas al confesado propósito de devolver la «arqueología estética» de la *poesía* a una *literatura* situada a la altura de las circunstancias: «El poema en prosa es una reconversión industrial de la poesía» (Vilas 2010: 172), con el fin de ponerla a punto para la representación del presente.

El canon del compromiso

Vaya por delante que si nunca debiera hablarse del canon como «*el* canon», esto es, de un canon universal y único de indiscutible existencia que, como ironiza Ruiz Casanova, «más bien parece traslado conceptual monoteísta que reflexión teórica» (2005: 217), mucho menos cabe hacerlo para el caso de la literatura rigurosamente contemporánea. Pues «la *formación del canon* se da por acumulación y confluencia de estratos de relectura» (ibíd.: 219) y, por lo tanto, el concepto es indisociable de los tiempos de lectura y de escritura: de ahí que, en la franja temporal de la que se ocupa este capítulo, aún no pueda asegurarse la estabilidad canónica de ninguno de sus autores, que naturalmente carecen de las suficientes relecturas. Cabe, ahora bien, examinar sucesivas *propuestas* de canonización, una serie de instrumentos de diverso orden que han contribuido a postular un canon del compromiso –tan abierto y provisorio como la proximidad histórica lo exige–, y entre los que las antologías en tanto que «libros de propuesta canónica», así como algunos estudios críticos consagrados a la noción que nos ocupa, juegan un papel central. Y ello pese a que las antologías que han reunido a las voces del compromiso en nuestra era democrática son hasta la fecha de orden programático, y ya se sabe que –siguiendo todavía a Ruiz Casanova– mientras las antologías panorámicas participan de la «doble condición de certificado y propuesta canónicos», las programáticas solo contribuyen a la formación del canon «desde la perspectiva historiográfica, es decir, cuando las lecturas dejan paso a las relecturas» (ibíd.: 219). Con todo, y precisamente en este sentido, unas propuestas han tenido más fortuna que otras y las circunstancias que las han acompañado han condicionado de modo variable este incipiente proceso canonizador.

A comienzos de los años ochenta, el ya citado librito *La otra sentimentalidad* constituyó la primera propuesta programática de la joven generación poética, bajo la que Javier Egea, Luis García Montero y Álvaro Salvador presentaban en formato antológico una nueva «práctica materialista» de la poesía. Aunque la antología fue publicada en una modesta colección –«Los pliegos de Barataria»– de la editorial granadina Don Quijote, sus animadores supieron orquestar en torno a ella una hábil operación propagandística de cuyos resultados llegó a decirse que «no los mejora ni Castellet» (Amorós 1989: 65). A la muestra precedió la divulgación en el diario *El País*, con el mismo título que la amparaba, de uno de sus manifiestos fundacionales, a cargo de un joven García Montero que aprovechaba el impulso administrado por el recién obtenido premio Adonais. Y la propuesta conoció una inmediata resonancia nacional de la que se hacían eco, por citar tan solo dos plataformas prestigiosas y de extraordinaria potencia mediática, las páginas de *El País* y la revista *Ínsula*, en las respectivas reseñas que de *El jardín extranjero* (1983) y de *Tristia* (1982) –escrito por un híbrido Álvaro Montero– firmaban Aurora de Albornoz y Emilio Miró.

No tuvieron la misma acogida los *1917 versos*, nueva autoantología de declarado carácter combativo donde, cuatro años más tarde, Benjamín Prado, Antonio Jiménez Millán y Javier Salvago sumaban sus voces a los arriba citados, y trataban de revitalizar el lema de la otra sentimentalidad en un momento en el que, de hecho, los supuestos de aquel programa ya se habían diluido en el eclecticismo de la poesía de la experiencia. Poco importó, sin embargo, aquella recepción discreta: a la altura de 1987 en que se publicaba el volumen, la poesía de la experiencia ya se perfilaba como noción dominante y el poeta más carismático de la otra sentimentalidad asaltaba el canon general de la poesía, apareciendo en las antologías fundacionales de la nueva generación como la cabeza visible de una revitalización del papel crítico de la escritura, en la estela del experiencialismo del cincuenta. Acompañaban a esta presencia invariable, con discontinuidades obedientes a las preferencias del antólogo, Jorge Riechmann –por el que apostaba Villena en su antología *Postnovísimos* (1986)– y Jon Juaristi, seleccionado por García Martín en *La generación de los ochenta* (1988). No tardó en aparecer representado, en selecciones posteriores con vocación integradora y pretensión académica (García Posada 1996; Martínez 1997), el compromiso *malgré lui* de Roger Wolfe, a la vez que desaparecía de aquellas la versatilidad retórica de Jorge Riechmann, pulsador de registros que lo apartaban a menudo del figurativismo definitivamente asentado como paradigma hegemónico.

A la luz de este «cancionero de ausencias y presencias» (Ruiz Casanova 2005: 226), parece razonable suponer que la «formación» del canon del compromiso en la poesía del posfranquismo estuvo inicialmente condicionada por la abrumadora «victoria de los realistas», que ya podía consignarse hacia 1992 (Mainer 1999: 31) y que dejaba escasa cabida a las propuestas de cuño experimental. De hecho, cuando Antonio Ortega presentaba en *La prueba del nueve* (1994) a un conjunto de poetas (entre los que recuperaba a Jorge Riechmann) entregados a una exploración crítica de la realidad desde lenguajes no figurativos basados en la fractura del texto, buscaba, por un lado, compensar el trato de favor que venían dispensando a la corriente de la experiencia esos «instrumentos preceptivos y académicos de fundamentación canónica» que son los repertorios antológicos (Ortega 1997: 43); y trataba, por otro lado, de combatir la idea, muy arraigada en el inconsciente artístico vigente, de que son los registros del realismo el continente idóneo para alojar el designio crítico de la escritura. A cambio, como bien vio José-Carlos Mainer, en la presentación de una poesía crítica que no otorga concesiones a la «versión socialmente concordada» ni «literariamente armonizada» de la realidad, escrita en un lenguaje «lejano de cualquier forma de consuelo o seducción» (Ortega 1994: 10), latía una imputación directamente dirigida «al corazón conformista y trivial de la poesía de la experiencia» (Mainer 1999: 31).

La prueba del nueve suponía en realidad el primer cuestionamiento antológico de la intención y la eficacia críticas de la «voz común» que se erigía en enunciadora del poema figurativo. Se abría a partir de entonces «la veda» del poeta de la experiencia, y las antologías programáticas postuladoras de un compromiso poético iban a concebirse, a veces desde su mismo título –dicho sea con Mario Benedetti–, como «antilogías» manifiestas, esto es, como una respuesta más o menos explícita y polémica a la supuesta frivolidad del experiencialismo dominante y a sus soportes antológicos. Es el caso de la antología *Feroces* (1998) preparada por Isla Correyero, y cuyo título bien podría ser una réplica al marchamo de «poetas tranquilos» con que fueron bautizados (Yanke 1996) y asumieron para sí los poetas de la experiencia, por adhesión a una célebre máxima de Wordsworth. El subtítulo, «Radicales, marginales y heterodoxos en la última poesía española», terminaba de perfilar el talante de esta serie (muy heterogénea) de autores reunidos en torno a un pensamiento que aspiraba a socavar los cimientos del statu quo estético y moral. Pese a la voluntad conciliadora declarada por la antóloga, la condición de marginalidad y heterodoxia anunciada excluía por fuerza a los discursos situados en el centro de la escena lírica, por más que también pudieran sustentar «una nueva posición moral de acción y compromiso». Quedaba fuera, en efecto, la «tradición ortodoxa y clásica» en que arraigaban los tonos civiles de Luis García Montero –nacido antes de la flexible «fecha de corte» de 1960, pero después de un Eladio Orta sin embargo incorporado–; y también lo hacía la poetización del «entorno marginal y periférico» de un Roger Wolfe que por entonces se había hecho acreedor de una notable presencia mediática, aunque su «impresionante coloquialismo» y «profunda rebeldía» se adecuasen de lleno a los criterios selectivos de Correyero (1998: 8-9). Con tales salvedades, en esta antología encontraban asiento poetas atenidos a muy diversas formulaciones retóricas; y si prevalecía la rebeldía marginal situada en la esfera del realismo sucio –de la crudeza de David González a la profilaxis de García Casado–, también ocupaba un generoso lugar el compromiso manifiesto encauzado a través de los registros hiperrealistas –Eladio Orta, Antonio Orihuela, Isabel Pérez Montalbán– o de una experimentación lingüística extrañada y «conflictiva» –Antonio Méndez Rubio, Enrique Falcón, o un Jorge Riechmann a caballo entre la «estética de la pobreza» y un «realismo de indagación» que acoge la investigación poética del fragmento.

No tienen un sesgo muy distinto de *Feroces* las antologías que, desde 1999, vienen levantando acta de los encuentros celebrados anualmente en Moguer bajo el lema invariable de *Voces del Extremo*. Si este título subraya el lugar periférico respecto de las poéticas dominantes asumido por los autores incluidos, los subtítulos de los diferentes volúmenes –«Poesía y conciencia» (2000), «Poesía y conflicto» (2001), «Poesía y utopía» (2002), «Poesía y realidad» (2003)…–, en los que se repiten con escasas variantes los nombres de los antologados, dan cuenta de una vocación integradora que privilegia aun así los tonos hiperrealistas y las «voces marginales y marginadas» (VV. AA. 1999: 20). En todo caso, y aunque los discursos experimentales y no figurativos no obtengan una representación significativa, esta sucesión de antologías solo excluye y trata de deslegitimar sin salvedades la naturaleza crítica de la poesía de la experiencia. Tal beligerancia se explicita de hecho en el conjunto de textos teóricos que, en cada una de las entregas, sustituyen al convencional discurso prologal; pese a que demuestren, a veces, escasa familiaridad con los supuestos de la poética impugnada. En efecto, si puede comprenderse que Francis Vaz denuncie la «nostalgia acartonada», la «complacencia narcisista», el «lenguaje eminentemente artístico» y la ausencia de «crítica política y denuncia social» sustentadores de un discurso experiencial conformista y uniformador, no hay modo de explicarse que el apoyo institucional con que tal discurso cuenta, siempre según Vaz, por paradoja se traduzca en «subsidiar las vanguardias» (cuya «ruptura formal» y gratuita voluntad de «epatar» también resultan denunciadas, aunque jamás relacionadas con el vanguardismo manifiesto de algunos de los poetas «conflictivos» –por ejemplo, Enrique Falcón– representados en el volumen) (Vaz 2000: 5-24). Por su parte, en la última de las antologías publicadas hasta la fecha, es Antonio Orihuela quien expresamente da por cancelado el programa de la otra sentimentalidad, negando todo sesgo crítico a sus derivaciones más recientes, aunque con argumentos que parecen desconocer el papel que desde siempre otorgó este programa a las revoluciones acaecidas en la médula del yo:

> El programa ético estético de la nueva sentimentalidad, basado en la preocupación por lo colectivo, la construcción del espacio público y la producción de vínculos sociales no alienantes terminó reducido a la confirmación del imaginario de la social-democracia y la libre empresa […]. Lo colectivo fue cediendo paso al círculo de lo próximo conocido, es decir, el propio campo cultural y profesional, y después confundiendo el imaginario privado del poeta con el de cualquiera. La poesía para personas normales sigue sin saber qué hacer con la lógica materialista de la lucha de clases. […] Lo que nació como programa revolucionario se afirma hoy desde los suplementos de papel cuché como forma íntima de rebeldía interior. Estamos ante la sedición de los ensimismados, los que entienden que nada les atañe, apela, reclama y pide su posicionamiento a menos que desde las instancias políticas y/o mediáticas a las que sirven así se les indique (en VV. AA. 2008: 19).

Mayor calado reflexivo se aprecia en los textos que preceden a la antología alojada en el número de la revista *Zurgai* consagrado a la «Poesía de la conciencia» (2003): un rótulo que, tal como aquí se emplea, excede el programa estético del núcleo más compacto de las Voces del Extremo para integrar también a las «voces conflictivas», y se propone otra vez como expresión antinómica de la «poesía de la experiencia». Bajo tal lema se incluye un amplio abanico de formalizaciones poéticas que Josu Montero, en un panorama de la actual poesía política española, ordena bajo las opciones de «subversión lingüística» y «realismo crítico», advirtiendo sobre el «error» que tradicionalmente ha conducido a establecer la ecuación igualadora entre realismo y compromiso. Unas palabras de Antonio Gamoneda sirven como argumento de autoridad para vincular, en cambio, compromiso político y subversión lingüística, por un lado, y por el otro, pensamiento débil y minirrealismo. Naturalmente, lo que de tal modo se bautiza no es otra cosa que el realismo de la experiencia, un realismo «sin veleidades sociales», «elegíaco y culturalista», «de corte tradicional», que deja el control de la poesía española en manos del pensamiento débil al promover «una sibilina tendencia a la «normalización» [...] en el sentido del acrítico, doméstico e inofensivo mercado» (Montero 2003: 6-8). Al margen de ese minirrealismo se extiende la nómina de poetas antologados: una senda de «realismo comprometido» por la que transitan Jorge Riechmann, Fernando Beltrán, Antonio Orihuela, Isabel Pérez Montalbán o Eladio Orta; una corriente de «realismo extremo», «si no sucio sí al menos turbio», «con una innegable intencionalidad crítica» (ibíd.: 9) representado en la antología por David González; y una opción que plantea la conciencia crítica como un conflicto en los límites del lenguaje: junto a los valencianos Enrique Falcón, Antonio Méndez Rubio o Carlos Durá, el grupo vallisoletano de *La prueba del nueve* (Olvido García Valdés, Miguel Casado, Ildefonso Rodríguez o Concha García). Poetas tan «diversos pero con un esencial interés común» (ibíd.: 10) conviven en ejemplar armonía en este número blindado una vez más a los poetas de la experiencia, con la rara excepción de un nombre –Fernando Beltrán– que ya había sido incorporado en la entrega inicial de las Voces del Extremo, y al que tal vez no asistiese lo bastante su condición «entrometida» de no ir esta acompañada de una posición editorial excéntrica. Respecto a la «constelación de la otra sentimentalidad y sus satélites», si se le concede una dimensión crítica al menos en su origen, se le imputa el haber «apoyado sus reivindicaciones en el valor de la privacidad» (Méndez Rubio 2003: 12) –sin comprender, otra vez, que dinamitar las barreras «imaginarias» entre lo privado y lo público, en el convencimiento de que no hay intimidad que no esté conformada por la historia, fue una de sus principales y más revolucionarias conquistas–.

Hiperrealistas y experimentales vuelven, como se ha visto, a darse la mano en la última antología significativa con voluntad de proponer un canon integrador del compromiso poético: *Once poetas críticos en la poesía española reciente* se concibe, por un lado, con el fin de «presentar algunos de los textos más significativos que durante estos años han marcado en España esta búsqueda» poética; y, por otro, de mostrar «una tensión fundamental» entre las prácticas que canalizan su designio crítico mediante la ruptura del lenguaje y las que lo hacen acudiendo a una transparencia retórica renuente, en todo caso, a un realismo «plano». Aunque, para algunos analistas bien informados, este proyecto de cariz programático «no pretende tanto manifestarse en contra de una escritura normativa como expresarse a favor de un discurso permeable a los desafíos sociales de nuestra época» (Bagué Quílez 2010: 39), el hecho es que, como mínimo, en un discurso prologal que subraya el deseo de «mirar […] con claves diferentes a las dominantes», lejos de «escrituras literarias ideológicamente tranquilizantes» (Falcón 2007: 10-13), sigue exhibiendo su enemiga contra el que fue hasta ayer mismo paradigma hegemónico.

Pese a su carácter selectivo, esta revisión de propuestas programáticas para la formulación de un canon de los compromisos líricos arroja datos fehacientes que permitirán extraer algunas conclusiones provisionales. Por lo pronto, un mero repaso de las nóminas echa por tierra la afirmación de Méndez Rubio según la cual el realismo sigue siendo –a la altura de 2007– «lo suficientemente poderoso en tanto paradigma ideológico y estético como para delimitar un dentro y un afuera (del compromiso)». Más bien, y como admite el mismo autor, «la hegemonía del realismo es cada día más discutida, pese a la vigencia de este como canon de largo alcance» (2006/7: 226). Y aún más: lo que desde muy temprano se ha venido discutiendo por un amplio sector poético y crítico es el derecho de las propuestas centrales de la poesía de la experiencia a ocupar ninguna clase de lugar legítimo en el canon actual del compromiso. Habrá que tratar de explicarse el hecho de que todas las antologías programáticas para la formulación de este canon elaboradas de los años noventa en adelante hayan elidido cuidadosamente la representación de «la voz común», incluso de esa línea diferenciada de la poesía figurativa proveniente de la otra sentimentalidad, a la que no reconocen ninguna especificidad en la pluralidad ideológica de la experiencia; por más que resulte difícil negar a aquella el uso expresamente proclamado de la palabra lírica como *una forma de resistencia* (García Montero 2012), fundada en una interiorización en la experiencia biográfica y el horizonte cotidiano de la inquietud ideológica e histórica. La rivalidad insalvable con estos autores resulta si cabe más llamativa a la luz del raro concierto en que, pese a su disparidad, cohabitan las otras propuestas en tensión; salvo que los argumentos literarios encubran motivaciones de otro orden.

Pues, en efecto, y como ya advertía Mainer en su prólogo a una antología consultada de la reciente poesía española, «en la literatura todo es contienda, porque siempre está al fondo la constitución de un mercado literario y la pugna de las hegemonías» (1999: 11). De hecho, la masiva reacción contra la poesía de la experiencia ha de esperar a que esta se consolide como corriente dominante, y proviene de cuantos núcleos han quedado marginados en el mapa poético. Esta reacción no solo se tradujo en la inmediata profusión de antologías «compensadoras» de diverso cariz, sino en una paralela ofensiva crítica que, en nombre de la lucha por la centralidad, condujo en ocasiones a desmesurar los argumentos: no es fácil explicar de otro modo, sino por combatir un liderazgo en el que a menudo se apreciaron ribetes de prepotencia, las descalificaciones que han tildado la poesía de los seres normales de García Montero como el primer peldaño «hacia un modelo de cultura neofascista» (Colectivo 1997: 116). Sin embargo, pecaríamos cuando menos de ingenuidad si asintiéramos a la conclusión, extendida en algunos circuitos, de que en esta oposición a la corriente de la experiencia no ha de verse sino un descabellado pataleo de poetas fracasados en busca de notoriedad. Antes bien, al fondo del pleito enconado entre conflictivos y marginales, por un lado, e integrados, por otro, se aprecia una plausible prevención ante el no siempre bien digerido concepto de «normalidad», a menudo responsable de la perpetuación de una poesía tan seductora como simplista contra la que se propone –incluso desde dentro de la poesía de la experiencia– una escritura «inquietante» e «incómoda» y «una iluminación no siempre halagadora» con su lector (Piquero, en García Martín 1995: 138). Por supuesto, bajo todo ello actúa una cuestión política concerniente al papel de la literatura en la vida social, como bien vio José-Carlos Mainer (1999: 37); y, en última instancia, una desaprobación de la feliz ensambladura de las poéticas de la experiencia con el nuevo Estado cultural que se afianza con el régimen socialista, así como con el nuevo lector fraguado a su arrimo, hijo de una sociedad más placentera y confortable. Precisamente Álvaro Salvador, uno de los poetas más autocríticos con los excesos de la experiencia, lanzaba en 1996 para denominar a esta corriente la etiqueta un tanto envenenada de «poesía de la socialdemocracia». Y aunque negaba cualquier matiz peyorativo –y atenuaba: al menos, «poesía en la socialdemocracia»–, asoma en sus argumentos la denuncia de los resabios totalitarios de una política cultural que auspiciaba una literatura de la «normalización», paradójicamente excluyente y digerible por una nueva estructura social:

> Poesía en la socialdemocracia también, porque la recepción de esos «discursos poéticos normalizados», que se han abierto paso en los últimos quince años hasta convertirse en «norma» hegemónica, tiene mucho que ver con la aparición de ciertos grupos sociales emergentes, nuevas clases medias consolidadas al amparo de la política socialista, que han demandado la producción y el consumo de una cultura, así mismo, «media», digerible, y que analizamos con más detenimiento en otro lugar (2003: 228).

De la implantación y demanda de esta cultura «media» y «digerible», apta para un lector conservador que busca formas de fruición ya familiares y un lenguaje sin sorpresas, resultaron las posturas intransigentes con el hermetismo vanguardista, tendentes a la «neutralización de toda disidencia» en nombre de un concepto de lo popular que, restringido a la inmediatez acrítica de «lo fácil», se confundía peligrosamente con lo populista. Y resultó la identificación demasiado frecuente entre «conflicto» y «confusión», que fue interpretada como una «llamada al orden institucional», además de como un corolario de la renuncia posmoderna al conflicto ideológico y a la cultura crítica en favor de un pragmatismo trivializador y de la sociedad del espectáculo. En suma, la sospecha última recaía con razón sobre el envanecimiento de una «estética blanda», deudora de la constitución de un corpus cultural autocomplaciente y de la regularización de la cultura como objeto de consumo, que se plegaba a los valores de una nueva «sociedad de lo fútil» (Pont 2005: 259-268). Solo que contra esa estética blanda, alentada por una lectura *débil* de la ideología de la normalidad, también se rebelaban –y no supo o no quiso verse– los poetas sentimentales, como bien lo demuestran las palabras de Salvador.

El compromiso con el canon

En un artículo titulado «El canon del compromiso» y consagrado a examinar su proceso de conformación a lo largo del siglo xx, Antonio Méndez Rubio denunciaba en 2007 que «las limitaciones del canon del compromiso se derivan de un previo compromiso con el canon (realista «en el sentido usual de la palabra»)». Méndez Rubio se basaba en el enfoque de Jan Lechner en su clásico estudio sobre *El compromiso en la poesía española del siglo xx* (1969), con el fin de demostrar que sus planteamientos sobre poética y política, deudores de la institucionalización de un modo de entender el compromiso que halla su fundamento principal en las variantes múltiples de lo que se llamó *realismo socialista*, han tenido repercusiones decisivas en el establecimiento de ese canon. Pues para Lechner, una premisa central o precondición del compromiso, junto con «la *intención consciente* del escritor que elige esa posición de enunciación», es «el *principio de realidad* como eje» del poema que debe reflejar la experiencia social. Así, el modelo de compromiso defendido genera un «régimen de exclusiones» que afecta al descrédito del arte de vanguardia o no figurativo, y proyecta toda una zona de sombra sobre amplias parcelas de la poesía española contemporánea que, desde un enfoque menos tradicionalista, habrían arrojado una luz distinta sobre la categoría del compromiso literario. Una inercia semejante denuncia Méndez Rubio en el célebre trabajo de Cano Ballesta *La poesía española entre pureza y revolución* (1972); y también en la antología preparada por Leopoldo de Luis en 1965 con el título de *Poesía social*, pese a la mayor amplitud de miras de esta. El canon del compromiso propuesto en estos trabajos de inexcusable referencia, y que se apoya en «una primacía del principio de realidad», todavía perviviría según Méndez Rubio hasta la actualidad, «relativizado y discutido pero aún vivo y dominante» (2006/7: 209-230).

Si es cierto que la reproducción inercial de las premisas manejadas por los citados autores no ha favorecido hasta la fecha una revisión a otra luz del canon del compromiso del siglo xx, los enfoques puestos en juego a la hora de proponer la continuidad de ese canon revelan, sin embargo, una mayor amplitud de criterio y la ruptura con verdades críticas supuestamente universales y sin duda reductoras. En paralelo con las visitadas antologías programáticas, una serie de trabajos académicos que bien podrían funcionar como propuestas canónicas ratifican el cumplido abandono de los prejuicios denunciados, al proyectar una mirada notablemente integradora que se hace cargo de las poéticas de cuño no figurativo. Tal cosa comienza a apreciarse en el volumen monográfico que la revista *Poesía en el campus* de la Universidad de Zaragoza consagra en 2001 a responder a la pregunta «¿Todavía hay compromiso?»; aunque el enfoque globalizador de la respuesta dependa más de una antología que incluye registros diversos –de García Montero a Enrique Falcón, de Jorge Riechmann a García Casado– que de un discurso crítico para el que aún –en palabras de Mainer– el lugar de la literatura frente a la globalización puede estar «en formularse modestas preguntas sobre el papel del realismo» (7). La remoción de estos clichés es, en cambio, definitivamente constatable en el número que la revista *Ínsula* dedica en 2002 a examinar «Los compromisos de la poesía»; en primer lugar porque dos de sus trabajos teóricos cuestionan explícitamente las claves que funcionaban para Lechner como condiciones *sine qua non* del compromiso. En efecto, Juan Carlos Rodríguez echa por tierra la arraigada premisa de la *intención consciente* o la autoconciencia responsable, al sostener que el compromiso no depende de la decisión individual por cuanto siempre se escribe desde un «lleno» ideológico; y el propio Méndez Rubio, a la vez que discute la premisa de la intención, postula junto al «lenguaje de la realidad» lo que viene a llamar la «realidad del lenguaje», o un modo de replantear el compromiso que parte de «una crítica del (absolutismo del) reflejo y la reivindicación de la refracción y el desvío lingüístico», en la idea de que la realidad es «un mundo percibido y construido» por la escritura (44). El monográfico arranca, por cierto, con una revisión por Juan José Lanz de las formas del «compromiso en los poetas novísimos», sobre cuya tarea de crítica y construcción de lenguajes tantas veces recayó, como se sabe, la acusación de evasionismo y gratuidad. Y las colaboraciones académicas de diverso cometido se completan con algunas «poéticas» de voces muy dispares –de García Montero a David González, de Antonio Orihuela a Enrique Falcón– que ilustran zonas distintas del abanico teórico y retórico desplegado por los recientes «compromisos de la poesía» –desde un título, así *en plural*, que funciona como toda una declaración de intenciones.

Ninguna de las opciones contempladas en este panorama pionero son desatendidas en la fundamental monografía de Luis Bagué Quílez *Poesía en pie de paz* (2006), sobre los *modos del compromiso hacia el tercer milenio*; ni en el estudio y antología *El compromiso después del compromiso. Poesía, democracia y globalización (poéticas 1980-2005)* (2010), a cargo de quien esto escribe. Y la vocación totalizadora no debe cuestionarse por que la legítima predilección estética, sin promover silenciamientos ni exclusiones, escore la elección del objeto crítico hacia una u otra tradición (en efecto, las «Cuatro aproximaciones al compromiso» que efectúa Luis Bagué como cierre del volumen mencionado lo son a otros tantos libros –*El día que dejé de leer El País* (Jorge Riechmann), *Cinco años de cama* (Roger Wolfe), *La semana fantástica* (Fernando Beltrán) y *La intimidad de la serpiente* (Luis García Montero)– de clara adscripción realista). La última propuesta canónica de este carácter llega a nuestras manos mientras se escriben estas líneas: en su voluminoso estudio sobre la *Poesía de la conciencia crítica* (2013), Alberto García-Teresa emplea tal etiqueta «con valor de nombre propio» (para designar a un movimiento que el autor caracteriza y delimita), lo que justifica un recorrido selectivo en el que no ha de verse régimen alguno de exclusiones. Es más, extendiendo un marbete en su origen vinculado a las Voces del Extremo sobre los poetas «conflictivos» del grupo valenciano y sobre el colectivo sevillano La Palabra Itinerante, en él hallan cabida una treintena de poetas y una pluralidad de registros que escenifica la misma tensión de que se hacía eco el prologuista de los *Once poetas críticos*.

Parece, en suma, que el discurso historiográfico reciente ha vencido las tradicionales resistencias que habían limitado el compromiso literario al «lenguaje de la realidad», desconociendo las lecciones de una ideología vanguardista para la que «de un mundo en estado crítico solo puede hacerse cargo un lenguaje en crisis» (Méndez Rubio 2002: 42). Además, en un momento estético en el que el paradigma realista ha perdido indudablemente su hegemonía, a la vez que tiende a sustituirse por un nuevo paradigma que incide en la latitud discursiva del fragmento, las propuestas críticas de filiación experimental han comenzado a asaltar los panoramas antológicos «globales» de la poesía última: valgan como ejemplo la antología *Cambio de siglo* (2007), preparada por Domingo Sánchez-Mesa, en la que encuentran acomodo las indagaciones de Antonio Méndez Rubio «en la faz utópica del lenguaje no transitado» (50); o el volumen *Las moradas del verbo* (2010), por Ángel L. Prieto de Paula, cuya vocación de reunir a los más representativos «poetas españoles de la democracia» incluye por vez primera en una antología de este signo –son poco discutibles su condición académica y su pretensión panorámica– a Méndez Rubio y a Enrique Falcón. Otra ha sido, en cambio, la suerte de las voces «extremadas», cuyo registro «feroz» o antipoético las ha mantenido hasta hoy alejadas del centro; y para lo cual no quepa tal vez otra respuesta –congruente con las debilidades arriba señaladas– que esta que ofrece Prieto de Paula: «si no se hace poesía solo con temas apriorísticamente poéticos, sería ingenuo pensar que puede hacerse solo con temas que rompen las pautas de lo socialmente pactado» (2007: 31).

En fin, si ya resulta forzado sostener que la incipiente formación de un canon del compromiso en la nueva poesía española esté supeditada a un previo compromiso con el canon *realista*, tal vez no sea inoportuno preguntarse, a cambio, por el grado de compromiso con sus patrones canónicos que están dispuestas a asumir las actuales voces críticas; o cuáles son las zonas más revisitadas, aceptadas o impugnadas de ese canon asentado. Por lo pronto, ha de ir por delante la generalizada reticencia hacia las formas de expresión de la conciencia cívica habilitadas en nuestro pasado reciente por la llamada *poesía social*, tendencia que pasa por ser, con las materializaciones varias del realismo socialista, piedra angular de nuestro canon del compromiso. Seguramente la esclerosis retórica y el formalismo temático a que condujo la reiteración epigonal del modelo pueden explicar el unánime afán de desmarcarse de este eslabón central del compromiso contemporáneo, con el que nadie parece querer alinearse con independencia de las dimensiones de la deuda contraída. Sin embargo, también en este punto merecen consideración diferenciada los distintos poetas y tendencias, que argumentan con variable coherencia y fortuna la supuesta distancia con la praxis cuestionada.

Los planteamientos teóricos puestos en juego por Juan Carlos Rodríguez a la hora de leer el fenómeno literario procuraron a los poetas de la otra sentimentalidad los fundamentos para discutir las distintas expresiones del realismo socialista; ya que las premisas que orientaban su propuesta materialista chocaban con unos usos poéticos todavía enredados, paradójicamente, en la ideología burguesa de la poesía con la que el nuevo discurso se proponía romper. Por ello hubieron de forjarse una genealogía distinta, a la vez que efectuaban una relectura del canon del compromiso a la medida de los propios intereses y las nuevas certezas conquistadas. Así, en Antonio Machado, a quien Lechner considera el primer maestro del compromiso en la poesía española del siglo XX, no habían de buscar el ingrediente épico de *Campos de Castilla*, sino una novedosa reflexión sobre la constitución de los sentimientos que promovía una definición social de la subjetividad y la consecuente anulación de las fronteras entre intimidad e historia. Fueron las lecciones de esta zona del pensamiento machadiano las que reforzaron unas convicciones que les conducían a impugnar la sacralización del espacio público –con la consiguiente proscripción de la individualidad– promovida por el estalinismo ortodoxo; pero también la falsa alternativa de una literatura política cimentada en la idea del poeta como profeta o sujeto elegido, y encarada esta vez desde una individualidad sacralizada.

Tras el sujeto temporal e histórico de Antonio Machado, Rafael Alberti (tal vez el símbolo máximo del compromiso literario contemporáneo) constituyó otro referente central, aunque la nueva noción de compromiso postulada por los poetas sentimentales imponía también una singular relectura de la vasta producción del gaditano. En efecto, no todos los registros de su poesía política podían resultarles de interés; y de hecho, no asienten a la exploración albertiana que dirige los pasos de *El poeta en la calle (1931-1935)*, donde había una obediencia a las tesis del realismo socialista evidenciada, sin ir más lejos, en el lema de Lenin puesto al frente del libro *Consignas* (1933): «La literatura debe ser una literatura de partido»; ni asienten a la nostalgia romántica que guarda en el fondo el recurso a lo popular, practicado en este ciclo como solución más adecuada para conectar con el nuevo destinatario colectivo; ni a la «urgente gramática necesaria» de la guerra civil, resuelta en el verso épico y el tono de arenga... A cambio, los de la otra sentimentalidad han insistido en reivindicar una zona muy concreta de la poesía albertiana, que puede localizarse en distintos poemas de la colección *De un momento a otro. Poesía e historia (1934-1939)*, donde la voluntad política se canaliza a través de un análisis histórico de la educación sentimental; sobre todo en la serie «La familia (poema dramático)», las cuentas con la historia se ajustan en efecto a partir del examen de la propia experiencia y de sus reductos más supuestamente «privados», de manera que la denuncia estalla en el interior de la elaboración autobiográfica. Y así, esta nueva poesía política no trata ya de distinguir entre *poesía e historia*, sino de «concebir al yo como un producto histórico, como un lenguaje familiar y social a la vez» (Rodríguez 2003: 112). Por ello los discípulos de Juan Carlos Rodríguez reconocieron en este libro un precedente exacto de esa *épica subjetiva* que ellos mismos intentaban –un modo de escribir poesía política a partir de una interrogación sobre el yo–, y no dejaron de reclamarlo como el primer eslabón de una cadena que tendría su engarce intermedio en el realismo crítico y experiencial de los poetas del cincuenta.

En el canon de la poesía crítica estos fueron, en efecto, los modelos inmediatos de la otra sentimentalidad. Los del cincuenta superaban la «politización temática» del realismo socialista y evolucionaban de «un compromiso político de ideales a una crítica de tono moral y autorreflexivo» (García Montero 1993: 102). En la nueva manera política de Gil de Biedma, Ángel González o José Agustín Goytisolo, cuya vocación autobiográfica obedecía a la necesidad de efectuar una toma de conciencia histórica que vinculase su poesía con sus responsabilidades ciudadanas (Castellet 1960: 102), aprendían otra vez estos autores la dimensión pública e histórica de la experiencia privada de los afectos. Pero esta no era la única enseñanza, sino que la ejemplaridad se extendía a la búsqueda estilística que procuraba el ejercicio de la meditación; pues reemplazar la denuncia política por la reflexión moral equivalía a sustituir los acentos grandilocuentes de la épica por el tono menor de la conversación: una conquista imprescindible para el que conoce el desplazamiento de la poesía como lugar central de la cultura, y los límites de su alcance contra el aparato propagandístico de la realidad.

Junto a la herencia *fuerte* del cincuenta, los poetas granadinos defendían la dignidad estética de algunos nombres «canónicos» de la poesía social –Celaya-Leceta, Otero, Hierro– contra la proscripción generalizada por parte de los novísimos; pero aceptaban su compañía literaria en un gesto no exento de reservas. Porque entendían que la ideología estética que sustentaba el discurso de los poetas sociales era en el fondo profundamente idealista pese a su supuesta adscripción materialista o revolucionaria. En pocas palabras: esta clase de literatura *engagée* aún distinguía entre «un interior puro» y «un exterior impuro», con lo que su revolución supuesta se limitaba únicamente a variar los contenidos y a discutir la cuestión del compromiso como una *opción ética*, que conduciría coyunturalmente al Artista a descender de su lugar propio para manchar sus poemas con los contenidos espurios de la historia (Rodríguez 2001: 286-290). En consecuencia, como recuerda Luis García Montero, los poetas sociales «no rompieron con la sacralización de sus verdades internas, puras; se creyeron [...] profetas capaces de ver en su interior el camino, la buena nueva que debía servirles para capitanear la marcha histórica del pueblo» (1993b: 11). Y abundando en este punto, la proposición del oficio poético como regenerador político aún podía cobrar sentido en el estado de sitio de la inmediata posguerra, ante el secuestro de los foros naturales para la discusión sobre los destinos públicos; pero, en plena era democrática, la otra sentimentalidad retrocede ante la *misión* positiva del poeta social: de hecho, solo excepcionalmente cederá a una escritura de inmediato cariz político, y ello en la plena conciencia del carácter «fronterizo» de esta clase de ensayos (García Montero 1994a). De modo que, más allá del gesto ético, la lección que la poesía social brinda a esta vertiente de la actual poesía crítica parece ceñirse al uso del código realista, en tanto discurso que trata de pensar la cotidianidad y de acuerdo, también, con la compartida voluntad de socialización de la poesía y la consideración del poema como espacio dialógico (Iravedra 2010b).

Desde otro lugar estético, la vocación reflexiva de Jorge Riechmann no se ha mostrado más indulgente en su evaluación de los postulados poéticos sociales y sus eventuales desaciertos. No pocos de sus textos valen para apreciar el singular trazado de fronteras que establece con esta corriente lírica; y, en este sentido, resulta indispensable el balance de encuentros y desencuentros que Riechmann ofrece interpelado por Gabriel Celaya, con motivo de la recepción del premio de poesía que lleva su nombre:

> Lo que a quienes hemos sido etiquetados de «nuevos poetas sociales» nos sobra de la «vieja» poesía social es el yo heroico y la pretensión de hablar por los otros. Pero el trabajo de insurrección de poetas como Gabriel Celaya sigue siendo hoy tan necesario como hace treinta o cincuenta años (2001: 26).

En efecto, por un lado, tratar de suplantar la palabra de otros es para Riechmann «el pecado original» de la poesía social, «la raíz común de sus flaquezas estéticas y éticas» (ibíd.: 24): pues si supone una impostura moralmente inaceptable, no puede resultar estéticamente eficaz aquello que no se escribe desde el yo. Por otro lado, recoger el testigo de la insurrección no es incompatible con la reiterada oposición al viejo sentido misional y a la idea del poeta como fuente redentora proclamada en tantos enunciados de Celaya: «Mientras haya en la tierra un solo hombre que cante / quedará una esperanza para todos nosotros» no son versos cerca de los cuales podamos acampar hoy» (ibíd). No es la primera vez que Riechmann previene contra un afán mesiánico que apunta rasgos de totalitarismo, aparte de empeñar a la poesía en un cometido desmesurado, y propone a cambio para esta la tarea más humilde de transformar a quien la hace: «Asignaremos a la poesía un papel más modesto en la búsqueda espiritual personal, para no convertirla en un opio, en un sustitutivo de esas religiones de avasalladora mutilación contra las que nuestra libertad tuvo que alzarse alguna vez» (1990: 85). Naturalmente, promoviendo el derrumbe del sujeto sacralizado del socialrealismo se halla la relativización de la utilidad de la poesía en el orden práctico inmediato y de su valor como herramienta de transformación, que Riechmann –con otros colegas coetáneos– traslada al territorio mediato de la ideología o a los lentos efectos de formación de consciencia. Y en su contestación de los enunciados utópicos de la poesía social, el autor no renuncia a la desmitificación paródica del célebre *dictum* celayano –«¿La poesía es un arma / de futuro cargada? / A lo mejor gastó / mucha pólvora en salvas»–, bajo el significativo rótulo de «Tráfico de armas» (ibíd.: 166).

La plena conciencia de que las luchas sociales se dirimen en el mundo real mucho antes que en el territorio del poema es congruente con la resistencia de Riechmann a cualquier servidumbre a instancias externas («La poesía no debe ser sierva nunca») y con la reivindicación de la autonomía radical del género. Por ello, en consonancia con las conclusiones de la otra sentimentalidad, que decretaban como falsa la clásica polémica entre esteticismo y compromiso, el poeta impugna la dialéctica entre belleza incontaminada y palabra instrumental que se reproduce en los poetas sociales:

«Sabed que la belleza, eso que llaman / cielo, mínima flor, Mar Amarillo / ya lo he visto. No tengo tiempo. Antes / hay que poner los hombres en su sitio» (Blas de Otero). ¿Poner los hombres, o poner los nombres en su sitio? ¿Por qué hay que pensar que una de las dos tareas tiene preferencia sobre la otra... o que se trata de cosas distintas? (2001: 26).

De hecho, la reserva ante la subordinación instrumental del poema desata en Jorge Riechmann la necesidad de precisar su adscripción a cualquier especie de arte «de compromiso» en el sentido clásico del término; pues la responsabilidad que este asume limita con la rigurosa independencia y se sitúa en la fidelidad a lo real: «En muchas situaciones, la palabra *fidelidad* me parece más libre de equívocos que la palabra *compromiso*» (1998: 127). Por lo demás, hacerse cargo de la discreta repercusión de la poesía en la conformación de la conciencia pública ofrece a cambio una holgada libertad de ejecución; y ello permite comprender que Jorge Riechmann reclame un lugar en el canon del compromiso para la tradición surrealista, que considera, con la estética del material nucleada por Brecht, una de las dos aventuras estéticas más importantes del siglo XX. De ambas, Riechmann destaca el compartido intento de liberar al arte de su condición de «parásito de la realidad» y superar la estética de la representación (ya sea por la vía de una *estética de la producción* o por la de una *estética de lo maravilloso*). Y este postulado apuntala hoy su tarea artística, en concordancia con un giro teórico que le ha conducido a relegar a un lugar secundario la función comunicativa del arte, principio irrenunciable del socialrealismo poético defendido también en sus inicios como una categoría primordial: «La guerrilla comunicativa –piensa ahora en cambio– puede ser ciertamente una estrategia poética, pero solo una entre otras (el poema no es necesariamente "comunicación")» (2003a: 23). Tal cosa no implica, con todo, el pleno asentimiento a los poetas críticos de los años sesenta, que clamaron por la dignificación del género poniendo de relieve su compromiso gnoseológico; pues, contraviniendo al Gil de Biedma que exigía al poema el «mínimo de sentido» de una carta comercial, Riechmann no duda en subvertir ese sentido en beneficio de una tarea indagadora que –según entiende– aconseja separarse del lenguaje convenido.

Y es aquí donde el poeta sintoniza con las «voces conflictivas» de la UEPV, que han esgrimido sus diferencias con las tradicionales modulaciones de nuestra poesía comprometida, sobre todo en nombre de una negación del contenido como clave de la insurrección congruente con su denuncia de las «trampas» de la representación y del «espejismo» de la transparencia. Desde esta perspectiva, se entiende que Antonio Méndez Rubio destaque el trabajo de algunos poetas sociales «canónicos» –en tanto que «propuestos» en la antología de Leopoldo de Luis– que muestran un excepcional pero expreso descontento con la «inercia realista»: así, el Gabino Alejandro Carriedo que propone la búsqueda de «lenguajes en expansión», o el Ángel Crespo que subraya el contrasentido de pretender un cambio en «las circunstancias sociales con una técnica conformista» (2006/7: 225). En correspondencia con este argumento, Méndez Rubio denuncia la «voluntad ingenua de entrar en conflicto con la realidad dominante en su propio terreno» como el «principal límite» de una poesía crítica «que no puede oponerse al orden establecido sin aceptar las condiciones de partida impuestas por su lenguaje» (2002: 44). Por ello el colectivo valenciano reclama la apertura del canon del compromiso a las escrituras de vanguardia o no figurativas, así como a un anarquismo libertario en el que el enunciado importa tanto como la enunciación o *la práctica*, de modo que «el arte se inscribe en su época como enriquecimiento de esta y no como simple testimonio» (Litvak 1998: 45). Es comprensible, en fin, que en el terreno de la teoría crítica, se cuestione el «marxismo mecanicista y dogmático» que concibe la escritura como *producto* de la realidad (su reflejo) y que ha alimentado las distintas formas del realismo socialista; y se defienda, a cambio, una idea de lenguaje, reprimida por el comunismo estalinista y planteada por un marxismo heterodoxo, como *parte* constitutiva de la realidad, susceptible de configurarla y, así, de transformarla, mediante el diseño de un marco nuevo de enunciación capaz de inventar *otras* reglas de juego. No hay que decir que esta clase de enfoque ha conducido a Méndez Rubio a reclamar un lugar en el canon del compromiso para los supuestamente descomprometidos poetas sesentayochistas, destacando el trabajo crítico de Talens, Ullán o Leopoldo Mª. Panero.

La radicalidad política con que encaran su tarea las Voces del Extremo no es incompatible con la relativización de los postulados clásicos del realismo social. Si más arriba veíamos a Eladio Orta corregir por vía de parodia el optimismo celayano, al redefinir la poesía como «un arma brutal» (proclamando, de camino, la «ferocidad» anhelada), será un sombrío sarcasmo el que acompañe la refutación por Orihuela de la euforia del precedente vasco: «[Esto] Tampoco es *«poesía necesaria, poesía para el pobre»* / Los pobres están demasiado ocupados / trabajando para que los burgueses / puedan escribir poesía» (*Edad de hierro*). Con todo, el ideario que anima tales réplicas no siempre es coherente con la praxis ni con otras convicciones abrazadas. En el contexto del poema, la glosa de Orihuela se halla destinada a contestar la concepción extraordinaria del hablante como fuente dispensadora de salvación, a recusar, en suma, la sacralización de la figura del Poeta para presentarlo como «semejante y hermano» del lector, un sujeto consciente del alcance real de su escritura. Sin embargo, este apunte escéptico no concuerda con el sacrificio de la estética en aras de la urgencia cívica (contra el que hemos visto revolverse a Riechmann), promulgado de forma reiterada por estos autores y efectivamente trasladado a la escritura; pues el conocimiento del lugar exacto del poeta en el discurso de la realidad precisamente debería emancipar la creación de aquellas ataduras formales que atenazaron a un «poeta del pueblo» ilusionado con redimirlo, del que pese a todo aún hallamos aquí reminiscencias.

Por el contrario, la voz lírica diseñada en los poemas del realismo sucio difiere por completo y sin ambages del sujeto heroico del realismo social. La condición desengañada y displicente –aderezada con destellos de malditismo– de este personaje que habita en el exasperado nihilismo o en los aledaños de la marginalidad opone una lucidez desolada o cínica a la vocación profética de la retórica obrerista. Una vez más la «Glosa a Celaya» y a su archicitado axioma –«*La poesía es un arma cargada de futuro*»–, ahora a cargo de Roger Wolfe (*Cinco años de cama*, 1998), establece la temperatura exacta de este nuevo compromiso posmoderno; pues el colofón irónico –«Y el futuro es del Banco / de Santander»– sella el poema con una proclamación terminante de la falta de expectativas sociales en la era del capitalismo avanzado y desmitifica la demagogia del discurso socialrealista. Con todo, la adhesión al canon del compromiso entre los cultivadores del realismo sucio es tan diversa como las propias voces que informan la tendencia: la displicencia programática de Roger Wolfe (que cede la palabra a un sujeto retadoramente insolidario) o el exaltado vitalismo de Manuel Vilas (que asiente ambiguamente a los artificios posmodernos o cruza la línea del envilecimiento moral) boicotean una lectura ética de su reflexión histórica y cuestionan su adscripción a una poesía crítica; en cambio, el sujeto marginal de David González abandona excepcionalmente la indolencia para reproducir las consignas del discurso revolucionario tradicional: «No digas que No. / Sí puedes cambiar el mundo» (*La carretera roja*, 2002).

Qué duda cabe de que los actuales compromisos –hijos de su tiempo cultural e histórico– han debido adaptar su reflexión a las incidencias del presente y su enunciación a modelos expresivos a la altura de las nuevas circunstancias. No obstante, las reiteradas reservas formuladas por los autores del posfranquismo hacia sus precedentes canónicos hacen pensar en un hiato que en rigor no concuerda con el grado real de parentesco; pues los principios efectivamente compartidos promueven no solo «actitudes» análogas, sino también, a menudo, «concreciones discursivas» (Sánchez Torre 2002: 49) que, pese a las constatadas resistencias al canon, no ocultan sus deudas con él. Quede para mejor ocasión la argumentación de este aserto, en el que, con todo, habrá que distinguir por su excepcionalidad a las que se han denominado «voces conflictivas», deudoras de una tradición no figurativa efectivamente desplazada del canon asentado. Aunque tal vez por poco tiempo. Ya que la deriva general de la poesía más joven, cuya sospecha de una realidad inestable y de *centro inaccesible* promueve la desconfianza en su representación especular, invita a presagiar vientos propicios para una reescritura del canon del compromiso. Ya se sabe que cada generación crea sus precursores. Y no es un desatino pensar que la recién alumbrada podría alentar la restitución a ese canon de aquellos proyectos líricos persuadidos de que, si hay un lugar poético para la insubordinación moral, este se halla en la indagación de espacios lingüísticos de desconcierto, de un discurso «en construcción» (Bagué Quílez 2010: 55) congruente con la percepción extrañada de lo real y la interrogación en la incertidumbre. Aunque cabe sospechar también que los nuevos compromisos transitarán más que nunca con la esperanza vestigial de un tiempo abocado como pocos al aturdimiento y al escepticismo, donde el pesimismo de la razón –para decirlo con la feliz fórmula de Gramsci– acaba por diluir el optimismo de la voluntad y todo convencimiento. No en vano así ha venido a decretarlo un título reciente ilustrador de la hoja de ruta de las voces más jóvenes: corren *malos tiempos para la épica* (Bagué Quílez/Santamaría 2013). Incluso para la épica subjetiva.

Bibliografía

Amorós, Amparo (1989). «¡Los novísimos y cierra España! Reflexión crítica sobre algunos fenómenos estéticos que configuran la poesía de los años ochenta», *Ínsula*, 512-513, pp. 63-67.

Andújar Almansa, José (2007). «Retrato robot de la poesía reciente», *Paraíso*, 2, pp. 23-38.

Bagué Quílez, Luis (2005). *Poesía española en el final del milenio. Nuevos modos del compromiso: géneros, tópica, tendencias* [tesis doctoral], Universidad de Alicante.

— (2006). *Poesía en pie de paz. Modos del compromiso hacia el tercer milenio*, Valencia, Pre-Textos.

— (2010). «Reglas del compromiso. Poesía para después de la batalla», en *Poesía española posmoderna*, ed. María Ángeles Naval, Madrid, Visor, pp. 37-61.

Bagué Quílez, Luis/Santamaría, Alberto (eds.) (2013). *Malos tiempos para la épica. Última poesía española (2001-2012)*, Madrid, Visor.

Casado, Miguel (1995). «Para recuperar los nombres. Sobre la poesía de Jorge Riechmann», *Cuadernos Hispanoamericanos*, 544, pp. 113-124.

Castellet, José María (ed.) (1960). *Veinte años de poesía española (1939-1959)*, Barcelona, Seix Barral.

Colectivo Alicia Bajo Cero (1997). *Poesía y poder*, Valencia, Ediciones Bajo Cero.

Correyero, Isla (ed.) (1998). *Feroces. Radicales, marginales y heterodoxos en la última poesía española*, Barcelona, DVD.

Díaz de Castro, Francisco (2003). *La otra sentimentalidad. Estudio y antología*, Sevilla, Fundación José Manuel Lara.

Egea, Javier et al. (1983). *La otra sentimentalidad*, Granada, Don Quijote.

— (1987). *1917 versos*, Madrid, Vanguardia Obrera.

Falcón, Enrique (coord.) (2007). *Once poetas críticos en la poesía española reciente*, Tenerife, Baile del Sol.

García Martín, José Luis (ed.) (1988). *La generación de los ochenta*, Valencia, Mestral.

— (ed.) (1995). *Selección nacional. Última poesía española*, Gijón, Llibros del Pexe.

García Montero, Luis (1992). «Felipe Benítez Reyes: la poesía después de la poesía», en Felipe Benítez Reyes, *Poesía (1979-1987)*, Madrid, Hiperión, pp. 7-25.

— (1993a). *Confesiones poéticas*, Granada, Diputación de Granada.

— (1993b). *El realismo singular*, Bilbao, Instituto Vasco de las Artes y las Letras.

— (1994a). *Además*, Madrid, Hiperión.
— (1994b). «¿Por qué no sirve para nada la poesía? (Observaciones en defensa de una poesía para los seres normales)», en Luis García Montero y Antonio Muñoz Molina, *¿Por qué no es útil la literatura?*, Madrid, Hiperión, pp. 8-41.
— (1998). «La poesía de la experiencia», *Litoral [«Luis García Montero. Complicidades»]*, 217-218, pp. 13-21.
— (2000). «El oficio como ética», en *Poesía histórica y (auto)biográfica (1975-1999)*, eds. José Romera Castillo y Francisco Gutiérrez Carbajo, Madrid, Visor, pp. 87-103.
— (2002). «Poética, política, ideología», *Ínsula*, 671-672 [«*Los compromisos de la poesía*»], coord. Araceli Iravedra, pp. 19-20 y 37.
García-Posada, Miguel (ed.) (1996). *La nueva poesía (1975-1992)*, Barcelona, Crítica.
García-Teresa, Alberto (2013). *Poesía de la conciencia crítica (1987-2011)*, Tenerife, Baile del Sol.
Gil de Biedma, Jaime (1994). *El pie de la letra*, Barcelona, Crítica.
Iravedra, Araceli (coord.) (2002). *Ínsula*, 671-672 [«*Los compromisos de la poesía*»].
— (2010a). *El compromiso después del compromiso. Poesía, democracia y globalización (poéticas 1985-2005)*, Madrid, UNED.
— (2010b). «*Trazado de fronteras*: con y contra Blas de Otero», en *Compromisos y palabras bajo el franquismo. Recordando a Blas de Otero (1979-2009)*, eds. Araceli Iravedra y Leopoldo Sánchez Torre, Sevilla, Renacimiento, pp. 319-334.
Lanz, Juan José (1996). «La generación del 80. Límites históricos y socio-culturales», *La Página*, 25-26, pp. 17-29.
Litvak, Lily (1988). *La mirada roja. Estética y arte del anarquismo español (1880-1913)*, Barcelona, Ediciones del Serbal.
Mainer, José-Carlos (1994). «Poesía lírica, placer privado», en *De Postguerra (1951-1990)*, Barcelona, Crítica, pp. 161-170.
— (1999). «Para otra antología», en *El último tercio del siglo (1968-1998). Antología consultada de la poesía española*, Madrid, Visor.
Martínez, José Enrique (ed.) (1997). *Antología de poesía española (1975-1995)*, Madrid, Castalia.
Méndez Rubio, Antonio (1998). «Incendio y mutilación del sentido que avanza (con nosotros)», en Enrique Falcón, *La marcha de 150.000.000*, Valencia, 7 i mig, pp. 7-10.

— (2002). «Otra poesía es posible. La cuestión del sujeto y la crítica social en la poesía reciente», *Ínsula*, 671-672 [*«Los compromisos de la poesía»*], coord. Araceli Iravedra, pp. 42-44.

— (2003). «Otra poesía es posible», *Zurgai* [*«Poesía de la conciencia»*], pp. 11-17.

— (2004a). «Memoria de la desaparición: notas sobre poesía y poder», *Anales de Literatura Española*, 17, pp. 121-143.

— (2004b). *Poesía sin mundo. Escritos sobre poesía y sociedad 1993-2003*, Mérida, Editora Regional de Extremadura.

— (2006/7). «El canon del compromiso», *Prosopopeya*, 5 [*«Canon de la crítica y crítica del canon»*], eds. José Luis Falcó y Antonio Méndez Rubio, pp. 209-230.

MONTERO, Josu (2003). «Breve génesis de la poesía política española actual: subversión lingüística y realismo crítico», *Zurgai* [*«Poesía de la conciencia»*], pp. 6-10.

ORTEGA, Antonio (ed.) (1994). *La prueba del nueve (Antología poética)*, Madrid, Cátedra.

— (1997). «Entre el hilo y la madeja: Apuntes sobre poesía española actual», *Zurgai* [*«Poetas de ahora»*], pp. 42-50.

Poesía en el campus, 49 [*«¿Todavía hay compromiso? Poesía y globalización»*] (2001).

PONT, Jaume (2005). «La poesía hispánica de vanguardia y la formación del canon», en *Poesía hispánica contemporánea. Ensayos y poemas*, eds. Andrés Sánchez Robayna y Jordi Doce, Barcelona, Galaxia Gutenberg/Círculo de Lectores, pp. 245-273.

PRIETO DE PAULA, Ángel L. (2007). «Antologías poéticas entre dos siglos», *Ínsula*, 721-722, pp. 29-31.

— (ed.) (2010). *Las moradas del verbo. Poetas españoles de la democracia*, Madrid, Calambur.

RIECHMANN, Jorge (1990). *Poesía practicable*, Madrid, Hiperión.

— (1998). *Canciones allende lo humano*, Madrid, Hiperión.

— (2001). «Los próximos cien años (de la mano de Gabriel Celaya)», *Poesía en el campus*, 49 [*«¿Todavía hay compromiso? Poesía y globalización»*], pp. 24-27.

— (2003a). «Empeños», *Zurgai* [*«Poesía de la conciencia»*], pp. 18-23.

— (2003b). *Una morada en el aire*, Barcelona, El viejo topo.

RODRÍGUEZ, Juan Carlos (1999). *Dichos y escritos. (Sobre «La otra sentimentalidad» y otros textos fechados de poética)*, Madrid, Hiperión.

— (2001). «El mito de la poesía comprometida: R. Alberti», en *La norma literaria*, Barcelona, Debate, pp. 281-316.
— (2003). «La poesía política de Alberti», en *Hace falta estar ciego. Poéticas del compromiso para el siglo XXI*, eds. José M. Mariscal y Carlos Pardo, Madrid, Visor, pp. 101-127.
RUIZ CASANOVA, José Francisco (2005). «Canon e «incorrección política»: poética de la antología», en *Poesía hispánica contemporánea. Ensayos y poemas*, eds. Andrés Sánchez Robayna y Jordi Doce, Barcelona, Galaxia Gutenberg/Círculo de Lectores, pp. 211-232.
SALDAÑA, Alfredo (1996). «Roger Wolfe, una sensibilidad otra», en *Postmodernité et écriture narrative dans l'Espagne contemporaine*, ed. Georges Tyras, Grenoble, CERHIUS, pp. 261-271.
SALVADOR, Álvaro (2003). *Letra pequeña*, Granada, Los Cuadernos del Vigía.
SÁNCHEZ TORRE, Leopoldo (2002). «De lo real y sus retóricas: realismo y antipoesía en las nuevas poéticas del compromiso», *Ínsula*, 671-672 [«*Los compromisos de la poesía*»], coord. Araceli Iravedra, pp. 49-53.
SÁNCHEZ-MESA, Domingo (2007). *Cambio de siglo. Antología de poesía española 1990-2007*, Madrid, Hiperión.
SCARANO, Laura (1999). «Ciudades escritas (Palabras cómplices)», *Celehis*, 11, pp. 207-234.
— (2004). *Luis García Montero: la escritura como interpelación*, Granada, Atrio.
— (2009). «Tres voces inconformistas en la *aquelarre* urbana (Beltrán, Riechmann y Wolfe)», *Espéculo. Revista de Estudios Literarios*, 42, pp. 1-25.
SILES, Jaime (1991). «Dinámica poética de la última década», *Revista de Occidente*, 112-113, pp. 149-169.
SUÑÉN, Juan Carlos (1994). «¿Crítica militante? Problemas de la poesía al filo del milenio», *Diablotexto*, 1, pp. 13-27.
TORTOSA, Virgilio (2000). «Canon realista y utopía posible», en VV. AA., *Voces del Extremo. Poesía y conciencia*, Moguer, Fundación Juan Ramón Jiménez, pp. 45-61.
VAZ, Francis (2000). «Siglo XXI, hacia una poesía de la conciencia», en VV. AA., *Voces del Extremo. Poesía y conciencia*, Moguer, Fundación Juan Ramón Jiménez, pp. 5-24.
VILAS, Manuel (2010). «El agente doble (sobre el poema en prosa)», en *Poesía española posmoderna*, ed. María Ángeles Naval, Madrid, Visor, pp. 167-176.

VILLENA, Luis Antonio de (ed.) (1986). *Postnovísimos*, Madrid, Visor.
— (ed.) (1997). *10 menos 30. La ruptura interior en la «poesía de la experiencia»*, Valencia, Pre-Textos.
VV. AA. (1999). *Voces del Extremo. Las voces de la poesía española al otro extremo de la centuria*, Moguer, Fundación Juan Ramón Jiménez.
— (2000). *Voces del Extremo. Poesía y conciencia*, Moguer, Fundación Juan Ramón Jiménez.
— (2008). *Voces del Extremo. Poesía y capitalismo*, Moguer, Fundación Juan Ramón Jiménez.
WOLFE, Roger (1997). *Hay una guerra*, Madrid, Huerga & Fierro.
YANKE, Germán (ed.) (1996). *Los poetas tranquilos. Antología de la poesía realista del fin de siglo*, Granada, Diputación de Granada.
Zurgai [*«Poesía de la conciencia»*] (2003).

Sobre los autores

Juan Carlos Rodríguez es catedrático de Literatura Española en la Universidad de Granada. En los años setenta trabajó con Louis Althusser en L'École Normale Supérieure de París. Posteriormente ha sido profesor invitado en diversas universidades españolas y extranjeras, como la Universidad de Stony Brook (Nueva York) y La Sapienza (Roma). Se ha dedicado sobre todo al estudio de la literatura española y europea del Siglo de Oro, a la literatura hispanoamericana y al análisis de la cultura posmoderna. Ha dedicado ensayos a la literatura gallega a través de Castelao y a la literatura catalana a partir de Ausiàs March. Basándose en la herencia teórica de Marx y Freud, su trabajo intelectual se puede condensar en los siguientes libros: *Teoría e historia de la producción ideológica* (1975, 1990, traducido al inglés en 2002); *La norma literaria* (1984, 1994, 2000, traducido al inglés en 2008); *La poesía, la música y el silencio (de Mallarmé a Wittgenstein)* (1994); *Lorca y el sentido (un inconsciente para una historia)* (1994); *La literatura del pobre* (1994, 2001); *Dichos y escritos (Sobre «La otra sentimentalidad» y otros textos fechados de poética)* (1999); *De qué hablamos cuando hablamos de literatura* (2002); *Brecht e il potere della letteratura* (2002); *Althusser: Blow-up. Las líneas maestras de un pensamiento distinto* (2002); *El escritor que compró su propio libro. Para leer el Quijote* (2003, Premio Josep Janés de Ensayo Literario; 2ª edición revisada, 2013); *Literatura, moda y erotismo: el deseo* (2003); *Pensar/leer históricamente* (2005); *Tras la muerte del aura (En contra y a favor de la Ilustración)* (2011); *Para una lectura de Heidegger (Algunas claves de la escritura actual)* (2011); *Formas de leer a Borges (o las trampas de la lectura)* (2012); *De qué hablamos cuando hablamos de marxismo* (2013).

MIGUEL ÁNGEL GARCÍA es doctor en Filología Hispánica por la Universidad de Granada, donde ejerce su docencia como profesor de Literatura Española. Entre sus publicaciones sobre poesía española contemporánea destacan las siguientes: *Vicente Aleixandre, la poesía y la historia* (2001); *El Veintisiete en vanguardia. Hacia una lectura histórica de las poéticas moderna y contemporánea* (2001), libro con el que obtuvo el I Premio Internacional Gerardo Diego de Investigación Literaria; *La poética de lo invisible en Juan Ramón Jiménez* (2002); *Un fantasma recorre la crítica. Desde dónde se leyó la poética aleixandrina 1950-1998* (2003); *Un aire oneroso. Ideologías literarias de la modernidad en España (siglos XIX-XX)* (2010). Ha preparado también una *Antología poética* de Luis García Montero (2003) y una edición de *Azul...*, de Rubén Darío (2013). Recientemente han visto la luz sus libros *La literatura y sus demonios. Leer la poesía social* (2012) y *Melancolía vertebrada. La tristeza andaluza del modernismo a la vanguardia* (2012). Asimismo, bajo el título *«Sin que la muerte al ojo estorbo sea»* (2011), ha concluido una nueva lectura crítica de la poesía de Francisco de Aldana. Sus trabajos han aparecido en revistas científicas tales como *Ínsula*, *Revue Romane*, *Sociocriticism*, *Bulletin of Hispanic Studies*, *Anales de Literatura Española Contemporánea*, *Bulletin of Spanish Studies* o *Bulletin Hispanique*. Forma parte de los consejos de redacción de la revista de poesía *Paraíso* y de *Prosemas. Revista de Estudios Poéticos*.

LUIS BAGUÉ QUÍLEZ es doctor en Filología Hispánica por la Universidad de Alicante. Su labor investigadora se ha centrado en la poesía española del siglo XX y comienzos del XXI. En este ámbito se enmarcan sus monografías *La poesía de Víctor Botas. Una relectura de los clásicos grecolatinos* (2004) y *Poesía en pie de paz. Modos del compromiso hacia el tercer milenio* (2006, Premio Internacional Gerardo Diego de Investigación Literaria). Ha preparado ediciones de poetas españoles (Víctor Botas, Carlos Marzal, José Antonio Gabriel y Galán) y latinoamericanos (Ricardo E. Molinari, Julio Herrera y Reissig, Humberto Díaz-Casanueva, Ramón López Velarde). También ha trabajado sobre las conexiones entre el discurso poético y los medios audiovisuales, como demuestra la recopilación de ensayos *Un espejo en el camino. Formas discursivas y representaciones estéticas para el siglo XXI* (2012). Sus publicaciones más recientes son las antologías críticas *Quien lo probó lo sabe. 36 poetas para el tercer milenio* (2012) y *Malos tiempos para la épica. Última poesía española* (2013, en colaboración con Alberto Santamaría). Sus artículos han aparecido en revistas especializadas como *Ínsula, Cuadernos Hispanoamericanos, Bulletin Hispanique* o *Bulletin of Hispanic Studies*. Ejerce la crítica literaria en el suplemento «Babelia» del diario *El País*.

LAURA SCARANO es doctora en Letras (UBA) y Master of Arts (USA), catedrática de Literatura Española Contemporánea en la Universidad Nacional de Mar del Plata (Argentina) e investigadora del CONICET. Dirige el área de Literatura Española del CELEHIS y es presidenta de la Asociación Argentina de Hispanistas. Autora de varios libros de teoría literaria, como *Los lugares de la voz. Protocolos de la enunciación literaria* (2000), *Palabras en el cuerpo. Literatura y experiencia* (2007) y *Vidas en verso. Autoficciones poéticas* (en prensa). Directora de proyectos sobre semiótica del discurso, crítica cultural y literatura española contemporánea, con varios libros como coautora y compiladora: *La voz diseminada. Hacia una teoría del sujeto en la poesía española* (1994), *Marcar la piel del agua. La autorreferencia en la poesía española contemporánea* (1996), *«¡Qué raro que me llame Federico!» Homenaje a García Lorca en su centenario* (1998), *Los usos del poema. Poéticas españolas últimas* (2008), *Sermo intimus. Modulaciones históricas de la intimidad en la poesía española* (2010). Ha publicado en España dos volúmenes sobre la obra de Luis García Montero (2004) y varios prólogos a antologías de poetas actuales. En Francia se ha editado su estudio *Ergo sum. Blas de Otero por sí mismo* (2012) y la compilación de estudios sobre metaficcón *La poesía en su laberinto. AutoRepresentaciones I* (2013). Tiene más de treinta capítulos publicados en libros de destacados colegas argentinos y españoles sobre diversas temáticas de literatura contemporánea. Ha sido profesora invitada en varias universidades de su país y del exterior.

ARACELI IRAVEDRA es doctora en Filología Hispánica por la Universidad de Oviedo. Ha sido profesora visitante en las universidades de Columbia, Mar del Plata y Granada, y en la actualidad ejerce como profesora de Literatura Española en la Universidad de Oviedo. Especialista en la poesía española de los siglos XX y XXI y en la problemática del compromiso poético, ha dirigido como investigadora principal varios proyectos de investigación sobre estas materias, financiados por el Ministerio de Ciencia e Innovación. Ha publicado, entre otros, los libros *El poeta rescatado. Antonio Machado y la poesía del «grupo de* Escorial*»* (2001), *Poesía de la experiencia* (2007), *Poesía española reciente. Crónica y antología parcial* (2007) y *El compromiso después del compromiso. Poesía, democracia y globalización* (2010), resultado de la Beca de Investigación Miguel Fernández sobre Poesía Española Actual. Ha coordinado, además, los volúmenes colectivos y números monográficos de revistas científicas *Los compromisos de la poesía* (2002), *Colliure, 1959* (2009), *Compromisos y palabras bajo el franquismo. Recordando a Blas de Otero* (2010) y *Almanaque 2010* (2011). Es autora de artículos y capítulos de libro sobre diferentes temas y problemas de la poesía española desde 1939 hasta nuestros días. Sus trabajos aparecen recogidos en revistas especializadas tales como *Ínsula*, *Revista Hispánica Moderna*, *Anales de la Literatura Española Contemporánea*, *Cuadernos Hispanoamericanos*, *Iberoromania* o *Revue Romane*. En la actualidad es directora de la Cátedra Ángel González de la Universidad de Oviedo, así como de su revista de estudios poéticos *Prosemas*.